金陵法律评论

JIN LING LAW REVIEW

南京师范大学法学院《金陵法律评论》编辑部 编

秋季卷

2017

法律出版社
LAW PRESS·CHINA

目 录

Contents

探索与争鸣

建构性解释的两重意涵

——试论德沃金的一般解释理论

钱一栋*

内容摘要:在贯穿其学术生涯的一系列作品中,德沃金逐步发展出了一种一般性解释理论,但学界对这一理论缺乏系统研究,往往只看到了它在法学中的运用,且过多关注它在裁判层面的意义,对德沃金真正关心的问题缺少领会。为了更准确地把握德沃金解释理论的整体面貌,有必要梳理德沃金解释理论的发展过程,澄清其最终形态。建构性解释既是对任何解释实践的价值作出说明的必要方法,也是德沃金在法律解释等特定类型的解释实践中推荐的解释方法。以建构性解释的两重意涵为线索来阐述德沃金的解释理论,可以使我们清晰透彻地把握这一理论的整体面貌,也有助于我们更好地理解德沃金在法学领域提出的相关观点。

关键词:建构性解释　创造性解释　解释实践　概念

如果要用几个标签来概括德沃金的理论,那么"解释"肯定名列其中。但德沃金的解释理论并不容易理解。一方面,德沃金的相关论述深刻而晦涩,且散布于数量众多的作品之中,通过多个概念框架来阐述,这给研究者带来了不小的挑战。另一方面,法学界对解释的固有理解侧重于裁判层面,因此研究者很容易在学科前见的引导下,将德沃金的解释理论窄化为裁判方法论,从而忽视这一理论的丰富内涵,同时误解德沃金在法学领域的整体理论筹划。[1]

德沃金的解释理论虽然是在处理法学问题时发展出来的,但本身带有一般性色彩。德沃金认为,解释是与科学平起平坐的一个智力活动领域,他将这种意义上的解释称为一般解释(interpretation in general)。我们可以把德沃金阐述一般解释的理论称为一般解释学。德沃金解释理论的一般性色彩在《法律帝国》中初见端倪,在《刺猬的正义》中得到了明确而完整的阐发。[2] 如果仅仅关注这一理论在法学中——甚至只是在裁判过程中——的具体运用,我们将难以把握其总体面貌,在理解德沃金的法学观点时也会产生一定偏差。鉴于此,本文将以建构性解释的两重意

---

* 钱一栋,复旦大学法学院法学理论专业 2016 级博士研究生。

〔1〕 由于局限在裁判理论而导致的典型误读可参见林立:《法学方法论与德沃金》,中国政法大学出版社 2008 年版。

〔2〕 See Ronald Dworkin, *Law's Empire*, London: Fontana Press, 1986, pp. 51 – 54. Idem, *Justice for Hedgehogs*, Cambridge: The Belknap Press of Harvard University Press, 2011, pp. 123 – 125. 还可参见[美]罗纳德·德沃金:《身披法袍的正义》,周林刚、翟志勇译,北京大学出版社 2014 年版,第 211 ~ 212 页。

涵为线索,对德沃金的解释理论作梳理与重构,并澄清其中可能存在的问题。[3]

本文第一部分对德沃金解释理论的发展过程作了简要梳理。第二三部分辨析了在创作于不同时期的作品中,德沃金对概念类型、解释类型、解释阶段所作的不同说明,以此呈现这些理论要素的发展过程,并提炼出它们的最终形态。第四五部分尝试以建构性解释的广、狭两层含义为切入点,将这些理论要素组织成一个整体,以此对德沃金的解释理论作出更富层次感、更清晰透彻的说明。

一、德沃金解释理论的发展过程

在最终汇编为《认真对待权利》(1977)一书的早期作品中,德沃金对疑难案件中法官的自我理解进行了细致的刻画。德沃金认为,法律实证主义的规则模式难以解释法官在审理疑难案件时的真实感受,而自己的原则—规则模式则可以对法官的自我理解进行更为准确的说明。因此,在这一阶段,德沃金在审判现象学(the phenomenology of adjudication)层面与法律实证主义展开交锋。[4]

但带有解释色彩的思想因素已经存在于这一阶段了,这主要表现在德沃金解读《正义论》的文章《正义与权利》中。[5] 在此文里,德沃金试图对罗尔斯的观点作出更为准确、融贯的阐述。不少研究者认为,德沃金的建构性解释是罗尔斯的反思平衡(reflective equilibrium)在法学领域的转化使用。[6] 这类说法虽有些言过其实,且

---

[3] 张帆的博士论文《论建构性解释》对建构性解释作了细致的分析,不过张文主要局限于《法律帝国》一书,并且在德沃金所说的语义学、法理学、教义性、裁判四个阶段中偏重教义性阶段的分析,因此与本文处理的问题并没有太大的相关性。(参见张帆:《论建构性解释》,中国政法大学2009年法学博士学位论文。)

[4] See Ronald Dworkin, *Taking Rights Seriously*, Cambridge: Harvard University Press, 2001, chapter 2, and idem, *Law's Empire*, London: Fontana Press, 1986, viii.

[5] See idem, *Taking Rights Seriously*, Cambridge: Harvard University Press, 2001, chapter 6.

[6] 如傅鹤鸣:《"理性"、"信念"与"道德原则"——从罗尔斯的"反思平衡法"到德沃金的"建构性阐释"》,载《深圳大学学报》(人文社会科学版)2012年第3期;刘翀:《德沃金的建构性解释与反思平衡》,载《河南科技大学学报》(社会科学版)2014年第1期。关于这一问题,除了前面所说的《正义与权利》一文,还可以参考罗尔斯的文章《道德理论中的康德式建构主义》《作为公平的正义:政治的而非形而上学的》(载[美]约翰·罗尔斯:《罗尔斯论文全集》(上册),陈肖生等译,吉林出版集团有限责任公司2013年版,第341~405页,第438~469页。)德沃金自己的文章《罗尔斯与法律》(载[美]罗纳德·德沃金:《身披法袍的正义》,周林刚、翟志勇译,北京大学出版社2014年版,第185、260~290页。)以及Ronald Dworkin, *Justice for Hedgehogs*, Cambridge: The Belknap Press of Harvard University Press, 2006, pp. 63-66。在总体立场上,罗尔斯认为德沃金对《正义论》的解读太过狭窄,原初状态并非以权利为基础,而是使用了众多的根本性直觉。德沃金则认为罗尔斯(特别是他的后期理论)只求"同",不求"真",这种尝试难以成功,罗尔斯无法逃离价值论证的战场。需要注意的是,建构主义这一术语在他们的讨论中变得非常混乱。罗尔斯在《正义论》之后提出了"康德式建构主义"这一标签,德沃金后来也在康德式建构主义的意义上用"建构主义"这一标签,而《正义与权利》一文中的"建构模式"与康德式建构主义自然多有不同。德沃金后来明确放弃用建构主义这一概念来描述自己的理论,这么做的原因也许是,由于罗尔斯、考思嘉(Korsgaard)等人的影响,建构主义这一标签已经特指康德式建构主义了,虽然在一般意义上,德沃金的解释理论当然有建构色彩。抛开语词层面的纠缠,在实质层面,反思平衡与建构性解释确实存在极大的相似性。德沃金明确指出反思平衡用在法学领域可以起到他的解释性方法的效果,他还承认自己与罗尔斯的观点具有一致性,而且这并非偶然,他深深受惠于罗尔斯的相关思考。(参见[美]罗纳德·德沃金:《身披法袍的正义》,周林刚、翟志

缺乏详细分析，但确实把握到了反思平衡与建构性解释之间的深刻相似性。在此文中，德沃金区分了“自然模式”和“建构模式”，他对建构模式的分析已经展现了建构性解释的基本特征。在《我们享有什么权利？》一文中，德沃金对自由与平等的关系作了细致辨析，其中已隐约可见解释性概念的色彩，并初步呈现了德沃金在与价值多元论的争论中逐渐完善起来的价值一体性命题。[7]

《原则问题》(1985)已经开始聚焦解释问题，[8]不过，这是一本转型之作，解释理论中的不少论题开始出现，但尚未呈现出系统、周密的形态，更为成熟、完整的论述出现在随后一年出版的《法律帝国》(1986)中。

写完《法律帝国》后，德沃金放下了法理学研究，转而关注宪法与政治哲学问题。这一阶段的重要著作有《生命的自主权》(1993)、《自由的法》(1996)和《至上的美德》(2000)。从解释理论的视角来看，这一阶段偏重应用，缺少理论层面的发展。

晚年的德沃金笔耕不辍。除了几本时政色彩浓厚的小书，德沃金主要撰写了《身披法袍的正义》(2006)和《刺猬和正义》(2011)这两本颇有分量的著作。《身披法袍的正义》是德沃金20世纪90年代以来撰写的法理学论文的汇编，《刺猬的正义》则是他的集大成之作。在这一阶段，德沃金的解释理论有了重要推进。

在《身披法袍的正义》中，德沃金解释理论的概念框架变得更为完备，除了在《法律帝国》中得到详尽阐述的解释性概念外，德沃金还提出了判准性(criterial concepts)和自然种类概念(natural kind concepts)，并对“法律”这个词指代的不同概念——作为社会学概念、教义性概念、分类学概念和愿望性概念的“法律”——作了

勇译，北京大学出版社2014年版，第273~274、290页。关于德沃金对反思平衡的不赞同之处，参见前引书，第185页。不过笔者认为德沃金对罗尔斯前后期理论之间的重要差异缺乏敏感。）因此，我们可以合理地推断，反思平衡是建构性解释最重要的理论源头。从德沃金在阐述建构性解释时举出的相关例子和注释中，我们可以发现，除反思平衡外，T. S. 艾略特等文学评论家也给了他相当大的启发，艾略特的一些说法和德沃金对建构性解释的描述相吻合。（参见[英]T. S. 艾略特：《传统与个人才能》，卞之琳、李赋宁、方平译，上海译文出版社2012年版，第1~12页。）相比之下，被许多人认为是德沃金解释理论最重要源泉的伽达默尔其实并不具有决定性意义，在根本立场上，德沃金偏离了伽达默尔，他认为伽达默尔的解释理论只适用于对话解释，对他最关心的建构性解释则没有太大启示。这一点在他比较哈贝马斯和伽达默尔的重要注释里说得清清楚楚。（See Ronald Dworkin, *Law's Empire*, London: Fontana Press, 1986, pp. 419-420.）关于反思平衡与德沃金解释理论的关系，还可参见 Arthur Ripstein (ed.) *Ronald Dworkin*, Cambridge: Cambridge University Press, 2007, pp. 7-9。

[7] 参见前引[5]，德沃金书，第12章。德沃金与以伯林为代表的价值多元论的争论贯穿了他的职业生涯，从此处提到的《我们享有什么权利？》，到伯林纪念会议上发表的文章《自由主义价值冲突吗？》(See Mark Lilla, Ronald Dworkin & Robert Sivers [eds.] *The Legacy of Isaiah Berlin*, New York: New York Review Books, 2001, pp. 73-90. 一个稍有不同的版本名为《道德多元主义》，载[美]罗纳德·德沃金：《身披法袍的正义》，周林刚、翟志勇译，北京大学出版社2014年版，第127~139页。）而《刺猬的正义》全书都在处理“价值统一性”这个命题。

[8] See Ronald Dworkin, *A Matter of Principle*, Cambridge: Harvard University Press, 1985, part two.

细致区分。[9]《刺猬的正义》虽然包罗万象,但价值理论和解释理论是重中之重。在此书中,德沃金对《客观性与真:你最好相信它》(1996)和《法律帝国》这两个文本中的相关思想作了详尽阐发——《法律帝国》第二章虽然从法理学讨论中抽身出来,绕道哲学对一般意义上的解释理论作了说明,但《刺猬的正义》以三章的篇幅更从容地处理了这一问题。更重要的是,《刺猬的正义》融贯表述了德沃金在价值理论、解释理论、伦理学道德哲学、政治哲学法哲学几大领域的成熟观点。德沃金的具体观点都联系着他的整体理论筹划,许多观点单拿出来看也许令人费解,但放入这一融贯整体之中,则会变得清晰且极具说服力。解释理论自然也不例外。

二、概念与解释的类型

这一部分将通过区分不同概念、解释的类型,澄清德沃金解释理论的关键术语。

(一)三种概念类型

在《法律帝国》中,德沃金用语义学之刺这一比喻来说明对立观点的症结所在。中了语义学之毒的人认为,只有在使用特定概念时遵循共同的规则,我们才能展开有意义的讨论。[10]

这一说法颇具吸引力。分析哲学兴起以来,许多原本以"××是什么"的提问形态得到处理的问题被转换成了概念问题,哲学家们不再像苏格拉底那样询问"正义是什么""善是什么",而是考察、分析我们是如何使用这些概念的。通过概念分析,我们可以聚焦实质问题,而不是被语言迷雾遮蔽,纠缠一些毫无意义的伪问题。

这类问题大致可分为两种。首先是歧义,即有些词语拥有不止一种意义,可以指向多个概念。比如英语中的"法律"(law)既可以指一般意义上的规律,也可以指法律这种特定的实践;"饭"指煮熟的大米,也可泛指主食。当你说"想吃(米)饭了",而我误以为你仅仅是饿了,想吃主食了,那么我们之间的沟通互动也许会出现问题:我买了几个汉堡,你的预期落空了。

其次,有些概念的用法并不精确。1.6米的男生体重180斤,那他肯定是个胖子。如果体重140斤呢?这时说他是或不是胖子都可以。我们可能会更精确地说,他微胖,或者,他中等体型。较真地追问他究竟是不是胖子是很愚蠢的,因为追问者误解了"胖子"这个概念的特性:这个概念中心明确,边缘模糊。边缘争议的解决需要借助其他理论、实践考量,而不是在语言层面进行无意义的纠缠。

可见,语言并不是百依百顺的工具,它有时会给我们带来麻烦。在陷入语言迷

---

[9] 相关讨论参见[美]罗纳德·德沃金:《身披法袍的正义》,周林刚、翟志勇译,北京大学出版社2014年版,特别是导论和第8章。在《法律帝国》中,德沃金强调法律是一个解释性概念,而不是一个拥有共享规则的概念。这种法律概念是他后来所说的教义学概念意义上的法律概念。自然种类概念在《法律帝国》中尚未登场,德沃金也尚未提炼出"判准性概念"这一表述,虽然语义学之刺指向的就是判准性概念。

[10] See Ronald Dworkin, *Law's Empire*, London: Fontana Press, 1986, pp. 51-54. Idem, *Justice for Hedgehogs*, Cambridge: The Belknap Press of Harvard University Press, 2011, pp. 43-46.

雾时,概念分析可以发挥非常重要的作用,它能使我们从无意义的争论中摆脱出来,聚焦实质问题。

对于上述说法,德沃金并无异议。他只是认为,相关研究者只考虑了一种概念,即判准性概念(criterial concepts)。判准性概念的特点是,人们在使用这些概念时遵循着共同的规则。德沃金没有明确论述这些规则是如何形成的,从他的一些表述和相关例子来看,判准性概念的使用规则是在语言实践中约定俗成的。[11] 普通人未必能明确意识到这些规则,因此需要由哲学家"通过对我们说话方式的敏锐研究"来阐明。[12]

除了判准性概念,还有解释性概念和自然种类概念(natural kind concepts)。[13] 自然种类概念的理论源头是克里普克和普特南,这两位哲学家的相关学说被称为"克里普特—普特南理论"。[14] 自然种类概念就是那些由自然科学所揭示的深层结构来定义的概念,如特定的基因定义了狮子之为狮子;特定的分子结构定义了水之为水。[15] 在自然种类概念上,自然科学的解释具有绝对优先性。[16] 比如,一块黄色金属,一个人说是黄金,另一个人说是铜,他们可能根据色泽或硬度给出各自的理由,但这些理由根本不重要,因为这块金属的分子结构才是决定性的。[17] 解释性概念则是指我们对概念的使用规则未达成一致意见,并且没有一种决定性的检验方式(a decisive test)来判断谁对谁错,但我们依然共享的概念。

引入自然种类概念似乎破坏了解释性概念与判准性概念这一相对明确的区分,因为这三类概念不在一个分类层面上,我们可以根据不同标准给出三组分类。

首先,自然种类概念是自然科学活动中使用的概念,许多自然种类概念来自日

---

〔11〕 例如,他说,"我对'书'这个词的使用,其正确与否,取决于这个词通常如何被使用……"(前引[9],德沃金书,第174页。)

〔12〕 See Ronald Dworkin, *Law's Empire*, London: Fontana Press, 1986, pp. 31 – 32.

〔13〕 需要注意的是,虽然德沃金着重分析了这三类概念,但他认为还存在其他类型的概念,如数理概念。See Ronald Dworkin, *Justice for Hedgehogs*, Cambridge: The Belknap Press of Harvard University Press, 2011, p. 454. 可以说,德沃金并没有发展出一种系统的概念类型学,他的相关分析都是法哲学争论的衍生品。

〔14〕 同上。

〔15〕 同上书,第159、182页。亦可参见前引[9],德沃金书,第10 ~ 11页。

〔16〕 参见前引[9],德沃金书,第11页。

〔17〕 问题在于,有些词汇既是自然科学术语,又在别的语境中发挥着不同于自然科学术语的作用,那么,偏离自然科学术语的用法是错误的吗?还是说,此时其实是同一个词汇指向了不同的概念,因此需要分析具体的语境?比如在日常语言中,水和冰相对,特指液态水,但水和冰具有相同的分子结构,因此作为一个自然种类概念,冰也是水。事实上,创造出液态水这个概念就是因为作为自然种类概念的水进入了日常语言,于是我们不得不用液态水这样一种表述来避免混淆。日常语言中的概念是根据物体的表面性状而非深层结构来定义的。但在自然科学的语境中,表面性状层面的理由——比如水是液体,冰是固体——是没有意义的;科学揭示的深层结构才是决定性的论据。问题是,水这一概念在日常语境中发挥着与科学研究中不同的作用。我们必须坚持冰也是水吗?还是说,在日常语境中,水特指液态水,因此说"冰不是水"并没有犯什么错误?质言之,自然种类概念具有跨语境的绝对优先性吗?德沃金并不这么认为。最明确的文本证据出现在前引[9],德沃金书,第12 ~ 13页。另外,还可参考此书第11页和第175 ~ 176页的相关论述。以及前引[13],德沃金书,第159页。

常语言,但在变成术语后便与日常语言断绝了联系,如何定义这些概念完全取决于自然科学的内在逻辑。在此意义上,判准性概念和解释性概念是同一类概念,即不作为自然科学术语使用的概念,这些概念大多存在于日常语言中,但也有一些是专门领域的术语。

其次,自然种类概念和解释性概念都具有深层结构,一个是物理性或生物性的深层结构,另一个是规范性深层结构,并且它们的存在和特征都不依赖于任何人的发明、信仰和决定。[18] 相反,判准性概念是根据事物的表面性状、约定俗成地发展出来的,它缺乏深度,具有唯名论特征。根据特定规则使用特定判准性概念的唯一的理由,这是约定俗成的。

最后,按是否具有决定性检验方式这一标准来划分,则自然种类概念和判准性概念同属一类,解释性概念单独算作一类。德沃金后来用聚合性(convergent)语言实践来解释这种决定性检验标准,相应地,语义学之刺也扩展到了自然种类概念上:中了语义学之毒的人认为所有概念都依赖于聚合性语言实践,不是判准性概念就是自然种类概念。德沃金之所以在判准性概念和解释性概念之外增加了对自然种类概念的讨论,主要是为了深化对语义学之刺的描述,跟上语言哲学的发展步伐,这种新发展已经蔓延到法哲学领域,对德沃金构成了新的挑战。[19] 因此,从这个角度来理解三种概念间的差异最符合德沃金的理论意图。

特定概念无论作为解释性概念还是非解释性概念使用,都需要一个解释性理由,亦即说明将其理解为某种类型的概念,我们可以更好地理解这些概念在其中发挥重要作用的实践。[20] 换句话说,某个概念是解释性概念还是非解释性概念,这本身是个解释性问题,我们无法在解释之外找到某种标准来判断某一概念的类型身份。如德沃金认为,只有将"法律"理解成解释性概念,法律人关于法律是什么的教义性争论才能得到最好的说明,否则我们只能说法律人太傻,在争论伪问题;或者法律人太虚伪,想用法律论证来包装自己的政治信念、道德立场。[21] 因此,相比于非解释性概念,解释性概念具有奠基意义上的优先性。在此意义上,德沃金说所有概念都是解释性的。[22] 德沃金还强调,特定概念可能会从这种概念类型转移到另一种类型。特定概念在"类型身份"变得模糊的时刻,就成了一个更严格意义上的解释性概念。[23] 因此,概念可以在两种意义上成为解释性的。首先,特定概念之为某种类型的概念,这本就是解释的结果,而非某种朴素的客观事实;其次,有一类概念是严格

---

〔18〕 参见前引[9],德沃金书,第 177 ~ 178 页。

〔19〕 参见前引[9],德沃金书,第 12、250 ~ 251 页。

〔20〕 参见前引[13],德沃金书,第 162 ~ 164 页。

〔21〕 参见前引[12],德沃金书,第 37 ~ 43 页。

〔22〕 参见前引[13],德沃金书,第 143 页。

〔23〕 同上书,第 164 ~ 166 页。有必要将概念变迁问题与某个词指向多种概念的情形区分开来。例如,"法律"这个词作为一个社会学概念是一个判准性概念,作为教义性概念则是解释性概念。这里不存在概念变迁,而是同一个词在不同研究语境中发挥不同作用,指代不同概念。参见前引[9],德沃金书,第 2 ~ 6 页。

意义上的解释性概念，这些概念引导人们去反思它们在其中扮演重要角色的实践。[24]

(二)解释活动的类型

解释性概念是与判准性概念等并列的一类概念，但其他概念在特定意义上也都是解释性概念。类似地，建构性解释既是一种与对话解释并列的解释活动，也是一种最根本的解释活动。[25] 为行文简便起见，我们将这两种建构性解释称为狭义和广义建构性解释。这一区分颇为晦涩，留待后文说明，此处我们先来区分解释活动的类型。

德沃金在《法律帝国》和《刺猬的正义》中给出了两个不同的解释分类。

在《法律帝国》中，德沃金根据语境的不同，将解释分为对话解释、科学解释和创造性解释(creative interpretation)，后者包括艺术作品解释和社会实践解释。德沃金认为，科学解释只是一种隐喻，而非真正的解释；科学关注的是机械的因果，而非报告目的(purpose)、意图(intention)。[26] 对话解释是最典型的解释，其他较为独特的解释概念是从对话解释中衍生出来的。创造性解释也是真正的解释，我们无法像处理科学解释那样，在创造性解释中消除解释这一隐喻。在《刺猬的正义》中，德沃金强调，解释都是特定类型的解释，所谓的一般解释，只是在一种非常有限的意义上说的："我们发现，在每一种类型的解释中，都会很自然地用意图或目的这类说法来报告我们的结论。"[27] 总之，科学澄清因果，解释报告目的，这一差异区分了两种智力活动。

需要注意的是，不能把对话解释理解为朴素意义上的对言说者言语的解读。德沃金将对话这一概念抽象化了，例如阅读文本也可以被理解为对话。任何致力于破解作者意图的解释都是对话解释，因此对话解释的直接对象不限于言说者的言语，还包括以各种符号表达的、附着了作者意图的对象。[28] 如果解释者把对这些对象的解读还原为对作者意图的解读，那么这种解读就是对话解释。总之，不能朴素地理解对话解释。要准确地把握对话解释的意涵，就必须联系与之相对的创造性解释。

从德沃金的相关论述可以看出，他基本把创造性解释用作建构性解释的同义词，但两者存在细致而深刻的差别，这一差别源于前面所说的建构性解释的广、狭两层含义。创造性解释特指与对话解释并列的建构性解释，但德沃金强调，建构性思路还可以为对话解释甚至科学解释提供说明，"对创造性解释的建构性说明，也许可以为所有类型的解释提供更一般化的说明"。[29] 不过在《刺猬的正义》中，德沃金稍稍调整了

---

〔24〕 德沃金对这两层含义的明确说明参见前引[13]，德沃金书，第163~164页。

〔25〕 这一点在《法律帝国》中已经有非常简略的说明，参见前引[12]，德沃金书，第53页。

〔26〕 参见前引[12]，德沃金书，第50~51页。

〔27〕 前引[13]，德沃金书，第125页。

〔28〕 参见前引[12]，德沃金书，第50页。

〔29〕 参见前引[12]，德沃金书，第53页。

自己的立场,将解释与科学作了更为严格的区分。这一问题留待后文详述,此处只是对创造性解释这一概念作出更为准确的界定:它是狭义建构性解释的同义词。

那么,创造性解释的对象是什么呢?在《法律帝国》中,德沃金举出了艺术作品和社会实践,两者之所以能成为创造性解释的对象,是因为它们都是"人创造出来的有别于自身的实体,而非对话解释所关注的、人们说的东西,或科学解释所关注的、并非由人创造的事件(events)"[30]。

德沃金强调,创造性解释并不是对话解释的一种特殊情形,因为在这种解释中,我们不是在报告某个作者的目的。但它依然关涉目的,创造性解释将解释者的目的施加于对象之上,以便将其塑造成其所属类型的最佳形态,"从建构性视角来看,创造性解释是目的与对象的互动"[31]。

不过这一说法颇令人费解,且与相关表述[32]并不完全一致:我们究竟是在探寻解释对象的目的,还是在将解释者的目的施加到对象上?其实这两个说法并不矛盾。创造性解释的对象有自己的目的、本旨、价值(这几个概念在德沃金的使用中基本不作区分),但这不是一个科学发现式的问题,价值不是分子结构式的深层本质,有待人们从客体中挖掘出来。因此在朴素的意义上,价值是"主观的",是解释者施加给对象的。但这种"施加"不是任意的。解释对象(如法律、文学等社会实践)有内在深度,亦即有历史纵深和一系列典范,我们施加于其上的价值必须能使对象呈现为最佳形态。因此,这种解释活动更像是在提出假说来捕捉对象"自身的"目的。在此意义上我们可以说,创造性解释在探寻解释对象的目的。此外,对于特定对象的价值是什么,也许会有多种解释,此时,解释者自己的价值信念就必不可少了。只有借助这种信念,解释者才能选择自己认为正确的解释。[33]

在《刺猬的正义》中,德沃金根据不同解释活动关注的不同类型的价值,区分了合作(collaborative)解释、说明(explanatory)解释和概念(conceptual)解释。

合作解释的对象有作者或创造者,解释者将自己视为创造者所从事的事业的合作者,致力于实现这一事业的价值,如对话解释、艺术解释、法官对政治家制定的法律的解释都是如此。[34] 说明解释的解释对象未必有明确的作者,[35] 但有解释的受

---

〔30〕 前引[12],德沃金书,第50页。

〔31〕 前引[12],德沃金书,第52页。

〔32〕 参见前引[13],德沃金书,第131页。

〔33〕 参见前引[12],德沃金书,第52~53页。

〔34〕 参见前引[13],德沃金书,第135~136页。德沃金在对合作解释的简要说明中并没有清晰区分作者和解释者在何种意义上进行合作。我们大致可以区分两种合作,一种是围绕解释对象的合作,如德沃金列举的创造性解释的情况;另一种是对话解释意义上的合作,此时,解释的对象是创作者所说的话、所写的文本,但解释者并不致力于对其进行创造性解释,而是想领会作者的实际意图。此时,创作者和解释者的合作仅仅意味着他们参与进了同一个交流活动。

〔35〕 这一点德沃金的表述并不明确,参见前引[13],德沃金书,第136页。但显然,说明解释的对象未必有明确的作者,比如历史事件。种种习惯也没有明确的作者,某个历史时期、某一文化更是如此。如果一定要说它们有作者,那么我们将不得不借助于某些"集体性作者",如将特定群体、某种文化拟人化。

众,解释者试图将所解释的对象或事件的意义讲解给受众听。概念解释不存在作者和解释者之分。概念是共同体创造或再造的,而解释者对概念的解释就是一种再造的尝试,因此他同样是作者。[36]

当然,一切解释都离不开概念,但针对概念的解释却是一类独特的解释。在合作解释、说明解释中也可能出现概念解释,但更准确的说法是,有时前两种解释会遇到概念层面的障碍,因此不得不停顿下来,先通过概念解释清除概念层面的疑难。[37]一般情况下,我们自明地使用概念进行各种类型的沟通活动,但有时,我们会在特定概念上发生分歧,此时,概念不再是一个称手的工具,而成了沟通的障碍,因此需要进行概念解释。普通人往往缺乏概念解释的自觉意识,容易陷入语言迷雾,哲学家则以概念解释为专业。[38] 根据概念类型的不同,我们对作为判准性概念、自然种类概念、解释性概念或其他某类概念的特定概念进行解释。概念类型不同,解释工作的形态也不同。面对判准性概念或自然种类概念,我们寻找特定的检验方式来判断谁对谁错;碰到解释性概念,就必须进入实质性的价值论证。

(三)解释、说明、说明解释

如前所述,在《法律帝国》和《刺猬的正义》中,德沃金提出了不同的解释分类。这两组分类标准不同,因此存在交叉、重合的现象。对话解释与创造性解释的区分有助于我们了解狭义建构性解释的具体特征。合作解释、说明解释和概念解释的区分则提示我们,不同解释活动关注不同的价值。这把我们引向了解释的价值理论(the value theory of interpretation),这一理论澄清了广义建构性解释的内涵。建构性解释的广狭两重含义后文详叙。此处我们需要澄清说明解释的详细内涵,这有助于我们深入理解说明(explanation)与解释之间的细致区别。

说明解释与说明紧密相关,但本身却是一种解释。我们且以历史研究为例,来详细论述这一点。

历史现象是多维度、多层次的,揭示哪一维度、展现哪一层次取决于历史学家的研究视角,研究视角的选择以价值判断为前提。[39] 这是广义建构性解释的领域,历史学家对"如何进行历史研究才能实现它的最大价值"这一问题有自觉不自觉的建构性答案。但对历史现象的说明本身不是解释,虽然可以引申出解释。

当然,我们可能会对一些切身相关的历史脉络进行创造性解释,比如美国法律人对美国法律史的解释很可能就是一种创造性解释。许多历史现象是坏的、邪恶的,比如美国历史上的奴隶制、纳粹的法律实践,对其进行创造性解释会遭遇内在怀

---

〔36〕 前引[13],德沃金书,第135~137页。

〔37〕 对于这三类解释活动之间是严格独立还是可能存在交织这一问题,德沃金并没有太明确的说明,从一些表述来看,他似乎认为三者是严格独立的。参见前引[13],德沃金书,第157页。笔者认为他的说法可能不够准确。

〔38〕 参见前引[13],德沃金书,第123页。

〔39〕 因此即便是描述性研究,也以价值判断为前提。参见前引[13],德沃金书,第138页。一个类似的说明参见John Finnis, *Natural Law and Natural Rights*,2th,Oxford:Oxford University Press,2011,pp. 3-9。

疑论性质的结论,亦即它们无法获得总体的证成,但这是创造性解释的结论,这种解释依然属于创造性解释的范畴。当代儒家信徒也许会严肃追问守三年之丧是否符合丧礼的本旨,但我们一般认为这是一种哲学性而非历史性的探究,作这种研究的人往往预设了,周代丧礼依然具有当代价值,因为它蕴含着永恒、普遍的真理,在此意义上,它不是真正异己的,而是被忽视、埋没了的切身道理。只有具备这种紧密相关性,创造性解释才能成为合情合理的研究姿态。如果我们对周代丧礼进行历史性而非哲学性研究,那么对我们而言,"礼"只是一个社会学概念,而非解释性概念。[40] 我们不关心何种礼学主张正确,只关心不同主张在历史进程中起到的作用。

总之,创造性解释只能发生在一种非常特殊的语境中:解释者认为解释对象与自己有着紧密关联,因此参与进了解释对象的续造之中。[41] 因此,对其他历史时期、社会结构、文化族群的具体实践作创造性解释并非不可能,但却是非常罕见的情形。历史学、社会学、人类学的研究对象往往是异己的历史时期、社会结构、文化族群,研究者和研究对象之间一般不会建立起这种密切的关系。

不过,历史研究的对象是人类活动、社会现象,因此渗透着意义,意义无法通过外在观察来掌握,而必须借助于理解、解释。具体言之,我们需要通过对话解释,来理解历史人物的意图。困难在于,研究者和研究对象之间存在时空距离。为了跨越历史、文化的距离,理解异己者,我们必须借助狄尔泰意义上的历史意识(如果可能的话)、充分把握伽达默尔所说的效果历史意识,以理解异己者,努力不因自己的前

---

〔40〕 联系德沃金对法律的社会学概念和法律的教义学概念(教义性概念是解释性概念,社会学概念则属于判准性概念)的讨论。解释性概念具有内在深度,对解释性概念的解释致力于发展出对特定实践之本旨的一整套说明,即从概念(concept)发展出观念(conception)。相比之下,社会学概念基于我们对法律这种制度性结构的认识,我们对这种意义上的法律有粗略的共识,基于这种共识,社会学意义上的法律概念具有相应的判准。因此严格地说,德沃金并不否认法律可能是一个判准性概念,关键得看法律这个词在何种语境中发挥作用。他认为,作为社会学概念的法律缺乏教义学意义和哲学意义,因为它关心的是法律这种制度性结构,而不是规范性问题。(参见前引[9],德沃金书,第2~5、251~254页。)在伦理学、政治哲学、法哲学语境中,不可能中立地提出一种概念定义作为必须接受的前提。当然,我们也许可以提出非常稀薄的概念性共识作为具体争论的平台,但在解释过程中,这一共识可以被推翻,违背前解释共识并不会使解释变成无意义的自说自话。如果认为这种前解释共识具有约束力,那也许是将价值概念理解为判准性概念或自然种类概念了;把价值论证理解成某种毫无说服力的语义纠正活动或不可思议的价值发现活动了。(同上书,第165~166、169~173页。德沃金对罗尔斯的概念、观念之分提出过重要批评。参考前引[13],德沃金书,第167页;前引[12],德沃金书,第71~72、74页。这一批评同样适用于哈特,虽然哈特误以为自己和德沃金在这一点上看法一致。参见H. L. A Hart, *The Concept of Law*, 3th, Oxford: Oxford University Press, 2012, p. 246。)

〔41〕 一个相关的文本证据是,德沃金在为自己的参与性、规范性的概念研究进路辩护时特别强调了"我们":"我们已经识别出了我们的概念的显著方面,它们帮助我们最好地理解我们自己或我们的实践或我们的世界。"(前引[9],德沃金书,第180页。)

见而扭曲异己者的精神世界。[42]

即使接受这些解释学策略,历史研究和对话解释依然存在很大不同:对话解释致力于破解言说、行动者的意图;历史研究虽然要考虑历史人物、特定群体的意图,但根本的目的是说明历史事件。历史研究关注的是历史事件的前因后果,历史人物的目的、群体精神等只是作为特定的因或果在这一因果脉络中起作用的。历史学、社会学等虽然处理的是渗透了行动者意图的历史社会现象,因此离不开对行动者精神状态的理解,亦即离不开对话解释,但对话解释只是手段,而非最终目的,它们的目的是作出因果说明。[43]

简言之,历史研究和社会学、人类学等社会科学研究是说明,而非解释。这种研究可能以法律、艺术等社会实践为对象,但此时,法律、艺术不是解释性概念,而是社会学概念,是根据这些实践的外部结构特征而非内在价值定义的。这类说明可能有历史意义、社会学意义,但没有哲学意义、教义属性。

说明解释是解释,不是说明。因为解释者虽然要对特定对象作出说明——比如历史学家要说明纳粹的来龙去脉,批判法学要揭示当下法律阴暗的历史根源——但并不停留于揭示因果。说明解释的重点在于,解释者要揭示这些重大事件对我们的意义、价值。例如,如果我们同情地理解,那么批判法学的研究可以被视为说明解释,它们试图让读者看到既有法律存在的问题,从而促使我们去改变这些问题。如果仅仅停留于揭示既有法律的阶级根源、历史脉络,那么这只是一种说明,而非解释。[44]

三、解释的三个阶段

(一)两种"三阶段"说明

在《刺猬的正义》中,德沃金指出解释有三个阶段。首先,确认所要从事的是何种类型的解释实践(interpretive practice),例如是文学解释还是法律解释;其次,将目的、价值赋予前一阶段确认的特定解释实践;最后,我们试图在特定场合(particular occasion)确认,这些目的、价值如何才能得到最好的实现。[45]

《刺猬的正义》中的这一"三阶段"说明与《法律帝国》的说法略有不同。在《法律帝国》中,德沃金在"针对社会实践的建构性解释"这一特定语境中提出了解释的三阶段。德沃金将三个阶段命名为前解释阶段、解释阶段和后解释阶段。粗略说

---

〔42〕 德沃金承认伽达默尔的效果历史意识在对话解释中有一定作用,但也看到了这种思路的局限性,亦即在有些情况下即使用了解释学策略,历史、文化的隔绝依然难以克服。他恰恰把这一局限视作支持创造性解释的理由。参见前引[12],德沃金书,第419~420、422~423页。另一个困难在于,我们必须引入"民族精神""代表性人格"等带形而上学嫌疑的概念,因为历史学、社会学、人类学研究关心的不是具体的个人,而是特定历史文化群体中的一般人格、主导观念。参见前引[13],德沃金书,第138页。

〔43〕 正是在这个意义上,社会科学既带有解释色彩,又属于科学。

〔44〕 参见前引[13],德沃金书,第144页;前引[12],德沃金书,第273页。

〔45〕 参见前引[13],德沃金书,第131、134页。

来,前解释阶段的任务是确认这一实践的初步内容(the tentative content)。解释阶段则要为前解释阶段确认的内容选定某个总体证成,以此解释这一实践为何值得追求、要实现什么价值。在后解释阶段,解释者根据解释阶段的结论,确认这一实践中的具体规则真正要求的是什么。[46] 如果我们把《法律帝国》中的这一说明从上下文中抽象出来,那么它就是对建构性解释的一般性操作步骤讲解。

这两种"三阶段"说明存在微妙差异。在《刺猬的正义》中,解释这一概念泛化了,针对特定解释实践的解释、对特定解释实践中具体对象的解释都被称为解释。而在《法律帝国》中,德沃金用前解释、解释与后解释三个概念来标示不同阶段的具体任务。

更值得注意的是,两个"三阶段"说明中的"实践"概念存在重要差别。

(二)德沃金的实践概念

德沃金的实践概念非常复杂,他也并未对此作专门的界定。在《法律帝国》中,社会实践解释与艺术作品解释作为创造性解释的两种类型得到了细致的分析,实践概念在此书中一般指与艺术作品相区别的社会实践,两者的主要差异在于,前者有作者,后者无作者,因此前者更容易被引向"作者心理状态"解读。[47] 而在《刺猬的正义》中,实践主要指解释实践,如对话解释、文学解释、法律解释、社会学解释等都是特定类型的解释实践。因此,《法律帝国》中的实践主要指建构性解释的一类对象,即社会实践;而《刺猬的正义》中的实践主要指类型多样的解释活动。

不过,这种说法存在一个问题:它似乎将作为解释对象的实践,和作为解释活动的实践截然两分了。问题的症结在于,复杂、成熟的社会实践本身往往就是解释性的,参与其中的人具有解释性态度,即会去反思实践的目的、本旨何在;即使没有解释性态度,也可能存在诸如澄清歧义、模糊之类的解释活动。因此,解释者不是外在于这一实践活动的研究者、批评家,而是实践活动的内在参与者。[48] 即便是法学家、礼仪哲学家,他们的解释也具有间接的参与性:"不存在将法理学隔离于裁判或法律实践的任何其他方面的明确界限……法理学是裁判的总则部分,是任何法律决定的无声前言。"[49]

我们可以从德沃金举的例子中看到这个差异:"历史学家解释重大事件和重要时期,精神分析学家解释梦,社会学家和人类学家解释社会和文化,法律人解释文件,批评家解释诗歌、戏剧和图画,神父和拉比解释宗教经典,而哲学家解释有争议的概念。"[50] 可以发现,在这些例子中,解释者的身份有明显差异:历史学家等外在

---

〔46〕 前引[12],德沃金书,第65~66页。

〔47〕 参见前引[12],德沃金书,第62~65页。注意区分对具体艺术作品的解释和对艺术这一解释性概念的解释,后者意味着对艺术作为解释性概念出现的实践的解释。这一区分具有极为重要的意义,下文详述。

〔48〕 当然,即便是解释性的社会实践,解释者也可以借助社会学概念对其进行说明。

〔49〕 前引[12],德沃金书,第90页。

〔50〕 前引[13],德沃金书,第123页。联系注释43的相关讨论。

于他解释的实践，法律人则是法律实践的内在参与者。因此，在某些情况下（如法律实践），解释实践就是其所解释的社会实践的一部分。[51] 于是，解释实践汇入了社会实践：解释者的工作不是通过移情、内在视角等手段，来理解自己并不参与乃至并不认同的异己实践，而是更积极地通过解释来推进自己参与其中的实践。[52] 简言之，对特定社会实践的解释就是在参与这一社会实践。

从社会实践与解释实践的截然两分，到融合为一，这两种状态之间存在漫长的中间状态，这是一个复杂的光谱。例如，历史解释、社会学解释接近于解释活动与解释对象的截然两分，礼仪解释则完全汇入了礼仪实践本身；法律人的解释活动更接近礼仪，文学批评中批评与创作的区分则较为明显。——我们可以回想下，德沃金为什么要用连环小说续写者而非小说批评家来比喻法律人的角色。[53]

因此，两种"三阶段"说明的核心差异在于，第一阶段的任务是识别社会实践类型还是解释实践类型，第二阶段的任务是确认特定社会实践的价值还是特定解释实践的价值。当然在实际操作中，这两种"三阶段"说明是交织在一起的：不理解特定社会实践的价值，我们难以确定特定解释实践的价值；不确定特定解释实践的价值，我们难以领会解释活动如何能推进特定社会实践之价值的实现。

在《刺猬的正义》中，还有另一种实践概念，这一概念突出了其与解释性概念的关系：解释性概念在特定实践中发挥重要作用，并引导我们去反思这类实践，于是，以解释性概念为焦点，实践成了解释的对象，同时这种解释活动也是其所解释的实践的内在组成部分，例如对教义学意义上的法律概念的解释就是法律实践的内在组成部分。这一用法在《法律帝国》《身披法袍的正义》中也多有出现。[54] 究其本质，这种意义上的实践和前面所说的社会实践是同一个概念，是参与其中的人们已经发展

[51] 有一个细微的差别需要注意。如正文所述，解释活动是某些解释对象的一部分，但不是全部，例如，法律解释是法律实践的重要组成部分，但不是全部，除了法律解释，法律实践还包括法律机构、文本等构成要素。因此，对法律解释这样一种解释实践的解释，不能等同于对法律实践的解释；"法律解释这种解释实践有什么价值"，与"法律有何种本旨"也是两个紧密联系但不能等同视之的问题。特定社会实践是特定解释实践的对象，而解释实践本身又往往是前者的组成部分，许多理解上的困难都来自于这种复杂关系。

[52] 显然，我们不能仅仅根据解释对象的不同（如解释历史现象、解释法律）来判断解释实践与社会实践是合一还是两分的，如果我们只是粗略地讲"法律解释"，那么它既可能合一，也可能两分。比如说，我们可以解释作为历史现象的纳粹法律实践对我们的警示（此时这种法律解释同时也是历史解释），但我们的解释活动和纳粹法律的实践活动是两分的，而如果站在纳粹法官的视角上，则其解释活动就是纳粹法律实践的内在组成部分。更容易混淆的一种情况是，文学批评与文学创作是相对两分的，但文学创作本身也是一种带解释色彩的实践活动，文学家只有在文学传统中，带着对文学传统的某种自觉或不自觉的解释，才能进行创作。因此，文学批评的解释对象也是解释性的，但文学批评和其解释对象构成了两种不同的解释实践。总之，"谁的视角"是至关重要的，只有在明确视角的前提下，我们才能分析解释与实践的关系。因此关键不在对象的特征，而在于解释者与对象的关系，它是参与进了这一事业，还是外在地解释这一事业。

[53] 参见前引[12]，德沃金书，第229页。

[54] 参见前引[13]，德沃金书，第6～7、160、170、173页。《身披法袍的正义》中也有这种表述："我们的一些概念，发挥的是不同的功能：它们是作为解释性概念起作用的，解释性概念鼓励我们去反思并且争论，我们已经构建出来的这些实践提出的是什么样的要求。"（前引[9]，德沃金书，第11页。）在《法律帝国》中也有类似表述，特别是在论述正义、法律的时候。（参见前引[12]，德沃金书，第73～76、87页。）

出了解释性态度的社会实践。

需要特别注意的是,德沃金所说的实践是由历史传统、典范、特定本旨构成的复杂人类活动(activity),而非行动(action)。因此,不能将其套入思与行、理论与实践的二元对立。这一点文章末节详述。

四、广义建构性解释

(一)价值与真理

除了都致力于报告目的、意图这一共同点外,不同类型的解释并没有太多相似之处,它们是以家族相似的方式联系起来的。因此,具体的解释活动总是特定类型的解释。我们能进行解释,是因为存在解释的实践或传统。加入某种解释实践,就开始了特定类型的解释活动。[55]

我们一般所说的解释活动发生在特定解释实践中,以特定作品、具体事件为对象,比如对一首诗、一个法律条文的解释。这些具体的解释活动致力于实现特定解释实践——诗歌解释、法律解释——的价值,"因此,当我们解释任何特定对象或事件时,我们也是在解释我们参与其中的特定类型的解释实践:我们把合适的目的(亦即它确实在提供并应该提供的价值)施加给那种类型的实践,以此对它进行解释"。[56]

由此也引出了德沃金解释理论的真理概念:"对于那个对象来说,当某解释实践被恰当地确认为是相关的(pertinent),而一个特定的解释最好地实现了恰当分配给该解释实践的目的时,那么这个解释就成功了,亦即获得了关于某一对象之意义(meaning)的真理。"[57]可见,解释的真理离不开价值的真理。

(二)广义建构性解释

德沃金并未明确使用"广义建构性解释"这一概念,不过我们可以从他的相关论述中概括出这层意思。我们也确实有必要区分建构性解释的两层含义,这样才能更有层次、更透彻地理解德沃金的解释理论——这是一种主张对解释本身也进行解释的复杂理论。解释的价值理论阐明了广义建构性解释的基本逻辑,可以说,对特定解释实践的价值说明(the value account)就是本文所谓的广义建构性解释。我们来具体阐述这一说法。

存在多种多样的解释实践,每种解释实践都有特定的目的,关注独特的价值。对话解释、历史解释、社会学解释、法律解释都是具体的解释实践,这些解释实践并不一定呈现为建构性解释的形态。虽然如此,对特定类型的解释实践本身的解释——而非对特定对象、具体事件的解释——却是一种建构性解释。这种"对特定解释实践的解释"致力于回答的问题不是某部小说该作何种解释,而是小说解释这

---

〔55〕 参见前引[13],德沃金书,第130页。
〔56〕 同上书,第131页。
〔57〕 同上。

项实践要实现什么价值。如果你是一个浪漫主义者，那么你会认为通过解释小说来展现作者的天才、本真性是小说解释的价值所在，于是你倾向于解读作者创作时的心理状态。如果我只是不同意你对作者心理状态的具体解读，那么我们的分歧是以一个共识为前提的："探索作者心理状态"这样一种小说解释实践是有价值的。但我也可能提出更根本的异议：专注于挖掘作者心理状态完全误解了小说解释的要义。此时，我们争论的不再仅仅是具体作品该作何种解释，而是小说解释这种解释实践的本旨何在。

因此，重要的是区分两个层次：对解释实践的解释，以及在特定解释实践内进行的解释。前一种解释必然是建构性解释，因为它致力于探索特定解释实践的本旨、价值。换言之，它试图根据解释者的价值信念，将特定解释实践构造为最佳状态。后一种解释则未必致力于将对象构造为最佳状态，除非解释者在进行特定类型的解释实践时主张狭义建构性解释，而要证明这一主张，就必须退回到广义建构性解释层面，对特定解释实践之本旨作出解释。

正是在这一意义上，建构性解释是最根本的解释活动，它对每种解释实践关注的价值以及成功的标准（真理）作出了说明。由此我们可以理解，德沃金为什么会说"对创造性解释的建构性说明，也许可以为所有类型的解释提供更一般化的说明"，[58]以及为什么他强调"解释也是解释性的"。[59]

（三）解释与科学

在《法律帝国》中，德沃金认为广义建构性解释（亦即对特定解释实践的价值说明）也适用于科学解释，虽然他在之前的段落中已经否认科学解释是一种真正的解释。[60]

前已说明，科学澄清因果，解释报告目的，科学与解释的区别在于解释具有目的性。在《刺猬的正义》中，德沃金对这一点作了更具体的阐发：科学与解释的区别不仅在于解释所作的主张（claims）要用到目的性词汇，更关键的是，解释的成功标准（the standards of success）也带有目的性，科学则否。[61]

包括科学和解释在内的任何探究（inquiry）都有内在目标（the intrinsic goal）和正当化目标（the justifying goals）。任何研究的内在目标都是寻找事物的真理，正当化目标则要说明特定研究的正当性，亦即说明这种研究对我们有何种意义。例如，预防和治疗疾病也许是医学研究最重要的正当化目标。

在科学中，这两类目标截然两分。德沃金强调，"我们绝不能将科学的正当化目标和内在目标混为一谈；尤其是，我们绝不能认为正当化目标可以成为检验寻求真

---

〔58〕 前引［12］，德沃金书，第 53 页。

〔59〕 前引［13］，德沃金书，第 131 页。

〔60〕 参见前引［12］，德沃金书，第 53 页。

〔61〕 这一观点在《身披法袍的正义》中已经简要出现过。（参见前引［9］，德沃金书，第 180 页。）

理的活动是否成功的检验方式的一部分”。[62] 科学家耗费巨资测算出撒哈拉沙漠有X粒沙子,这一研究可能缺乏足够的正当性,让人觉得毫无意义,但这丝毫不会影响它的真理性。

不过在解释领域中,正当化目标恰恰是真理的核心。根据解释的价值理论,解释获得成功就意味着获得了真理,而解释是否成功取决于它是否实现了我们对特定解释实践的价值的最好说明。因此,正当化目标与内在目标相互融合了。[63] 通俗地讲,特定类型的解释实践有什么用、要求实现什么效果,这一问题需要由正当化目标来回答,而这一问题的答案又界定了特定解释实践的内在目标,因此两种目标内在地勾连了起来。

在《法律帝国》中,德沃金认为在科学“解释”中,简洁、优雅(elegance)和可验证性之类的理论建构标准可以说明哪种类型的说明优于另一种类型。从他的表述中,我们甚至可以认为,是否符合这些标准与某个科学理论是否成功有着(至少是局部的)内在的关联。[64] 德沃金后来借用普特南等人的说法,将这些标准称为认知价值(epistemic values)。正是这种价值的存在,使科学活动也可以在广义建构性解释中得到说明。但这一说法在《刺猬的正义》中大大弱化了。德沃金认为认知价值跟正当化目标不同:“相比于一种不优雅的宇宙理论,我们更喜欢优雅的宇宙理论,但是研究宇宙不是为了发现优雅的例证。”[65] 换句话说,这些认知价值只能决定哪个理论更受欢迎,但不足以成为正当化目标。认知价值不仅和正当化目标没关系,跟内在目标更是完全不相关:一个理论不会仅仅因为它更优雅、简洁而更接近真理。因此,广义建构性解释对科学活动来说变得可有可无了,它基本只适用于与科学对立的解释活动。[66]

五、狭义建构性解释

广义建构性解释是对解释实践的解释,狭义建构性解释(行文简便起见,下面一

---

〔62〕 参见前引[13],德沃金书,第153页。这里可以提出这样一种反驳:如果菲尼斯的说法正确的话,那么知识本就是一种价值,因此求真本就是正当化目标,在此意义上,即使科学研究,也可以说是内在目标和正当化目标合一的。这个反驳可以引导我们探讨知识与善好生活的关系:知识是否不仅是实现善好生活的手段,还是目的本身?是否一切知识都有价值,还是要排除那些琐碎的知识?不过这些问题不是德沃金眼下关心的。

〔63〕 同上。

〔64〕 前引[12],德沃金书,第53页。

〔65〕 前引[13],德沃金书,第453页。

〔66〕 蒯因的整体主义知识论对科学、解释的两分提出了挑战。这种观点认为,对物理世界的信念也并非不可放弃的,科学也是作为整体来面对作为整体的经验的。(参见前引[13],德沃金书,第154~155页。)笔者认为德沃金对蒯因的反驳颇为无力,但这并不会对德沃金的解释理论构成决定性的挑战,因为即使德沃金的科学哲学是错误的,也无非意味着广义建构性解释的地盘可以扩大到科学那里,而不会影响它在解释领域的有效性。关于德沃金的科学哲学观,还可以参考《正义与权利》一文(参见前引[5],德沃金书,第6章。)总的来说,德沃金的科学哲学观还是比较保守的,倾向于实在论而非建构主义。

律称“创造性解释”)则是特定解释实践内的解释。本文这一部分将对创造性解释作出具体说明。首先,本文将分析创造性解释的对象。其次,本文将通过比较对话解释和创造性解释,澄清创造性解释的操作特征。

(一)创造性解释的对象

德沃金指出,创造性解释的对象是“人创造出来的有别于自身的实体”,他具体分析了艺术作品和社会实践这两类对象。但我们不能反过来说,对人创造出来的有别于自身的任何实体都应该作创造性解释。

艺术作品解释并不必然是创造性解释。比如,有些批评流派关注作者的意图,而非批评者的目的;致力于“如其所是”地解释作品,而不是“使其最佳”。于是,这种解释就被还原成了对话解释。[67] 当然,即便是对话解释,解释者也需要使用建构性解释策略,不过,仅这点建构性色彩还不足以使我们说它是一种创造性解释。[68] 这一问题本节第二部分详述。在此我们只需了解,关于艺术作品的解释,存在多种相互竞争的解释主张。只有为“创造性解释是对艺术作品的最合理解释”这一主张作出辩护,我们才能说艺术作品解释应该是创造性解释。

礼仪、法律等社会实践没有单一、明确的作者,因此在对社会实践进行解释时,“重现作者意图”这样一种解释方案的吸引力相对较小。社会实践发展到一定的复杂程度,人们就会发展出解释性态度,追问礼仪、法律等实践的目的究竟是什么,于是,对社会实践的解释就成了一种创造性解释。(需要特别指出的是,与具体的艺术作品不同,艺术本身也是一种社会实践。)

因此,面对涉身其中的复杂社会实践,我们很自然会进行创造性解释。但是否对这些实践中的具体作品、规则进行创造性解释,则取决于解释者对这些解释实践的具体看法。例如,德沃金笔下的惯例主义和实用主义也是对法律实践进行创造性解释后得出的法律观,但这两种法律观推荐的裁判方法却不是创造性解释,以及它们在个案裁判中只需非常有限地解释法律文本,而无须再对整个法律实践作建构性解释。[69] 对艺术这种社会实践的解释和对具体艺术作品的解释也存在这种差异。

(二)创造性解释的操作特征

前文已经提到,即便是对话解释,也缺不了建构性手段的帮助。对话解释和创造性解释的核心差异不在于创造性解释的解释者要施加目的、价值,而在于他施加的是“自己的”目的、价值。

例如,在理解某人言行时,我们必须建构他的目的,赋予他的言行以某种价值导

---

〔67〕 毋庸赘言,这种排斥创造性解释的解释方案本身有着建构性理由,亦即对“艺术价值何在”这一超越具体作品解释的抽象问题所作的广义建构性回答。在浪漫主义者眼中,“如其所是”恰恰是在一种更深刻的意义上“使其最佳”。[联系德沃金的这段话:“所有解释都在努力使某个对象(作为假定的某项事业之实例)成为它可能成为的最佳实例;解释在不同场景下采取不同形式,只是因为不同的事业结合着不同的价值或成功标准。”参见前引[12],德沃金书,第53页。]

〔68〕 参见前引[12],德沃金书,第54~62页。需要说明的是,德沃金的有些表述并不清晰。

〔69〕 参见前引[13],德沃金书,第226页。

向。因为我们往往可以对单纯的言行作出多种解读,只有根据对言说、行动者的了解,建构出他的大致意图,我们才能有针对性地理解他的言行,从多种可能的解读中选取最合理的解读。社会现象、某人的具体言行都带有目的性,都具有价值导向,而这些目的、价值并不是像客观物体一样可以明白发现,而需要由解释者来建构。可见,在对话解释中,解释者施加的不是自己认可的目的、价值,而是建构出来的对方的意图。

综上所述,建构意图、赋予解释对象以价值是一切解释活动的必要步骤,创造性解释的独特性在于,我们施加的是自己认同的价值,我们希望通过创造性解释来最好地实现这种价值。因此,对话解释和创造性解释的深层差异在于,对话解释是消极的,以理解对方为目标,而在创造性解释中,解释者积极参与进了所解释的事业,试图最好地实现它的价值。[70]

虽然存在消极、积极的差异,但不能将这种差异理解为理论与实践的对立。按朴素的理论/实践两分,理论是思,实践是行,创造性解释显然属于理论,而非实践。它也未必指向行动意义上的实践:对小说进行创造性解释指向何种行动呢?小说解释等创造性解释是自足的,它的目的就在自身之中,它不需要转化为某种行动才能实现自身的价值。

将理论与实践简单对立容易使实践变为一个前反思的领域;在理论、实践截然两分的分析框架中强调实践哲学的实践属性容易使实践哲学策论化,似乎实践问题是预先存在的反思前提,实践哲学只负责提供具体的手段,只回答“怎么做某事”,不思考“为什么要做某事”。同时,德沃金所说的实践往往不是行动意义上的实践,而是社会实践,是由历史传统、典范、特定本旨构成的复杂人类活动,如法律实践、艺术实践等。因此,德沃金的“实践解释学”的分析对象不是与理由相关的具体行动,而是某种复杂的人类活动。[71]

---

〔70〕 此处受到范立波老师的启发,参见范立波:《作为诠释事业的法律——德沃金〈法律帝国〉的批判性导读》,载郑永流主编:《法哲学与法社会学论丛》(2014年卷),法律出版社2014年版。也可参见前引[12],德沃金书,第104~108页。

〔71〕 值得注意的是,对社会实践进行解释只是创造性解释的一种类型,更为具体的作品、规则也可以成为创造性解释的对象,因此不能把创造性解释等同于这种意义上的实践解释学;同时,社会实践也有诸多种类,有些离行动远,有些离行动近。

民族区域自治立法中少数民族习惯法利用研究

——以 S 自治县为例

王洪杰*　于访勤**

内容摘要:本文以 S 自治县为样本,指出自治条例体现了对当地少数民族的传统、宗教、文化和习俗的重视;单行条例和变通规定涉及相邻权、安全生产、自然资源利用和环境保护、民事纠纷调处、婚育制度等,内容较为丰富。但自治立法也存在滞后性、缺乏可操作性、特色不鲜明、调解制度不完善等问题。鉴于此,应充分认识民族习惯法的价值,加强对当地民族习惯法的发掘、整理、研究和利用;在对民族习惯法的收集整理中,应加强各类专家协同合作,加强对外合作交流,古为今用、洋为中用;在自治立法过程中要充分利用少数民族习惯法之精华,努力协调国家制定法与民族习惯法的关系,增加变通立法并完善调解制度。民族区域自治立法应主动迎接民族习惯法之挑战,努力实现国家制定法和民族习惯法的共赢与协调发展。

关键词:民族区域自治　立法　少数民族　习惯法

一、少数民族习惯法的特征和功能

民族习惯法是习惯法的一种,而少数民族习惯法是我国习惯法体系中最具有特色、最具有生命力的组成部分。在从习惯到习惯法演化的历程中,习惯的社会化和规范化即演化为习俗,而获取精神或物质的强制力是习俗升华为习惯法的关键。少数民族习惯法具有民族文化性、家族伦理性和非系统性等特征。在维护民族利益、维持民族内部秩序、推动民族地区的稳定和发展方面,少数民族习惯法能有效地调控少数民族的社会生活,在民族地区的社会治理中兼具实践合理性和价值正当性。

1. 习惯法的生成路径:从习惯到习惯法

习惯是长期逐渐养成且一时不易改变的行为、倾向或社会风尚。习惯的社会化和规范化即为习俗,此进程是基于自发的秩序自然而然地养成的,它反映了习惯的社会化约定俗成的过程,即习惯不断地被"硬化"而逐步获得社会规范性过程。[1]习俗含有习惯和风俗之意;习俗有别于一般习惯的显著特征就是它在特定区域内具有社会性和群众性。

韦森认为英文"Customary law"应译为"习俗法",但约定俗成,"习惯法"即"习

---

* 王洪杰,复旦大学法学院博士研究生,蚌埠学院讲师。

** 于访勤,河西学院法学院副教授。

〔1〕 李保平:《从习惯、习俗到习惯法——兼论习惯法与民间法、国家法的关系》,载《宁夏社会科学》2009 年第 2 期。

俗法”。[2] 恩格斯认为人们的生产、分配、交换轨则起首表现为习惯,之后便演进成为法律;[3] 博登海默认为,当特定群体中的个体开始普遍而持久地遵循某些被认为具有法律约束力的惯例或习惯时,习惯法便出现了。[4] 但李保平认为:“虽然习俗具有最低限度的秩序意义,但习俗还不是习俗法(习惯法),要使习俗转变为习俗法,还需要相应的条件。”[5] 惯例被认为是贯通习俗与习惯法的桥梁,习俗需经过惯例的阶段才能升格为习惯法;[6] 但习俗能否演变为习惯法的关键在于它能否获得某种物质的或精神的强制执行力。[7] 成文或不成文均可为习惯法的表现形式;习惯法既有自然而然形成的,也有特定范围内的社会成员商定(约定)而成的。习惯法具有持久性、连续性、强制性、确定性、一致性、自发性、合理性、约定俗成性等特征。[8]

基于生成习惯法的社会关系特性,可将习惯法分为宗教习惯法、宗族习惯法、村落习惯法、行业(行会、业缘)习惯法、民族习惯法;等等[9]。在少数民族聚居区,这些不同类型的习惯法并非泾渭分明,而是常常互相交织,难以彻底界分。

2. 少数民族习惯法的特征

“少数民族习惯法是各少数民族在千百年来的生产、生活实践中逐渐形成的,独立于国家制定法之外,依据本民族全体成员共同认可的社会权威而确立的,具有强制性和习惯性的普遍行为规范总和。”[10]

对少数民族习惯法的特征,有学者运用历史唯物主义观点和法律人类学方法,[11] 有学者通过与国家制定法相比较,[12] 有学者借鉴梅因提出的古代法文化体现出神法文化特征的论断,[13] 从不同角度展开论述。本文从与一般习惯法相比较的视角,认为少数民族习惯法具有三个特征。一是民族文化性。少数民族独特的血缘身份纽带与历史上长期生活在特定区域内的紧密联结共同形成了特殊的文化,特定民族的文化基因构成该少数民族习惯法的精神内核。二是家族伦理性。少数民族习惯法保留着一定的阶级性,并由族规家法予以维系,体现了宗法伦理准则和家族共同利益。三是非系统性。形式上,少数民族习惯法一般不具备完备的成文法表现形

---

[2] 韦森:《经济学与哲学》,上海人民出版社2005年版,第197页。

[3] 恩格斯:《论住宅问题》,《马克思恩格斯选集》(2),人民出版社1972年版,第538~539页。

[4] [美]E. 博登海默:《法理学——法哲学及其方法》,邓正来译,华夏出版社1987年版,第371页。

[5] 李保平:《从习惯、习俗到习惯法——兼论习惯法与民间法、国家法的关系》,载《宁夏社会科学》2009年第2期。

[6] 韦森:《经济学与哲学》,上海人民出版社2005年版,第196页。

[7] 李保平:《从习惯、习俗到习惯法——兼论习惯法与民间法、国家法的关系》,载《宁夏社会科学》2009年第2期。

[8] 高其才:《中国习惯法论》,中国法制出版社2008年版,第5页。

[9] 张岩涛:《“习惯法”概念的追溯性推演》,载《民族论坛》2014年第11期。

[10] 蒋超:《民族习惯法与国家制定法关系研究》,载《求索》2008年第7期。

[11] 陈金全:《试论少数民族习惯法的性质与特征——以西南少数民族习惯法为中心的分析》,载《贵族民族研究》2005年第4期。

[12] 高其才:《论中国少数民族习惯法文化》,载《中国法学》1996年第1期。

[13] 龙大轩:《羌族习惯法的神法文化特征》,载《现代法学》1998年第2期。

式,其内容也多限于财产、婚姻、家庭等与日常生产生活密切相关的领域。

3. 少数民族习惯法的功能

少数民族习惯法是我国习惯法体系中内容最为丰富且影响最为深远的一种,并且其中某些习惯法依然对我国少数民族地区发挥着重大作用,具体包括:“维护本民族的整体利益;维持本民族的内部秩序;推动民族地区的稳定和发展。”[14]“作为一种文化现象和调节手段,民族习惯法代表了特定地区、特定民族群体的意志和利益,成为该区域内民族成员共同认可并自觉遵守的行为规范,有效调节民族成员的生产和生活”;[15]作为一种社会规范,少数民族习惯法的利用符合现代社会治理的多元性要求,它们在民族地区社会治理中具有价值正当性和实践合理性;它们在社会治理中具有参与协商、民意认同、灵活变通、成本低廉等优势。[16]

民族习惯法中也存在某些不符合现代社会治理理念与法治原则的糟粕,比如有的习惯法渲染身份不平等、男女不平等。它们在现代社会治理中会产生负面影响,因此有必要引导习惯法自身与国家治理现代化的进程相适应。[17]

上文中,笔者对习惯法的生成路径、少数民族习惯法的特征和功能等作了粗略的回顾与探讨。下文将以S自治县为样本,对其自治立法中的成败得失作实证分析,并提出一些建议,以期少数民族习惯法的积极作用能够在自治立法中得到更好的发挥,从而有利于缓解国家制定法和少数民族习惯法之间的张力。

二、自治立法涉及民族习惯的具体立法举措

截至2013年年底,我国155个民族自治地方已经制定出135个自治条例以及447个单行条例。[18] 以S自治县为例,自从该自治县成立以来,共颁布实施了1个自治条例、6个单行条例和1个对上级规范的变通规定。[19] 由此可见,该自治县的自治立法已初具规模。

1. 综合性立法举措

《G省S自治县自治条例》规定了对民族语言文字、风景名胜、民族用品、民族传统文化、少数民族物质文化遗产和非物质文化遗产、古文化遗址、珍贵文物和其他重要历史文化遗产、民族医学、民间传统体育项目、风俗习惯、宗教信仰等的保护,从多

---

[14] 高其才:《中国少数民族习惯法研究》,中国政法大学2002年法学博士学位论文。

[15] 贾德荣:《对民族习惯法与国家法冲突与调适的思考》,载《西北民族大学学报》(哲学社会科学版)2012年第2期。

[16] 杨平、李乐:《社会治理视阈下的民族习惯法》,载《兰州交通大学学报》2014年第5期。

[17] 同上。

[18] 毛公宁:《关于深入贯彻落实民族区域自治法的思考》,载《广西民族研究》2014年第3期。

[19] “1个自治条例”指的是《S自治县自治条例》。6个单行条例分别是《S自治县草原管理条例》《S自治县草原防火条例》《S自治县森林防火条例》《S自治县矿产资源管理条例》《S自治县家畜家禽防疫条例》《S自治县城镇市容和环境卫生管理条例》。另外,还有1个对上级规范的变通规定,即《S自治县实施〈G省计划生育条例〉的变通规定》。

方面体现了对少数民族传统、宗教、文化和习俗的重视。

2. 专门性立法举措

专门性立法举措中涉及民族风俗习惯的部分，大体包括相邻权制度、用火制度、石料取材制度、纠纷处理制度、婚育制度等。

(1)相邻权制度。《S自治县草原管理条例》第31条对历史形成的草原便道、饮水和转场道等设有“任何单位和个人不得设障拦阻”的规定，体现了对民族习惯法的传承；“历史形成的草原便道”的通行权也和民法中的相邻权制度有相似之处，可见习惯法在某些方面和制定法有“异曲同工”之妙。

(2)用火制度。《S自治县草原防火条例》中有关扫墓烧纸、野炊、燃放鞭炮、依照民族习惯实行火葬等规定，《S自治县森林防火条例》中有关吸烟、烤火、烧纸、野炊和燃放鞭炮等用火的规定，均充分考虑了少数民族群众生活习俗的因素。[20]

(3)石料取材制度。《S自治县矿产资源管理条例》的相关条文体现了对当地群众生产生活习惯的考虑。该条例第14条允许个体在符合特定范围、特定用途和特定数量的情况下采挖某些矿产资源，比如为了生活自用而采挖少量矿产、用作普通建筑材料的砂石、黏土乃至允许个体开采零星分散的小矿体或矿点。在此，立法者并未采取“一刀切”的办法一概地杜绝民族地区群众为了生产生活需要而适度采矿，而是充分地考虑到少数民族群众的正当物资需求，很好地做到了既保护资源环境，又充分地尊重了少数民族的习惯。

(4)纠纷调处制度。《S自治县草原管理条例》第13条、第14条中有关协商、调处、调解、裁决纠纷的规定，体现了尊重少数民族习惯法的立法精神，也体现了立法思想的与时俱进。当今世界各国都越来越重视非讼纠纷解决机制，包括谈判、调解、仲裁等替代性纠纷解决形式。一些国家早在20世纪90年代就已开始探索在因特网上进行非诉纠纷解决机制；某些利用人工智能的全自动化在线纠纷解决模式也在不断地涌现，并已取得阶段性成果。我国在立法和司法实践中也越来越注重协商性司法、恢复性司法的应用。这些国内外盛行的新型纠纷解决模式为具有民族特色的纠纷调处制度注入了新的活力。

(5)婚育制度。《S自治县实施〈G省计划生育条例〉的变通规定》中对生养子女的数量及间隔时间的规定，考虑了少数民族群众的生育传统和人口的可持续发展——尽管该“条例”第2条有规定“提倡一对夫妻只生育一个子女”，但同时该条第3款规定“牧区少数民族牧民生育不得超过三个子女”；另外该条例第3条也对汉族夫妻、城镇少数民族夫妻及牧区少数民族夫妻的生育间隔期限作了差别性规定。

综上所述，该自治县在自治立法方面已初步取得了良好的成绩，并在制定自治条例、单行条例以及对上级法律规范的变通方面对少数民族的风俗习惯给予了较为

---

〔20〕 出于环保需要，如今我国汉族聚居区已陆续出台了在特定区域内禁止燃放鞭炮、禁止烧纸的规章制度。S自治县的上述两个“防火条例”的制定，体现了对少数民族习俗的充分尊重。

充分的考虑。同时,在当地司法实践中,少数民族习惯法在调处民间矛盾方面也发挥了积极作用,尤其是裕固族习惯法与藏族习惯法,它们在司法实践中被以各种显性或隐性的方式加以利用。

三、自治立法中涉及民族习惯法方面存在的问题

在涉及民族习惯法方面,自治立法取得了瞩目的成就,但仍存在一定的不足,主要体现在以下方面:自治立法滞后于司法实践;立法技术粗糙,简单重复上位法而导致自治立法缺乏可操作性;地方特色、民族特色不鲜明;案件调解制度不完善。下文中笔者仍以 S 自治县作为研究的起点进行实证性的因果分析。

1. 自治立法滞后于司法实践

S 自治县的主要少数民族为裕固族和藏族。裕固族除了保有自己某些独有的传统和习惯法外,由于广受藏族宗教和文化习俗的影响,其民族习惯法也深受藏族习惯法的影响,只是对于东部裕固族与西部裕固族地区,这种影响力大小有别。

大量实地调查表明,少数民族习惯法仍然鲜活地存在于少数民族聚居地区的日常生活中,并依然在民族地区的纠纷解决机制中发挥重要作用。[21] 裕固族习惯法也不例外。比如,在民事程序法方面,利用"马背上的法庭"开庭,简化程序、重视调解;重视"舅权制"在处理婚姻家庭纠纷中的作用;在裕固族当事人举办宗教活动、节庆活动、婚丧嫁娶期间一般不得进行送达、开庭、执行等;对祭祀、宗教用品一般不予强制执行。[22] 在民事实体法方面,离婚案中女方一般要求抚养子女,法院对此习俗予以尊重;遗产纠纷案中传统的"幼子继承制"正逐渐向"赡养者继承制"嬗变;在处理民事侵权纠纷时,当地法院一般亦参考或依照当地习惯法来评判案件曲直。[23] 法院在处理因为制售假冒伪劣产品而冒犯少数民族禁忌的案件时,对于构成犯罪的一般在法定刑内从重处罚;裕固族群众憎恶盗窃行为,法院在审理盗抢案件时依照国家法律并参照裕固族习惯法予以严惩。[24]

尽管裕固族习惯法在司法实践中应用较为广泛,但即便在民事领域,一般仍不将习惯法的内容写入判决书,而仅作为判案参考依据。[25] 在刑事司法领域,S 自治县由于广受"赔命价""赔血价"等习惯法的影响,法院在审理时往往会较多地考虑到当地习惯法的因素,在定罪和量刑方面会对犯罪的社会危害性、当事人认罪、悔罪表现以及取得受害人谅解方面予以充分重视。但是,在少数民族自治地方,司法机关在处理可能涉及刑事责任的案件时,往往有参考或依照民族习俗之实而无利用名族习惯法之名。尽管司法实践中往往有"出罪化"和轻刑主义的倾向,但囿于某些传

---

[21] 王杰、王允武:《少数民族习惯法司法适用研究》,载《甘肃政法学院学报》2014 年第 1 期。

[22] 安兵:《裕固族习惯法司法运用探究》,载《原生态民族文化学刊》2014 年第 1 期。

[23] 同上。

[24] 同上。

[25] 同上。

统的立法观念,自治立法中明确提及民族习惯法的部分仍然较为稀罕,在刑事立法中尤为如此。由此可见,涉及民族习惯法的自治立法滞后于司法实践的现象较为突出。

2. 立法技术粗糙,自治法规可操作性不强

在涉及少数民族习惯法的自治立法方面,立法技术不够精细,未能充分体现地方特色和民族特色;自治立法往往片面追求"大而全",过度效仿上位法而显得过于原则化而缺乏具体的针对性,从而导致在司法实践中缺乏可操作性。[26]《立法法》规定,"制定地方性法规,对上位法已经明确规定的内容,一般不作重复性规定。"这一规定也理应适用于自治法规的制定。但S自治县在立法工作中重复或变相重复上位法的现象较为常见。以《S自治县草原条例》为例,据不完全统计,该单行条例的条款照搬或者变相重复《草原法》和《G省草原条例》的条款多达20余处。[27]

如此繁多的重复上位法现象,是民族自治地方立法质量不高的体现,表明了只是在形式意义上完成了自治立法。简单地照搬上位法,在一定程度上回避了民族自治立法中本应体现地方特色和民族特色的内容,特别是民族习惯法中可能和国家制定法产生冲突的那一部分。但实践表明,这种消极回避是无益的,还会损害自治立法的本质功能——法律变通。

3. 地方特色和民族特色不够鲜明

S自治县地处河西走廊中部、祁连山北麓一线,是全国唯一的裕固族自治地方。该县人文、自然、生态、旅游、畜牧等资源丰富;境内既有马蹄寺、文殊寺、金塔寺等历史文化遗迹,又有草原森林、雪山冰川、丹霞地貌、大漠戈壁等西部独特的自然风光,系闻名遐迩的旅游胜地。但S自治县自治立法中有关当地历史文化遗迹和有关当地独特自然资源保护的条款只在自治条例中做了原则性规定,而缺乏相应的单行条例予以具体规范。

据2016年度该自治县统计局的数据,该自治县人口中裕固族占总人口的27.05%,藏族人口占总人口的25.93%。S自治县东西向长达650公里,东、西部裕固族分别使用东部裕固语(属蒙古语族)和西部裕固语(属突厥语族),东、西部的风俗习惯也存在一定差异。像裕固族这样人口较少的民族,往往受到临近人口较多民族的宗教、文化和习惯法的影响,相对于汉族而言其民族特色鲜明,但与周边人口较多的其他少数民族相比,其特色又不甚明显。但有关少数民族文化和民俗风情保护的内容,也只在该自治县的自治条例中做了原则性规定,而缺乏相应的单行条例对此作具体规定。

随着当今世界经济一体化的进程加快,国内跨区人员流动频繁,没有一处地方

---

[26] 苗泽一:《法治中国语境下的少数民族习惯法的发展》,载《贵州民族研究》2016年第4期。

[27] 于访勤:《单行条例质量差原因探析——以〈××省××自治县草原条例〉为例》,载《云南大学学报》(法学版)2016年第4期。

可以称得上"世外桃源";民族工作也因而呈现出"进城""下海""入世""上网"等复杂局面。[28] 在跨地域、跨民族的经贸、文化、交通、婚姻、旅游越来越普遍的今天,跨民族的文化习俗冲突与融合在所难免。比如,在保护祁连山地区的自然生态与地理、人文环境的基础上适度开发自然资源、旅游资源,是当今社会经济、文化可持续发展的必然要求。在开发旅游资源方面,根据S自治县统计局的数据,2016年,该自治县全年接待国内外游客424.7万人次。但就如何在上述经济与社会活动中保护当地不同民族的风俗习惯和相对脆弱的生态系统等问题,就需要在尊重当地习惯法的基础上,制定符合本地特色与需要的自治立法体系,否则不仅可能造成生态系统的不可恢复的破坏,还有可能造成社会领域的不和谐局面。

4. 调解制度不完善

S自治县最为具有地方特色和民族特色的调解制度,就是涉及处理民间纠纷的"大调解"制度。以藏族为例,"赔命价""赔血价"等习惯法历史悠久,影响甚大,发生命案及打斗伤害事件后,受害者家属多集体找加害者索赔,赔偿的一部分用来给死者做丧葬仪式费用。藏族群众大都信奉藏传佛教,相信转世轮回,戒杀生。[29] 由于裕固族群众也以信奉藏传佛教为主,所以在多数领域,这两个民族的习惯法有很多相近之处;但是由于该自治县幅员辽阔,即便是为同族的东、西部裕固族,他们具体的风俗习惯仍然存在差异。

尽管刑事案件的调解是少数民族群众最为常用且最具有民族特色的纠纷解决方式,但截至目前,尚无能够体现本地民族特色的涉及调解制度的单行条例出台。S自治县目前常住人口有裕固、藏、蒙、汉、回等民族,假定在当地发生的某项纠纷的当事人分属不同的民族,那么在纠纷调解过程中如何满足不同民族的习惯法诉求,就是一个问题。

四、涉及少数民族习惯法的自治立法相关问题原因分析

在涉及少数民族习惯法方面,S自治县自治立法中存在上述种种问题,这些问题在我国其他民族区域自治地方的立法中也同样比较常见。分析这些问题背后的原因,有利于"对症下药",缓解民族习惯法和国家制定法之间的张力,并提高我国民族区域自治地方的立法水准。

1. 当地民族的特点难以把握

《宪法》第116条规定民族自治地方的人民代表大会有权依照当地民族的政治、经济和文化的特点,制定自治条例和单行条例。可见,对"当地民族的特点"的精准把握是自治立法的基本条件;否则,"皮之不存毛将焉附",自治立法就失去了宪法性的外在环境基础。已制定出的自治立法质量不高的部分原因,就在于未能准确把握

---

〔28〕 王正伟:《我国民族工作已"进城""下海""入世""上网"》,载人民网:http://cpc.people.com.cn/n/2013/0417/c64094-21175717.html,最后访问日期:2017年10月10日。

〔29〕 淡乐蓉:《藏族"赔命价"习惯法研究》,中国政法大学出版社2014年版,第133~134页。

当地民族的政治、经济和文化的特点。比如,全国人大民族委员会曾经认为,某自治条例送审稿规定比较一般,尚未深刻反映该自治区的特点。[30]

"当地民族的政治、经济和文化的特点"具有与时俱进的特性,难以精准把握。有学者认为,当地民族不仅指实行区域自治的民族,还应该包括其他民族。[31] 另外,政治、经济、文化内容博大精深,概念抽象深奥,极具专业性和技术性,政策性强,且在不断演进之中,难以全面而具体地把握。就政治、经济、文化呈现的特点与任务而言,全球化使中国与世界在经济上的共性尤为突出;[32] 而在政治民主化方面,作为宪法制度要素的民主、法治、人权和限权等思想,在我国宪法中均有所体现;相对而言,文化的独特性方面表现得较为突出。[33] 亨廷顿在对世界政治的框架提出解读时提出了"文明的冲突"模式,它强调文化在塑造全球政治中的主要作用,"在全世界,人们正在根据文化来重新界定自己的认同"。[34] 因而,民族文化特色在"当地民族的特点"中占有显著的位置。

另外,我国对自治立法的创新也在进行之中。比如,根据2000年颁布的《立法法》,自治州并没有地方性法规的制定权,而该法在2015年修订时赋予了自治州该项权力。据此,已有的自治州单行条例的大部分事项可归于地方性法规的箩筐了。"当地民族的政治、经济、文化的特点"原本重在文化特色,而自治法规的内容在剥离出地方性法规事项后重点应放在民族性上。单行条例应"具有'民族特点',民族特点是本质属性,如没有民族特点,就和非自治地方的地方性法规、规定没有区别"。[35] 故根据2015年修订的《立法法》,"当地民族的政治、经济、文化的特点"应重点放在民族特色上。

依笔者之见,自治立法中"民族特色"最重要的组成部分就是民族习惯法中符合现代法治基本理念的那部分内容;换言之,民族习惯法中的合理内核即应当成为自治立法时应予以首先考虑的"当地民族的特点"。

2. 少数民族习惯法和国家制定法之间在存在一定冲突

作为民族地区内部规范的少数民族习惯法,能够在维护本民族的整体利益和内部秩序等方面发挥重要作用。但毋庸讳言,少数民族习惯法不可避免地与国家制定法发生种种碰撞与冲突。庞锋认为,少数民族习惯法和国家制定法的冲突表现为3个方面:适用范围上不一致,习惯法的适用具有区域性而国家制定法更突出普遍性;稳定性不同,民族习惯法往往比制定法更具有稳定性;感性适用与理性适用不一致,

---

[30] 张文山等:《自治权理论与自治条例研究》,法律出版社2005年版,第145页。

[31] 张文山:《通往自治的桥梁——自治条例与单行条例研究》,中央民族大学出版社2009年版,第54页。

[32] 有关经济全球化特点,参见杨争光:《经济全球化:发展中国家的机遇与挑战》,载《思想战线》2000年第2期;李浩:《邓小平经济全球化思想的深刻蕴含》,载《人民论坛》2010年第6期。

[33] 有关文化多元化特点,参见马翀炜、覃雪梅:《文化产业与文化多样性》,载《思想战线》2008年第1期。

[34] [美]塞缪尔·亨廷顿:《文明的冲突与世界秩序的重建》,周琪等译,新华出版社2010年版,第2页。

[35] 韦苇:《民族自治地方制定单行条例的思考》,载《贵州民族研究》1994年第4期。

民族习惯法的专业性、技术性往往不如国家制定法。[36] 本文仍将以 S 自治县的民族习惯法与国家法之间的冲突作为研究的切入点,从民事和刑事两个方面来阐述。[37]

(1)民事法方面的冲突。少数民族习惯法中涉及民事权利和义务关系的习惯法占有较大比例,并且是少数民族习惯法中最有生命力的一部分。笔者从财产所有权、债权债务、婚姻家庭等角度来阐述。

财产所有权方面。少数民族习惯法中往往更多地强调家庭、家族乃至部落的财产所有权,而较少强调个人的财产所有权,但个人所有的服饰、生成工具或其他极具人格象征意义的财产除外。所以,在来自不同家族的个人之间发生纠纷时,往往其中一方当事人的家庭财产乃至家族财产都会被当作索赔范围。

债权债务方面。少数民族习惯法中的个人债务往往也被视为家庭或家族的共同债务,并承担无限连带清偿责任,甚至被要求以债务人的家人或族人的人身权利来偿还债务。而国家法中对欠债不还的处理则一般不直接涉及人身权利问题。

婚姻家庭方面。各少数民族的习惯法在婚姻关系的缔结程序、解除程序、家庭关系、遗产继承等方面都有相应的习惯法则。在新中国成立之前,裕固族婚姻主要有两种模式:一夫一妻制和"帐房杆戴头婚"。[38] 由于深受"帐房杆戴头婚"习俗的影响,裕固族群众在涉及离婚案件子女抚养问题以及遗产继承时都有独特的处理方式:离婚时双方所生子女被视为女方家族成员;除了夫妻双方日常用品和各自所骑马匹一般归各自所有外,若男方不再与女方共同生活将"净身出户";为确保父系直系血亲的延续,确立幼子继承权。[39] 但随着社会的发展,传统的习惯法也有所变迁,在离婚时对夫妻共有财产予以分割,但女方一般仍要求把获得子女抚养权作为同意离婚的条件;裕固族传统"幼子继承制"也逐渐演化为"赡养者继承制";夫妻一方过世者,夫妻共有财产由其配偶继承,子女无权继承。[40]

(2)刑事案件中少数民族习惯法和国家制定法之间的冲突。少数民族习惯法和国家制定法在定罪、量刑、刑罚手段等方面的规则也有所不同。

定罪。少数民族习惯法中一些被视为非罪的行为,我国现行《刑法》可能会当作犯罪处理。比如,现行刑法把与未满 14 周岁的幼女发生性关系视为严重刑事犯罪,但少数民族习惯法中普遍存在许可甚至鼓励早恋、早婚的习俗;有的少数民族甚至不认为强奸是严重刑事犯罪,或者仅以"赔奸价"来解决。

量刑幅度。在量刑方面,法院在处理严重冒犯裕固族禁忌案件时,对于构成犯罪的一般在法定刑内从重处罚;裕固族群众憎恶盗窃行为,法院在审理此类刑案时

---

〔36〕 庞锋:《少数民族习惯法与国家制定法的冲突与调整》,载《贵州民族研究》2016 年第 4 期。

〔37〕 关于裕固族习惯法司法运用的内容,本文较多地参考了安兵的"裕固族习惯法司法运用探究",在此笔者对安兵先生表示感谢。参见安兵:《裕固族习惯法司法运用探究》,载《原生态民族文化学刊》2014 年第 1 期。

〔38〕 崔承耀:《裕固族习惯法在现代社会的价值功能》,载《红河学院学报》2015 年第 4 期。

〔39〕 安兵:《裕固族习惯法司法运用探究》,载《原生态民族文化学刊》2014 年第 1 期。

〔40〕 同上。

依照国家法律并参照裕固族习惯法予以严惩。[41]

刑罚的种类。少数民族习惯法对犯罪行为的处罚有罚款、罚物、赔礼道歉等方式,其中有的直接与我国现行刑法"罪刑法定"的理念和具体法律条文相冲突。比如,"赔命价""赔血价"的处理方式与国家刑法的正面冲突特别明显。

3. 自治条例和单行条例未能充分发挥变通立法的作用

自治立法的实质即在于变通立法。变通立法对于全国通行的法律而言是一种例外,但对于自治立法而言应是一种常态。授权民族自治地方依法变通国家制定法,是多民族国家解决国家统一法制与少数民族地区特点冲突的基本办法。[42] 从行使立法变通权的实际情况来看,在实体法方面,对民法的变通较多,对婚姻法的变通最多,而对刑法的变通最少;在程序法方面,有些地方对民事诉讼法和刑事诉讼法根据各地具体情况作了具体变通。[43] 雍海滨把民族自治地方立法变通权的显著特征概括为自治性、权力性、地方性、自主性和创造性。[44]

自治条例和单行条例之内容都应该直接或间接体现"依照当地民族的特点"的变通条款,[45] 但总体而言变通立法权在我国民族自治地方并未得到切实的行使,已出台的自治立法也未能充分发挥其本应具备的变通作用。民族自治地方立法变通权力产生的根基在于我国宪法和法律所规定的民族区域自治权,而该变通权的有效行使是自治权得以实现的重要标志。自治条例和单行条例最大的功能和使命就是行使法律变通权,否则它们就失去了存在的意义,其功能完全可以被地方性法规所替代。但正如雍海滨所指出的,"由于对民族自治地方立法变通权理论认识不清,把握不准,民族自治地方立法变通权从整体上讲并未得到充分的行使"。[46] 从理论上讲,立法变通权的范围大致有 4 个层次,包括对基本规范、国家基本法律、国家一般法规和地方性法规的变通立法;[47] 从实践来看,自治立法中对于那些与当地情况明显不相适应的经济、文化、社会规范进行了某些必要的变通,这些变通立法主要集中在婚姻家庭、继承、土地、森林和草原管理等领域,[48] 但对于其他重要的领域鲜有提及。

以 S 自治县为例,其单行条例和"变通规定"涉及的方面比较狭隘,不外乎草原、森林、矿产资源、家畜家禽、市容环卫和计划生育等;即便是《S 自治县自治条例》,除了某些重复上位法的条款外,有实质意义的变通内容也不多见,其中最具有"变通因

---

[41] 安兵:《裕固族习惯法司法运用探究》,载《原生态民族文化学刊》2014 年第 1 期。
[42] 雍海滨:《论民族自治地方立法变通权及其运用》,载《民族研究》2006 年第 3 期。
[43] 同上。
[44] 同上。
[45] 彭建军:《自治区自治条例所涉自治立法权问题研究》,载《民族研究》2015 年第 2 期。
[46] 雍海滨:《论民族自治地方立法变通权及其运用》,载《民族研究》2006 年第 3 期。
[47] 牟军:《民族自治地方法律变通权的界定》,载《思想战线》1994 年第 4 期。
[48] 彭建军:《自治区自治条例所涉自治立法权问题研究》,载《民族研究》2015 年第 2 期。

素"外观的概括性条款是其第7条。[49] 该条实施的前提是"在不违背宪法和法律的原则下"而非"不得违背法律和行政法规的基本原则"(参见《立法法》第66条第2款),并且仅仅限于"报经该上级国家机关批准,变通执行或者停止执行"上级国家机关的决议、决定、命令和指示而非法律,可见该条款不仅未能在实质上提供变通立法的制度供给,反倒缩限了变通立法的生存空间。再者,若按照该自治条例之规定"一事一议"地"报经该上级国家机关批准"后对上级国家机关的决议、决定、命令和指示进行变通或停止执行,也背离了自治条例作为自治地方"基本法"的地位和功能。

可以预见,在当地仍将面临着在司法实践中实际参考或利用民族习惯法,而在现有的自治立法框架下却无明确法律授权的尴尬局面。自治地方的自治条例和单行条例未能发挥应有的变通功能,这种情况恰恰是我国目前民族区域自治立法制度供给不足的一个缩影。

五、适当利用少数民族习惯法完善自治立法的建议

适当利用少数民族习惯法,完善民族区域自治立法的建议包括:充分认识民族习惯法的价值;加强习惯法的收集、整理与研究;协调国家制定法与民族习惯法的关系;完善调解制度并增加变通立法。

1. 充分认识民族习惯法的价值

民族习惯法进入司法实践的价值性,取决于法本身的社会性和多元性,而国家法和民族习惯法之间仍将长期博弈的现实,决定了少数民族习惯法进入司法适用的不可避免性。[50] 民族习惯法在我国少数民族自治地方不仅依然广泛流传于民间,而且在司法实践中也若隐若现的事实说明,否认民族习惯法在国家法律系统中的位置或者完全排斥其纳入司法场域的做法都是行不通的。

通过立法活动对民族习惯法进行扬弃并使之与国家制定法相兼容,是我国法制现代化的必要措施。我国民族区域自治地区法治建设面临的一些问题是,一方面,设计得近乎完美的法律制度由于远离社会生活实际而实效性不足;另一方面,在少数民族地区历来行之有效的习惯法却在一定程度上被边缘化;一方面立法者可能会低估民族习惯法的本土性、传承性与时代性;另一方面民族地区的群众可能会对人为设计的司法制度水土不服,从而导致将背离民族风俗习惯的制定法束之高阁,这样反倒不利于少数民族地区的法治建设。在当今大力倡导全面依法治国的方略下,把社会生活全面纳入法治轨道,将一度被边缘化、地下化风险的习惯法加以发掘、整理,进而纳入自治地方相关制度中已迫在眉睫。

---

〔49〕《S自治县自治条例》第7条规定:"自治机关根据自治县的实际情况,在不违背宪法和法律的原则下,有权采取特殊政策和灵活措施,加快自治县经济建设、文化建设和各项社会事业的发展。上级国家机关的决议、决定、命令和指示,如有不适合自治县实际情况的,可以报经该上级国家机关批准,变通执行或者停止执行。"

〔50〕王杰、王允武:《少数民族习惯法司法适用研究》,载《甘肃政法学院学报》2014年第1期。

近年来,民族习惯法有回潮的倾向,有学者对此忧心忡忡,担心习惯法的回潮会影响民族地区的法治进程。〔51〕 笔者认为,不应一味负面地看待习惯法和民间权威;相反,如果利用得当,它们可能使国家权力不必过度介入就能实现很好的社会治理,达到治理体系和治理能力的现代化。〔52〕 高俊利曾对立法者"藐视习惯、拒斥习惯"的做法提出了批评意见,他认为,法官(特别是基层法院的法官)始终处在乡土社会行使司法权的最前沿,同时也处在法律与习惯相互龃龉的最前沿,因此必须直面各个地域不同的风俗习惯。〔53〕

2. 加强当地少数民族习惯法的收集、整理与研究

如上所述,人们对于何为习惯法有不同的见解。我国清末民初即进行过民商事习惯调查,不仅为当时的立法提供了社会基础的准备,而且又为当时乃至后世的司法和执法提供了一定的参考依据〔54〕;此外,这也给我们的民族习惯法研究和立法工作提供了一种方法论的价值。欲加强对S自治县境内目前仍行之有效的习惯法的收集整理,首先要明确习惯法的范围。换言之,对习惯法存在识别的问题。有相关权限的国家立法机关应针对民族习惯法确立一个总体性的立法原则,然后由民族自治地方的立法机关来进行具体的少数民族习惯法的调查、整理、鉴别、报备等工作。〔55〕 依托具有雄厚民族习惯法研究基础的地方高校来具体推进民族地方的习惯法的研究与发掘,不失为一种务实的选择。S自治县可充分利用靠近河西学院的优势,就近组织专家加强对当地少数民族习惯法的收集整理与挖掘研究。具体而言,可从以下方面展开。

(1)组织各类专家协同合作,做好充分的调研工作。组织各领域专家对民族地区进行实地调研,调研成果汇总后作为起草自治条例和单行条例的原始素材。法律专家在调研中的任务是发现法律。那些不与宪法、法律基本原则相冲突的民族习惯法应该在自治条例和单行条例中有所体现。"人类的法律都存在于人类行为之中",〔56〕法律家不是在创造法律而是在发现法律。"民族的共同意识,乃是法律的特定居所。"〔57〕"我们必须全面仔细地俯视社会和文化,以便发现法律在整个社会结构中的位置。我们必须先对社会运转有所认识,然后,才可能对何为法律以及法律如

---

〔51〕 后宏伟:《藏族习惯法中的调解纠纷解决机制探析》,载《北方民族大学学报》(哲学社会科学版)2011年第3期。

〔52〕 《中央关于全面推进依法治国若干重大问题的决定》,载《人民日报》2014年10月29日,第1版。

〔53〕 郭剑平:《风俗习惯在民事调解中的适用研究》,载《民间法》(第11卷),厦门大学出版社2012年版,第159页。

〔54〕 张殿军:《少数民族习惯法的制度空间与"合法化"路径》,载《吉首大学学报》(社会科学版)2012年第4期。

〔55〕 王杰、王允武:《少数民族习惯法司法适用研究》,载《甘肃政法学院学报》2014年第1期。

〔56〕 [美]霍贝尔:《原始人的法:法律的动态比较研究》(修订本),严存生等译,法律出版社2012年版,第5页。

〔57〕 [德]弗里德里希·卡尔·冯·萨维尼:《论立法与法学的当代使命》,许章润译,中国法制出版社2001年版,第9页。

何运转有一个完整的认识。”[58]

(2)充分利用本土传统资源,古为今用。组织专家对我国历史上各民族聚居地区的治理状况进行研究,汲取有益的经验并吸取历史教训。我国各个历史时期治理方式虽有不同,但都巩固了当时国家政权的统一,促进了各民族间经济文化交流,促进了民族融合,促进了边疆经济文化发展。[59] 我们应该对古典以及现代文献中涉及少数民族习惯法的内容,以及中国古代、近现代历史上中央政府在边疆地区治理中的经验教训加以充分研究,以充分利用本土的传统法制资源。

(3)加强对外交流与合作,合理利用域外立法经验。加强对外交流学习与合作,组织专家学者赴国外就民族自治情况进行考察调研,并邀请国外民族法学专家来国内研讨。世界上有很多国家由于面临多民族治理问题而实行民族区域自治制度。[60] 虽然由于特殊的历史背景、民族构成、文化环境和现实状况而作法各不相同,模式各异、理论不同、方式不同,但追求的目标是一致的,都是为了国家的统一、民族的团结和社会的进步。[61]“自治地区的共同之处,乃是在于彼此不同。但是,对他们之间的相似之处和不同之处加以比较,则是一种明智之举。”[62] 不但应研究与我国有相近民族区域自治历史的国家的情况,还应该研究其他国家的情况。比如,美国有关于印第安人不纳税并可从联邦政府获得补贴的法令,实际上就是对联邦法律的变通。[63]

3. 协调国家制定法与民族习惯法的关系

将民族习惯法上升为自治县单行条例,使民族自治制度主动顺应习惯法,可避免国家制定法与习惯法的长期二元化。国家制定法与习惯法的长期二元化的后果是,会淡化、虚化国家法,致使国家法的分量在民族群众心目中发生飘逸,难以生根发芽,更勿论成长为法治的参天大树。相反,如果把民族习惯法纳入到自治县的单行条例中来,使习惯法与国家法融为一体,人们在遵守习惯法的同时也在遵守国家法,将有利于民族群众法治观念的养成。

J. S. 密尔曾指出,“制度必须有历史的基础,制度必须和民族惯例和性格和谐一致”;[64] 他还指出,当一项或一套制度具有民族舆论、爱好与习惯基础时,人民就更乐于接受并努力维护此种制度并将其付诸实施,并能够产生最佳社会效果;任何立法者在立法时忽视此种可资利用的既有的习惯和情感,将会犯下重大错误。[65] 霍姆

---

[58] [美]霍贝尔:《原始人的法:法律的动态比较研究》(修订本),严存生等译,法律出版社 2012 年版,第 4 ~ 5 页。

[59] 赵云田:《中国边疆民族管理机构沿革史》,中国社会科学出版社 1993 年版,第 62 页。

[60] 王铁志、沙伯力:《国家视野中的民族区域自治》,民族出版社 2002 年版,第 16 页。

[61] 同上。

[62] 同上。

[63] 胡启忠:《论民族地区的法律变通》,载《西南民族学院学报》2002 年第 7 期。

[64] [英]密尔:《代议制政府》,汪瑄译,商务印书馆 1982 年版,第 10 页。

[65] 同上。

斯也曾言:"任何时代的法律,只要运作,其实际内容就几乎完全取决于是否符合当时人们理解的便利;但其形式和布局,以及能在多大程度上获得所欲求的结果,在很大程度上则取决于其传统。"[66]这些名言无不强调历史基础、民族惯例、民族舆论传统乃至理解的便利对于制度和法律的创制和执行的重要性。

4. 构建具有民族区域特色的调解制度

S自治县分布的民族多,民族习惯法复杂,矛盾纠纷多以调解方式解决。在该自治县,裕固族居民人口数量只比藏族居民人口数量略高,所以在本地要制定相应的单行条例,不仅要充分考虑裕固族、藏族等主要少数民族的习惯法,也要适当地照顾到其他少数民族和汉族居民的风俗习惯和利益。有研究表明,藏族"赔命价"等习惯法从未在历史舞台上退出藏区社会纠纷解决的场域,它长久地与国家制定法之间保持着一种摩擦和互动的关系。[67]法官判案时应对民族习惯法有所考虑,否则可能会造成刑法和当地习惯法的严重冲突。

少数民族习惯法生存和发展的制度空间基础即为我国宪法和法律所保障的民族区域自治制度;同理,少数民族习惯法进入国家法体系的依据也是源于宪法和法律的诸多条款的授权。[68] 以"自下而上"的民意表达与诉求为基础的民族习惯法由于极为注重社会治理中的民意,一定程度上符合国家制定法的基本精神并因而具备纳入到国家制定法的正当性基础。

5. 增加变通立法

依照宪法和法律,根据当地民族的特点和法律的基本原则,协调并理顺各级立法机关的关系,在民族区域自治地方充分行使立法变通权。民族地区的法官在处理故意杀人、故意伤害等"重罪"刑事案件时要做到有法可依,既不背离我国《刑法》基本原则,又不严重背离当地的习惯法,一劳永逸的途径似乎就是提请省级人民代表大会"根据当地民族的政治、经济、文化的特点和本法(此指《刑法》)规定的基本原则,制定变通或者补充的规定,报请全国人民代表大会常务委员会批准施行。"(《刑法》第90条)鉴于死刑问题与民族问题的敏感性、复杂性,再加上我国目前暂时没有废除死刑的现实,在S自治县针对少数民族只适用习惯法而不适用死刑立即执行的愿景在短期内难以实现。但这并非意味着自治立法机关无可作为。在有可能被判处有期徒刑、无期徒刑乃至死缓的案件中,当地习惯法和刑法之间尚有可以契合的余地。

根据我国刑法量刑的指导思想,被告人取得受害人谅解的,可以酌定从轻处罚;《最高人民法院关于常见犯罪的量刑指导意见》第9条以及法发〔2017〕7号通知也再次确认,"积极赔偿被害人经济损失并取得谅解的",可以减轻一定幅度的

〔66〕 转引自苏力:《送法下乡——中国基层司法制度研究》,北京大学出版社2011年版,第173页。

〔67〕 淡乐蓉:《藏族"赔命价"习惯法研究》,山东大学2010年法学博士学位论文。

〔68〕 张殿军:《少数民族习惯法的制度空间与"合法化"路径》,载《吉首大学学报》(社会科学版)2012年第4期。

刑罚。在世界大部分国家都已经废除死刑或实际很少适用死刑的大环境下，我国也正在转向轻刑主义，近年来修订的《刑法修正案八》和《刑法修正案九》共取消了20多个死刑罪名。在暂未能就民族自治地方尽量减少死刑适用的问题获得全国人大常委会"一揽子"批复之前，笔者建议在特殊的个案中，如果被告人已经和受害人一方以"赔命价"方式和解，可以考虑对被告人不再适用死刑立即执行，但应按照《刑法》第63条第2款之规定，"在法定刑以下判处刑罚的案件，必须经最高人民法院的核准，其判决、裁定才能发生法律效力并交付执行"。由此，国家制定法，哪怕是最严厉的刑法，和少数民族的习惯法也有可能实现一定程度的契合性。即便在既有的制度和法律框架内，也有望在一定程度上实现国家制定法和少数民族的习惯法的兼容。当然，最好的办法，就是把民族习惯法的精髓纳入自治条例、单行条例或针对制定法出台专门的"变通立法"，报送适格的国家权力机关批准，并按照相关要求备案。

把民族习惯法中的糟粕部分坚决予以剔除，并把民族习惯法中符合当今依法治国理念的内容逐渐纳入我国的制定法体系中去，使符合"善法之治"理念并被少数民族群众广泛认同的习惯法由此获得国家法的认同，从而打破国家制定法和民族习惯法在少数民族自治地区司法实践中相互"解构"的魔咒，努力实现国家制定法与民族习惯法的兼容，并努力在少数民族自治地方实现法律效果与社会治理效果的统一。

六、结语

文章探讨了民族区域自治立法中少数民族习惯法利用问题。民族区域自治地方的自治立法存在的问题包括自治立法滞后于司法实践、立法技术较为粗糙、地方特色和民族特色不够鲜明、调解制度不完善等。其原因主要在于当地民族的特点难以把握、少数民族习惯法和国家制定法之间在存在一定冲突、自治条例和单行条例未能发挥应有的法律变通作用。完善民族区域自治立法的举措包括充分认识民族习惯法的价值、加强习惯法的收集整理、协调国家制定法与民族习惯法的关系、构建具有民族特色的调解制度以及为自治立法中的变通立法权提供更多的制度保障。

本文对当地民族的政治、经济和文化特点进行了讨论，认为当地民族的特点重在民族文化特色或民族性方面。应加强对承载少数民族文化特色的少数民族习惯法的发掘、整理与研究工作，具体举措包括组织各类专家协同合作，做好充分的调研工作；充分利用本土传统资源，古为今用；加强对外交流与合作，合理利用域外立法经验。尽管笔者试图从平衡国家制定法和少数民族习惯法的角度入手，通过对少数民族习惯法的研究，归纳出我国民族地方自治立法的某些特质，以丰富自治立法的理论与实践，但由于民族区域自治制度的政策性、敏感性及时代性等特点，民族区域自治立法的完善具有相当的复杂性。此外，鉴于自治立法的一手材料收集难度较大,本文对自治立法中存在的问题的归纳、对自治立法相关问题的原因分析以及对自治立法的完善措施的探索都是尝试性的,对有些问题的回答也难免存在说服力不足的问题。笔者将在后续研究中继续思考并努力探索。

专题研讨

俄罗斯联邦制改革的宪法基础*

王圭宇**

内容摘要：俄罗斯的联邦制改革，是俄罗斯社会转型与宪政改革中的重要内容，是俄罗斯宪政建设的一个"缩影"。《俄罗斯联邦宪法》不仅确认了俄罗斯的联邦制，而且还通过宪法上的其他规定，共同奠定了俄罗斯联邦制所应遵循的宪法基础；这种宪法上的保障，也是对俄罗斯联邦制改革的最高保障。俄罗斯的联邦制改革，尽管立基于一种现实主义的改革立场之上，但是这种改革却始终是以《俄罗斯联邦宪法》为基础和皈依的；《俄罗斯联邦宪法》上所确立的联邦国家原则、法治国家原则、民主国家原则和地方自治原则等宪法原则，始终是俄罗斯联邦制据以进行改革的基本"法治底线"。

关键词：俄罗斯联邦　联邦制　现实主义　宪法基础

一、引言

1990年6月12日，俄罗斯联邦通过了《俄罗斯苏维埃联邦社会主义共和国国家主权宣言》，宣布俄罗斯联邦在其全境内拥有"绝对主权"。[1] 1991年年底，苏联解体，俄罗斯联邦独立。1992年4月21日，第六次俄罗斯联邦人民代表大会对1978年《俄罗斯苏维埃联邦社会主义共和国宪法（基本法）》[2]进行了修改补充。经过修改补充的1978年俄罗斯联邦宪法，即《俄罗斯联邦——俄罗斯宪法（基本法）》。依照《俄罗斯联邦——俄罗斯宪法（基本法）》的规定，"俄罗斯苏维埃联邦社会主义共和国"更名为"俄罗斯联邦"，简称"俄罗斯"；俄罗斯联邦的国家性质也随之变更为"主权的联邦国家"（Суверенное федеративное государство）。[3] 在1993年12月12日《俄罗斯联邦宪法》通过之前，俄罗斯联邦一直实行《俄罗斯联邦——俄罗斯宪法（基本法）》。1993年通过的《俄罗斯联邦宪法》明确宣布俄罗斯联邦是一个"联邦国家"（Федеральное государство），实行联邦制，由此奠定了俄罗斯"联邦制"的宪法基础。[4]

---

* 本文系笔者主持的国家社科基金项目"俄罗斯转型期法治反腐机制研究"的阶段性成果之一。

** 王圭宇，郑州大学俄罗斯法律研究中心研究员，法学博士，历史学博士后研究人员。

〔1〕 См.：Декларация о государственном суверенитете Российской Советской Федеративной Социалистической Республики от 12 июня 1990 г. // Москва, Кремль, 12 июня 1990 г.

〔2〕 См.：Конституция（Основной закон）Российской Советской Федеративной Социалистической Республики от 12 апреля 1978 г.

〔3〕 См.：Конституция（Основной закон）Российской Федерации – России. М.，Известия，1992.

〔4〕 См.：Конституции Российской Федерации от 25 декабря 1993 г. // Российскаягазета. 25 декабря 1993г.

围绕俄罗斯的联邦制改革,很多学者、尤其是西方学者提出不少质疑和批评,甚至认为俄罗斯的联邦制改革(尤其是普京时期的联邦制改革)是一种违反宪法和违背宪政精神的"专制"和"独裁"。[5] 这其实就指向了俄罗斯联邦制改革的"合宪性"问题,即俄罗斯的联邦制改革究竟是不是一种脱离《俄罗斯联邦宪法》及其基本精神的恣意行为?本文的研究将表明:《俄罗斯联邦宪法》所确认的一系列宪政原则,为俄罗斯的联邦制改革奠定了坚实的宪法基础;当然,对这些宪政原则的理解,同样需要将其置身于"转型社会"这一特定的时空背景当中,这不仅因为《俄罗斯联邦宪法》是"社会转型"的产物,还因为它确认的宪法原则和宪法基础具有"抽象性"和"纲领性"的特点。但同时,也正是由于这一特点,为俄罗斯的联邦制改革留下了"宪法空间",保障了俄罗斯的联邦制改革在宪法和法律的框架下推进。

需要指出的是,本文之所以主要以《俄罗斯联邦宪法》为基本依据进行研究,是因为俄罗斯现行的联邦制是建立在 1993 年《俄罗斯联邦宪法》的基础之上。当然,在苏联解体之后,俄罗斯联邦继承了苏联 60% ~70% 的法律传统,有其历史继承性,[6] 因而对《俄罗斯联邦宪法》上所确认的一些宪法原则和制度安排,还需要建立在对 1918 年苏俄宪法和苏联时期历部宪法等相关法律文件"回溯"和"比较"的基础上,才能够历史地、客观地和准确地加以理解和把握。

二、联邦国家原则与联邦制的改革

《俄罗斯联邦宪法》第 1 条规定,俄罗斯联邦是"联邦国家"(Федеральное государство),明确宣布俄罗斯联邦实行"联邦制"(федерация),由此确认了宪法上的联邦国家原则。[7] 俄罗斯的联邦制,先后经历了三个历史时期和三种形式的改革与变迁,每次变革都是在宪法的框架之下进行的。当代俄罗斯的联邦制改革也不例外,其改革依然建立在联邦国家原则这一宪法原则之上。

(一)"俄罗斯联邦"的法律地位

"俄罗斯联邦"的法律地位,由《俄罗斯苏维埃联邦社会主义共和国国家主权宣言》《联邦条约》和《俄罗斯联邦宪法》予以规定。俄罗斯联邦的法律地位体现在以下几个方面:(1)俄罗斯联邦是"主权国家"。1990 年 6 月 12 日,第一次俄罗斯联邦人民代表大会通过了《俄罗斯苏维埃联邦社会主义共和国国家主权宣言》,明确宣布俄罗斯联邦为"主权国家"。1990 年 10 月 31 日,俄罗斯联邦最高苏维埃又通过了《保障俄罗斯苏维埃联邦社会主义共和国主权经济基础法》,明确规定管理、使用和

---

[5] 持这种观点的西方学者比较多,比较有代表性的可以参见 Mikhail Stoliarov. *Federalism and the dictatorship of power in Russia*. London ; Routledge, 2003. ; C. Ross. *Putin' s federal reforms and the consolidation of federalism in Russia: one step forward, two steps back*. Available online 15 February 2003. L. Smirnyagin, Federalism Putin Style or Putin' s Blow at Federalism? Moscow: Moscow Carnegie. Centre, 2001. etc。

[6] 王圭宇:《"十月革命日"的法学解读》,载《法制日报》2011 年 10 月 26 日,第 10 版。

[7] См. :Конституция Российской Федерации(с гимном России). Москва:Проспект, 2010. С. 3.

支配俄罗斯的国家财产,是俄罗斯联邦人民的专有权限。[8] 1993 年 12 月 12 日通过的《俄罗斯联邦宪法》对俄罗斯联邦的“主权国家”地位进一步作出了规定。《俄罗斯联邦宪法》仅仅宣布俄罗斯联邦为“主权国家”,不再承认俄罗斯联邦组成中的共和国是“主权国家”,并取消了其退出俄罗斯联邦的权利。[9] (2)俄罗斯联邦的主权适用于其全部领土(《俄罗斯联邦宪法》第 4 条第 1 款)。(3)俄罗斯联邦宪法和联邦法律具有最高法律地位。《俄罗斯联邦宪法》第 4 条第 2 款规定,“俄罗斯联邦宪法和联邦法律在俄罗斯联邦的全境拥有至高无上的地位”。同时,《俄罗斯联邦宪法》第 15 条规定,“俄罗斯联邦宪法具有最高法律效力和直接效力,适用于俄罗斯联邦的全部领土”,“在俄罗斯联邦通过的法律和其他法律文件,均不得与俄罗斯联邦宪法相抵触”。[10] 需要指出的是,这里的“在俄罗斯联邦通过的法律”,不仅指的是联邦法律,而且包括各联邦主体法律。

（二）“俄罗斯联邦主体”的法律地位

《俄罗斯联邦宪法》第 5 条第 1 款规定,俄罗斯联邦由平等的俄罗斯联邦主体[11] (Субъект Российской Федерации)组成,包括共和国(Республика)、边疆区(край)、州(область)、联邦直辖市(города федерального значения)、自治州(автономная область)、自治专区(автономный округ)。以上这些不同种类的联邦主体,可以划分为三类:(1)俄罗斯联邦组成中国家(共和国);(2)区域性国家组织(边疆区、州、联邦直辖市);(3)民族国家组织(自治州、自治专区)。[12] 其中,区域性国家组织和民族国家组织又被统称为“类国家组织”。

1. 共和国的法律地位。《俄罗斯联邦宪法》第 66 条第 1 款规定,共和国的地位,由俄罗斯联邦宪法和共和国宪法予以规定。[13] 共和国的法律地位主要体现在:(1)共和国是俄罗斯联邦组成中的国家,但不是“主权国家”。它们在俄罗斯联邦的职权范围之外,享有立法、执行、司法等全部国家权力。(2)共和国(国家)拥有自己的宪法和法律(《俄罗斯联邦宪法》第 5 条第 2 款)。(3)共和国的国家权力机关体系“由俄罗斯联邦主体依照俄罗斯联邦宪政制度的原则和联邦法律规定的国家代表权力机关和执行权力机关的一般组织原则,独立自主地予以确定”(《俄罗斯联邦宪法》第 77 条第 1 款)。(4)共和国拥有自己的领土、财产、国家象征(国旗、国徽、国歌)和国籍等。[14]

---

〔8〕 См.:Ведомости Съезда народных депутатов РСФСР и Верховного Совета РСФСР. 1990. № 22. С. 260.

〔9〕 俄罗斯联邦自然科学院院士、法学博士库塔芬教授在莫斯科法学家出版社 1995 年出版的《俄罗斯联邦宪法法》一书中,持此观点。目前,随着联邦政治局势趋向稳定,库塔芬教授观点已占主导地位。

〔10〕 См.:Конституция Российской Федерации(с гимном России). Москва:Проспект,2010. С. 5-6.

〔11〕 需要指出的是,Субъект Российской Федерации(俄罗斯联邦主体)是俄罗斯联邦现行宪法的专有名词。“俄罗斯联邦主体”,有时又被简称为“联邦主体”。

〔12〕 刘向文、宋雅芳:《俄罗斯联邦宪政制度》,法律出版社 1999 年版,第 65 页。

〔13〕 См.:Конституция Российской Федерации(с гимном России). Москва:Проспект,2010. С. 13.

〔14〕 刘向文:《俄国政府与政治》,台湾,五南图书出版公司 2002 年版,第 81~83 页。

2. 边疆区、州、联邦直辖市的法律地位。《俄罗斯联邦宪法》第 66 条第 2 款规定，边疆区、州、联邦直辖市的地位，由俄罗斯联邦宪法和相应的俄罗斯联邦主体立法机关（代表机关）通过的边疆区、州、联邦直辖市、自治州、自治专区的宪章予以规定。[15] 边疆区、州、联邦直辖市的法律地位主要体现在：（1）边疆区、州、联邦直辖市，是俄罗斯联邦主体，但它们不是俄罗斯联邦组成中的国家。它们是俄罗斯联邦组成中的区域性国家组织。（2）边疆区、州、联邦直辖市拥有自己的宪章（Устав）和法律（《俄罗斯联邦宪法》第 5 条第 2 款）。（3）边疆区、州、联邦直辖市的国家权力机关体系"由俄罗斯联邦主体依照俄罗斯联邦宪政制度的原则和联邦法律规定的国家代表权力机关和执行权力机关的一般组织原则，独立自主地予以确定"（《俄罗斯联邦宪法》第 77 条第 1 款）。（4）边疆区、州、联邦直辖市拥有自己的领土、象征和行政中心等。[16]

3. 自治州和自治专区的法律地位。《俄罗斯联邦宪法》第 66 条第 2 款规定，自治州和自治专区的地位，由俄罗斯联邦宪法和相应的俄罗斯联邦主体立法机关（代表机关）通过的自治州、自治专区的宪章予以规定。[17] 自治州和自治专区的法律地位主要体现在：（1）自治州和自治专区是俄罗斯联邦主体，但它们既不是俄罗斯联邦组成中的国家，也不是俄罗斯联邦组成中的区域性国家组织。它们是俄罗斯联邦组成中的民族国家组织。（2）自治州和自治专区拥有自己的宪章和法律（《俄罗斯联邦宪法》第 5 条第 2 款）。（3）自治州、自治专区的国家权力机关体系"由俄罗斯联邦各主体根据俄罗斯联邦宪法制度基础和联邦法律所规定的组织国家的权力代表机关和执行机关的一般原则而独立确定"（《俄罗斯联邦宪法》第 77 条第 1 款）。（4）自治州、自治专区也拥有自己的领土、象征和行政中心等。[18]

在此需要着重指出的是，在苏联解体之前，苏联境内盛行"双重主权理论"（концепция "двойного суверенитета"）。独立之后的俄罗斯联邦在总结苏联解体教训的基础上，制定了 1993 年《俄罗斯联邦宪法》；它否认了苏联宪法上的双重主权国家原则，确认了仅俄罗斯联邦为"主权国家"，剥夺了联邦主体的"主权"。[19] 同时，《俄罗斯联邦宪法》继承了苏联时期的法律传统，仍然对俄罗斯联邦主体国家权力予以确认和保障，其中最重要的体现就是俄罗斯联邦主体有权独立地确定其国家权力机关体系。根据《俄罗斯联邦宪法》第 77 条的规定，"共和国、边疆区、州、联邦直辖市、自治州和自治专区的国家权力机关体系，由俄罗斯联邦主体依照俄罗斯联邦宪政制度的原则和联邦法律规定的国家代表权力机关和执行权力机关的一般组织原

---

〔15〕 См.：Конституция Российской Федерации（с гимном России）. Москва：Проспект，2010. С. 13.

〔16〕 刘向文：《俄国政府与政治》，台湾，五南图书出版公司 2002 年版，第 83～84 页。

〔17〕 См.：Конституция Российской Федерации（с гимном России）. Москва：Проспект，2010. С. 13.

〔18〕 刘向文：《俄国政府与政治》，台湾，五南图书出版公司 2002 年版，第 84～85 页。

〔19〕 刘向文、宋雅芳：《俄罗斯联邦宪政制度》，法律出版社 1999 年版，第 70～71 页。

则,独立自主地予以确定”。[20] 尽管《俄罗斯联邦宪法》授权各联邦主体独立确定自己的国家权力机关体系。但是,各联邦主体在独立确定自己的国家权力机关体系时,必须遵循该条规定的下述两项基本原则:(1)遵循《俄罗斯联邦宪法》第一章确认的宪政制度原则;(2)遵循联邦法律规定的联邦主体代表权力机关和执行权力机关的一般组织原则。依照上述宪法规定,1999 年 10 月 6 日和 2000 年 7 月 29 日,俄罗斯联邦又制定颁布了联邦法律《俄罗斯联邦主体立法(代表)权力机关和执行权力机关一般组织原则法》[21] 和《俄罗斯联邦主体立法(代表)权力机关和执行权力机关一般组织原则法的修改补充法》,[22] 以配合宪法的以上规定。

除此之外,《俄罗斯联邦宪法》对俄罗斯联邦主体的国家权力的保障,还体现在如下几个方面:(1)在俄罗斯联邦的管辖范围之外,在俄罗斯联邦和俄罗斯联邦主体共同管辖中俄罗斯联邦一方的权限范围之外,俄罗斯联邦主体拥有全部国家权力(《俄罗斯联邦宪法》第 73 条);(2)俄罗斯联邦主体地位的改变,应当根据联邦和联邦主体之间达成的协议并依照联邦宪法性法律予以实施(《俄罗斯联邦宪法》第 66 条);(3)俄罗斯联邦主体之间疆界的变更,需根据其相互间达成的协议并经联邦委员会批准(《俄罗斯联邦宪法》第 68 条和第 102 条)。

(三)“俄罗斯联邦主体”的种类

《俄罗斯联邦宪法》第 5 条第 1 款规定,俄罗斯联邦由平等的俄罗斯联邦主体(共和国、边疆区、州、联邦直辖市、自治州、自治专区)组成。《俄罗斯联邦宪法》第 65 条第 1 款以列举的方式规定了俄罗斯联邦主体的构成。需要说明的是,俄罗斯联邦不是各联邦主体的简单总和,而是一个统一的、完整的联邦国家。[23] 作为统一而完整的联邦制国家,俄罗斯联邦保障其领土的完整和不受侵犯(《俄罗斯联邦宪法》第 4 条第 3 款)。为了清楚地表明俄罗斯联邦现有联邦主体的类型和数目,可参见如下列表(见表 1)。

---

〔20〕 См.:Конституция Российской Федерации(с гимном России). Москва:Проспект,2010. С. 17.

〔21〕 См.:Федеральный закон от 6 октября 1999 г. N 184 – ФЗ “Об общих принципах организации законодательных(представительных)и исполнительных органов государственной власти субъектов Российской Федерации” // Российская газета. 6 октября 1999 г.

〔22〕 Федеральный закон от 29 июля 2000 г. N 106 – ФЗ “О внесении изменений и дополнений в Федеральный закон ”Об общих принципах организации законодательных(представительных)и исполнительных органов государственной власти субъектов Российской Федерации" // Российская газета. 29 июля 2000 г.

〔23〕 刘向文:《俄国政府与政治》,台湾,五南图书出版公司 2002 年版,第 49 页。

表1 俄罗斯联邦主体的种类(共计83个联邦主体)

	类型	种类	数目
俄罗斯联邦主体	共和国	阿迪格共和国(阿迪格)、阿尔泰共和国、巴什科尔托斯坦共和国、布里亚特共和国、塔吉斯坦共和国、印古什共和国、卡巴尔达—巴尔卡尔共和国、卡尔梅克共和国、卡拉恰伊—切尔克斯共和国、卡累利阿共和国、科密共和国、马里埃尔共和国、莫尔多瓦共和国、萨哈共和国(雅库特)、北奥塞提亚—阿兰共和国、鞑靼斯坦共和国(鞑靼斯坦)、图瓦共和国、乌德穆尔特共和国、哈卡斯共和国、车臣共和国、楚瓦什共和国—楚瓦什、克里米亚共和国	22
	边疆区	阿尔泰边疆区、外贝加尔边疆区、堪察加边疆区、克拉斯诺亚尔斯克边疆区、克拉斯诺达尔边疆区、彼尔姆边疆区、滨海边疆区、斯塔夫罗波尔边疆区、哈巴罗夫斯克边疆区	9
	州	阿穆尔州、阿尔汉格尔斯克州、阿斯特拉罕州、别尔哥罗德州、布良斯克州、弗拉基米尔州、伏尔加格勒州、沃洛格达州、沃罗涅日州、伊万诺沃州、伊尔库茨克州、加里宁格勒州、卡卢加州、克麦罗沃州、基洛夫州、科斯特罗马州、库尔干州、库尔斯克州、彼得格勒州、利佩茨克州、马加丹州、莫斯科州、摩尔曼斯克州、下诺夫哥罗德州、诺夫哥罗德州、新西伯利亚州、鄂木斯克州、奥伦堡州、奥廖尔州、奔萨州、普斯科夫州、罗斯托夫州、梁赞州、萨马拉州、萨拉托夫州、萨哈林州、斯维尔德洛夫斯克州、斯摩棱斯克州、坦波夫州、特维尔州、托木斯克州、图拉州、秋明州、乌里扬诺夫斯克州、车里雅宾斯克州、雅罗斯拉夫尔州	46
	联邦直辖市	莫斯科、圣彼得堡、塞瓦斯托波尔市	3
	自治州	犹太自治州	1
	自治专区	涅涅茨自治专区、汉特—曼西自治专区(又称尤格拉)、楚科奇自治专区、亚马尔—涅涅茨自治专区	4

通过表1可以发现:目前,俄罗斯联邦目前由85个俄罗斯联邦主体组成,包括22个共和国、9个边疆区、46个州、3个联邦直辖市、1个自治州和4个自治专区。还需指出的是,俄罗斯联邦在组成上具有几个显著的特点:(1)联邦主体的形式多种多样;(2)联邦主体的数量众多;(3)联邦主体的规模大小不等。[24] 同时,《俄罗斯联邦宪法》第66条第2款规定,“吸收新的主体加入俄罗斯联邦和在俄罗斯联邦的组成中成立新的主体,均应当依照联邦宪法性法律规定的程序进行”。这就为俄罗斯联邦主体的增减和变更奠定了法律基础。

三、法治国家原则与联邦制的改革

《俄罗斯联邦宪法》第1条规定,俄罗斯联邦是“法治国家”(*Правовое*

---

〔24〕 刘向文、张璐:《俄罗斯联邦主体的合并及其对我国的启示》,载《郑州大学学报》(哲学社会科学版)2007年第6期。

государство)，实行法治。[25] 这就确认了当代俄罗斯联邦的“法治国家原则”。从宪政史的角度来说，《俄罗斯联邦宪法》上的法治国家原则经历了一个历史变迁的过程，需要对其进行全面的考察和分析。

(一)法治国家原则及其基本内涵

俄罗斯联邦当代法治国家思想以及法治国家原则，最早可以追溯到18世纪至19世纪的法治国思想萌芽；从19世纪60~70年代至十月革命前后是法治国家思想迅速发展和法治国家理论的形成时期。[26] 早在彼得大帝时期，俄罗斯在向西方学习的过程中，受西欧法律文化(特别是人文主义和自由主义)的影响，在18世纪的时候开始对法治国家产生了一些不太成熟的认识。特别是1762年叶卡捷琳娜二世开始执政俄罗斯帝国之后，她在继承彼得大帝事业的同时，也对包括伏尔泰、狄德罗等法国启蒙思想家思想在俄罗斯的传播起到了一定的作用。而到了19世纪的时候，可以说，“整个19世纪是自由主义思想和保守主义思想在俄国既互相缠绕又互相争斗的形势极为复杂的年代”，[27]但在这个过程当中，自由主义思想无疑得到了广泛的传播。到了19世纪60~70年代，一些有知识和思想的俄国人把当时欧洲的文明思想(包括制度文明的思想和理论)引入俄罗斯，得到广泛的传播。这其中，“法治国家”的术语就是从德国引入俄罗斯的。[28] 1917年11月7日十月革命胜利之后，当时的苏俄通过了世界上第一部社会主义类型的宪法——《俄罗斯社会主义联邦苏维埃共和国宪法(根本法)》，即1918年苏俄宪法。[29] 在这部宪法当中，就包含了法治国家思想，可以说是法治国家思想和社会主义的结合。正如A. 马林茨基所指出的那样，(苏俄)“是在法律制度条件下进行自己活动的法治国家”。[30]

1922年12月30日，苏联成立。在整个苏联时期，苏联一方面宣称并坚持自己是社会主义法治国家，但与此同时也开展了对资产阶级法治国家理论和法治思想的批评，旨在为当时苏联的社会主义法治思想予以辩护。[31] 然而，伴随苏联加快推进社会主义建设的步伐，苏联逐步确立起了高度集中的政治经济体制。苏联高度集中的社会主义政治经济体制，即“苏联社会主义模式”，是在20世纪20年代后半期、30年代中期逐渐形成，并由1936年苏联宪法以及根据其制定的各加盟共和国宪法予以确认的。[32] 在这种政治环境之下，苏联时期法治国家思想和原则的讨论一度受到影响，苏

---

〔25〕 См.：Конституция Российской Федерации(с гимном России). Москва：Проспект，2010. С. 3.

〔26〕 张俊杰：《俄罗斯法治国家理论》，知识产权出版社2009年版，第15页。

〔27〕 冯绍雷：《20世纪的俄罗斯》，生活·读书·新知三联书店2007年版，第19~20页。

〔28〕 张俊杰：《俄罗斯法治国家理论》，知识产权出版社2009年版，第18页。

〔29〕 См.：Конституция(Основной Закон)Российской Социалистической Федеративной Советской Республики(Принята V Всероссийским съездом Советов в заседании от 10 июля 1918 года)// Приложение Конституции советской страны. Ю. С. Кукушкин，О. И. Чистяков. Очерк истории советской конституции. М.：Издательство политической литературы. С. 239－262.

〔30〕 转引自王人博、程燎原：《法治论》，山东人民出版社1998年版，第414页。

〔31〕 张俊杰：《俄罗斯法治国家理论》，知识产权出版社2009年版，第31~32页。

〔32〕 刘向文、贺永方主编：《苏共丧失执政地位的原因及其教训》，国防大学出版社1996年版，第1~30页。

联的社会主义法制在实践中也出现了集权化问题。正如俄罗斯学者总结的那样："在十月革命后的时期，法治国家思想在我们国家起初是被革命的法律意识需要吞没了，再后来从现实生活中被排除掉。现在的政权（指苏联时期。——笔者注）在党——国机构手中，法律虚无主义把这个政权和人民隔断了，造成在理论和实践上否定社会生活的法律组织。只有在1988年（苏联解体的3年前），苏联当的领导才提出了'社会主义法治国家'的思想"。[33]

1991年年底，苏联解体、俄罗斯联邦独立。1993年12月12日通过的《俄罗斯联邦宪法》明确规定俄罗斯联邦是一个"法治国家"，实行法治。在这种情况下，当代俄罗斯联邦学者对法治国家原则的探讨十分活跃，在很多宪法学教材中都有专门的分析。[34] 当代俄罗斯联邦学者对法治国家原则的探讨基本上都是从公共权力的角度进行的，[35]尽管他们对法治国家原则理解或者定义的表述不一，侧重点有所不同，但是法治国家原则中最基本的要点和意涵却是大多学者认识上的共识。法治国家原则主要包括以下几个要点：（1）人和公民权利与自由的最大保障；（2）国家对个人的义务和个人对国家的责任；（3）法律具有至上的权威性；（4）所有国家机关、社会组织、团体和公民都严格遵守法律；（5）护法机关的有效工作。[36] 而其中最为关键性的要求就是法律优位和法律至上。

换句话说，法治国家思想和法治国家原则，最终目的是保障法律在国家政治生活中处于优先地位，一切国家、机关、社会组织和个人都要一体遵守；并通过确立公共权力和受权力支配的权利主体之间的相互关系的法律形式和法律责任。由此，法治国家原则为国家的一切政治运作和行为奠定法治基础。

（二）法治国家原则对联邦制改革的制约

通过对法治国家思想和法治国家理论的回顾，我们可以看出，1993年12月12日通过的《俄罗斯联邦宪法》之所以延续并进一步确认法治国家原则，就是要为独立后的俄罗斯联邦奠定一个良好的宪法法律基础，并在其指引下逐步建立起一个法治国家。在这个意义上，法治国家原则不仅是一个宪法原则，也是一种充满理想的价值追求，试图在俄罗斯联邦树立起宪法和法律的最高权威，通过法律的形式规范一切行为，建立起一个良性的法律秩序。

作为俄罗斯联邦政治改革和宪法制度改革的组成部分，俄罗斯的联邦制改革同样要遵守《俄罗斯联邦宪法》上所确认的法治国家原则；俄罗斯联邦制的改革，必须要在

---

〔33〕［俄］Ю. Г. 阿尔扎马索夫等编著：《国家与法的世界历史》，莫斯科 Инфра 出版社2001年版，第268页。转引自张俊杰：《俄罗斯法治国家理论》，知识产权出版社2009年版，第34页。

〔34〕例如，俄罗斯联邦功勋法学家、前俄罗斯联邦宪法法院院长 M. B. 巴格拉依教授就在其多次再版的《俄罗斯联邦宪法法》教科书中专门就"法治国原则"进行了详细而又系统的讨论。См.：М. В. Баглай. Конституционное право Российской Федерации：Учебник. 8-е изд.，изм. и доп. М.：Норма，2007. С. 136-140.

〔35〕张俊杰：《俄罗斯法治国家理论》，知识产权出版社2009年版，第76~79页。

〔36〕［俄］B. B. 拉扎列夫：《法与国家的一般理论》王哲等译，法律出版社1999年版，第346页。

宪法和法律的框架之下来逐步进行,只要这样才能保障俄罗斯联邦制改革的稳步推进,也才能在法律上确认和保障俄罗斯联邦制改革的成果。

目前,俄罗斯的联邦制改革,有着坚实的宪法和法律基础,并在其改革的过程中逐步形成了一个全方位、多层次和立体型的法律体系。首先,不仅包括《俄罗斯联邦宪法》,而且还包括联邦层面上的俄罗斯联邦法律(包括联邦宪法性法律和联邦普通法律);其次,它还包括联邦主体层面上的俄罗斯联邦主体宪法(宪章)和法律;最后,俄罗斯联邦总统签署和发布的总统命令[37]等,也在俄罗斯的联邦制改革中起着极其重要的作用。

需要指出的是,在上述俄罗斯联邦制改革的法律基础中,俄罗斯联邦法律不仅数目多,而且法律位阶高(仅次于《俄罗斯联邦宪法》),明显发挥着基础性的作用。俄罗斯联邦法律,简称"联邦法律",包括联邦宪法性法律(*Федеральный конституционный закон*)和联邦普通法律(*Федеральный закон*)两大类。这两种联邦法律在立法程序上有所不同:"联邦宪法性法律"是根据《俄罗斯联邦宪法》要求制定的,且制定程序非常严格的一种俄罗斯联邦法律。例如,联邦宪法性法律需要国家杜马以其全体代表的2/3 多数通过,联邦委员会以其全体代表的 3/4 多数投票赞成,然后交俄罗斯联邦总统签署批准。[38] 但是,俄罗斯联邦总统无权否决由国家杜马通过,并由联邦委员会表示赞成的联邦宪法性法律。联邦普通法律只需要国家杜马以其全体代表的 1/2 以上多数通过,联邦委员会以其全体代表的 1/2 以上多数投票赞成。而且俄罗斯联邦总统有权否决由国家杜马通过,并由联邦委员会表示赞成的联邦普通法律。如果在重新表决被俄罗斯联邦总统否决的联邦普通法律时,俄罗斯联邦议会两院各以其全体代表的2/3 多数通过了未加任何修改的联邦普通法律,那么俄罗斯联邦总统的否决被视为否决。最后,《俄罗斯联邦宪法》第 76 条第 3 款还规定,"联邦法律不得与联邦宪法性法律相抵触",这意味着联邦宪法性法律的位阶和效力要比联邦普通法律高。为了比较清楚地表明俄罗斯联邦"联邦宪法性法律"和"联邦普通法律"在立法程序上的区别和不同,可以参考如下示意图表(见表 2)。

表 2　联邦宪法性法律和联邦普通法律在立法程序上的特点比较

类型	国家杜马阶段	联邦委员会阶段	总统签署阶段	位阶(效力)
联邦宪法性法律	国家杜马以其全体代表的 2/3 多数通过	联邦委员会以其全体代表的 3/4 多数投票赞成	总统无否决权	高
联邦普通法律	国家杜马以其全体代表的 1/2 以上多数通过	联邦委员会以其全体代表的 1/2 多数投票赞成	总统有否决权	低

[37] 需要指出的是,在俄罗斯联邦,"总统命令"包括"规范性命令"(указы)和"非规范性命令"(распоряжения)。总统的规范性命令是对法律的补充。

[38] 在俄罗斯联邦,国家杜马有通过联邦法律权;联邦委员会没有通过联邦法律权,只有对国家杜马通过的联邦法律表示是否赞成的权力。因此,在国家杜马通过了联邦法律,联邦委员会对该联邦法律表示赞成,俄罗斯联邦总统签署批准之后,国家杜马通过该联邦法律之日被视为是联邦法律的通过日。

最后,需要指出的是,法治国家原则不仅是文本意义上的,也是对俄罗斯联邦政治实践的要求。它不仅要求俄罗斯的联邦制改革有完善的法律文本作为依据,同时还要求在联邦制的改革实践中遵循法治国家原则的要求。《俄罗斯联邦宪法》上的法治国家原则,具有明显的"宣示性"和"纲领性"特点。

《俄罗斯联邦宪法》是当时俄罗斯联邦所处的时代和政治环境的产物,诞生在俄罗斯联邦独立之后"社会转型"的时代背景之下。但同时,这一"纲领性"的宪法规定,也为俄罗斯联邦后续的联邦制改革留下了回旋的余地和法治空间。在2000年普京出任俄罗斯联邦总统之后,他所大力倡导并推进的俄罗斯联邦制改革,出现了明显的"集权化"倾向。尽管如此,从俄罗斯联邦政治改革和宪政转型的立场来看,这种"集权化"的改革的目的是重新树立俄罗斯宪法和法律的权威,事实也证明了这一点。[39]对此,普京宣称道:

"国家公务活动需要专家,他们行动的唯一准则是法律。否则,国家就会给腐败打开方便之门,就有可能出现国家完全蜕变,变成不再是民主国家。正因如此,我们坚持唯一的专制——法律专制,尽管我知道,这种表达方式并不是所有的人都喜欢"。[40]

在这个意义上,这是《俄罗斯联邦宪法》上的法治国家原则具有宣示性和纲领性的特点,反倒是为普京的联邦制改革留下了法治空间。普京的改革并不是拘泥于对法治国家原则的教条主义的理解,而是从俄罗斯联邦特定时空背景下的现实国情出发来理解《俄罗斯联邦宪法》上的法治国家原则,坚持"法律专制",并最终取得了巨大的成效,便具有合理性与合法性。

四、民主国家原则与联邦制的改革

俄罗斯联邦现行宪法第1条规定,俄罗斯联邦是一个"民主国家(Демократическое государство)",实行民主制。[41] 这就确认了当代俄罗斯联邦的"民主国家原则"。同"法治国家原则"一样,《俄罗斯联邦宪法》关于俄罗斯联邦是民主国家的宪法规范,同样具有纲领性的特点。[42] 由于民主国家原则具有宣示性和纲领性的特点,其内涵也经历了一个不断变迁的过程。需要指出的是,民主国家原则每一次内涵的发展与变迁,都直接影响着俄罗斯的联邦制改革。

(一)"集权民主"与联邦制改革

在苏联社会主义时期,苏联实行的是社会主义民主制,但是这种民主制在苏联社会主义建设的实践当中变成了一种集权式的民主制,甚至有人称其为"集权制度"。在列宁逝世以后,围绕加速社会主义建设的问题,苏联共产党内展开了激烈的争论和

---

〔39〕 王圭宇:《俄罗斯联邦制的改革和转型》,载《法制日报》2013年2月27日版。

〔40〕《普京文集》,中国社会科学出版社2002年版,第90页。

〔41〕 См.:Конституция Российской Федерации(с гимном России). Москва:Проспект,2010. С. 3.

〔42〕 刘向文:《俄国政府与政治》,台湾,五南图书出版公司2002年版,第39~40页。

斗争,最终斯大林一方取得了斗争的胜利。斯大林在确立自己的领导地位之后,不断背离党的组织原则,口头上讲民主集中制,而实际上只讲"集中"、不讲"民主",只"为集权主义留下了很大的余地,没有给民主留下位置";[43]他用个人集中代替民主集中,用个人决定代替集体领导,将自己凌驾于国家机关和法律之上,[44]由此形成了高度集权的领导体制。不仅如此,斯大林还把这种党内高度集中的组织原则推行到国家体制上,逐步形成了苏联时期高度集中的政治经济体制,[45]也导致了这一时期"联邦制"被严重扭曲。

事实上,当时苏联共产党领导下的社会主义政权,实行的是党政一体的政策,苏联共产党中央领导人兼任苏联部长会议主席,加盟共和国的领导人也都是加盟共和国党组织的干部。在这种情况下,加盟共和国成了完全服从和听命于联邦中央的成员国,基本上丧失了独立性和自主性,从而使加盟共和国形同虚设。而联邦中央和各加盟共和国之间的关系发生了根本性的改变,直接导致了苏联时期联邦制的集权化和异变。苏联实际上成了一个中央高度集权的单一制国家。在当时,尽管苏联历部宪法都明确规定,苏联的最高国家权力机关是"苏联最高苏维埃"。[46] 但事实上,当时苏联的最高权力中心却不在苏联最高苏维埃,而是在苏联共产党中央手中;整个苏联的权力中心都转移到了党的系统中。可以说,苏联共产党中央成了苏联的最高国家权力机关,苏联共产党成了"国家权力机关",决定着当时苏联国家的一切大小事务。正如有学者指出的那样:(苏联)"政治制度已变成了完全官僚化的,自我封闭的系统,已把全国几乎所有居民都排除和隔离于政治领域之外。以一种奇特的方式确定了党在我国社会的政治体制中的作用"[47]。

在直到苏联解体前夕的这段时间,苏联一直延续着这种高度集中的政治经济体制,也维持着这种党政一体、中央高度集权的国家体制。这样一来,苏联宪法上所规定的社会主义民主原则被扭曲,变成了一种中央集权制;苏联宪法上规定的联邦制也发生了异变,沦为实际上的"单一制"。

(二)"自由民主"与联邦制改革

到了苏联后期,高度集中的政治经济体制越来越暴露出其"积重难返"的弊病;苏联就像一位患了重病的迟暮老人。1985年3月,戈尔巴乔夫走上了党和国家的最高领导地位。戈尔巴乔夫在上任后的第一次苏共中央全会上就提出了加速国家社会经济发展和进行社会主义革新的构想。1986年2月25日至3月6日举行的苏共第二十七次代表大会,戈尔巴乔夫把加速国家社会经济发展确定为苏共今后的战略方针。但

---

〔43〕［英］拉尔夫. 密里本德:《资本主义社会的国家》,沈汉等译,商务印书馆1997年版,第200页。

〔44〕徐天新:《民主集中制的破坏与苏共的瓦解》,载《当代世界社会主义问题》2003年第3期。

〔45〕刘向文、贺永方主编:《苏共丧失执政地位的原因及其教训》,国防大学出版社1996年版,第1~30页。

〔46〕需要指出的是,1988年12月1日,苏联最高苏维埃通过了苏联宪法修改补充法和苏联人民代表选举法。依照它们的规定,苏联的最高国家权力机关为苏联人民代表大会。

〔47〕［俄］安德兰尼克·米格拉尼扬:《俄罗斯现代化之路——为何如此曲折》,徐葵等译,新华出版社2002年版,第108页。

遗憾的是,在接近三年的时间里(1985 年至 1988 年),戈尔巴乔夫的经济改革没有取得任何可见的成效。[48] 在这种情况下,1988 年 6 月 28 日至 7 月 1 期举行的苏共第十九次全国代表会议转而改变党的战略方针,把改革重点由经济领域转向政治领域,选择了“错误的改革突破口”,[49]最终提出了建设“人道的民主的社会主义”的主张,而“民主化、公开性、元多论”正是苏联实现人道主义的方法和手段。[50] 在戈尔巴乔夫看来,“苏联所实现的‘模式’不是社会主义社会的模式,而是极权主义社会的模式”,这种制度的特点“就是把党和国家等同起来”,是一种“极权社会主义体制”。[51] 在这种“人道的民主的社会主义”理论的指导下,戈尔巴乔夫逐渐从完善社会主义制度转为否定现实的社会主义制度,苏联政治局势开始逆转,并逐步陷入全面的危机当中。[52]

戈尔巴乔夫时期倡导的“民主的社会主义”,其实是一种西方式的自由主义民主,并不适合当时的苏联。因为,当时的苏联是一个“重病患者”,而他开出的自由主义民主“药方”无疑是一副“猛药”;按照这道药方治病救人,结果将会适得其反。事实也的确如此。伴随之后戈尔巴乔夫又提出并实施了“社会主义意识形态多元化”和“舆论多元化”,“民主化”和“公开化”的实施完全放弃了无产阶级的党性原则,成了一种“毫无保留、毫无限制”的公开性、多元化和极端民主化。最终,戈尔巴乔夫的政治改革失败了,并像一根导火索一样引爆了苏联,并最终导致了苏联的解体。

1991 年年底,苏联解体、俄罗斯联邦独立。1992 年 4 月 21 日,第六次俄罗斯联邦人民代表大会对 1978 年《俄罗斯苏维埃联邦社会主义共和国宪法(基本法)》进行了修改补充。经过修改补充的 1978 年俄罗斯联邦宪法,即《俄罗斯联邦—俄罗斯宪法(基本法)》。[53] 该法基本上[54]确认了苏联解体、俄罗斯联邦独立的事实;同时,该宪法第 9 条规定,“苏维埃社会主义政治制度发展的基本方针是进一步发展社会主义民主”。到 1993 年 12 月 12 日,俄罗斯联邦以全民公决形式通过了《俄罗斯联邦宪法》,它不仅为把俄罗斯联邦建设成为资本主义宪政国家指明了前进的方向,同时也明确宣布俄罗斯联邦是一个“民主国家”。《俄罗斯联邦宪法》中的许多制度内容都是仿效或者借鉴西方资本主义国家宪政而加以规定的。因此,在苏联解体之后,在整个叶利钦

---

[48] 刘向文、贺永方主编:《苏共丧失执政地位的原因及教训》,国防大学出版社 1996 年版,第 41 ~45 页。

[49] 吴宏亮、张新强:《对苏联亡党亡国的再思考》,载《科学社会主义》2011 年第 3 期。

[50] 李瑞琴:《“改革新思维”与苏联演变》,社会科学文献出版社 2012 年版,第 84、75 页。

[51] [俄]戈尔巴乔夫:《对过去和未来的思考》,徐葵等译,新华出版社 2002 年版,第 28 ~29 页。

[52] 有学者认为,戈尔巴乔夫的“新思维”和“人道的民主的社会主义”理论,其根源可以追溯到 1956 年 2 月苏共二十大赫鲁晓夫的修正主义观点;而苏联的最终亡党亡国,其实从赫鲁晓夫时期已开始埋下了种种危机。参见周新城、张旭:《苏联演变的原因与教训——一颗灿烂红星的陨落》,社会科学文献出版社 2008 年版,第 65 ~77 页。俄罗斯著名学者 B. 斯米尔诺夫甚至明确指出,“苏联解体、苏共垮台的根本原因可以追溯到赫鲁晓夫时期。”参见李慎明主编:《历史的风——俄罗斯学者论苏联解体和对苏联历史的评价》,人民出版社 2009 年版,第 234 页。

[53] См. :Конституция(Основной закон)Российской Федерации – России. М. ,Известия,1992.

[54] 尽管《俄罗斯联邦—俄罗斯宪法(基本法)》并没有彻底完成确认苏联巨变的事实,宪法中仍多处保留有“苏联”字样。可以参见刘向文:《俄国政府与政治》,台湾,五南图书出版公司 2002 年版,第 20 ~21 页。

执政时期所实行的“民主制”，和戈尔巴乔夫时期所倡导的和实行的民主制在本质上是一样的，都是一种西方意义上的自由主义民主制。

在这种自由主义民主制下，它在激活联邦中央和联邦主体之间关系，扩大联邦主体独立性和自主性的同时，也造成了地区主义、民族主义和分裂主义的现象的猖獗。在戈尔巴乔夫时期，在其倡导并实施的极端民主制下，联邦中央开始向加盟共和国和地方政府放权，尽管戈尔巴乔夫仍强调“没有强大的联盟就没有强大的共和国”，但终究没有挽回苏联解体的发生。与戈尔巴乔夫不同，叶利钦在执政时期提出了“没有强大的共和国就没有强大的联盟”的口号，“地方要多少主权就拿走多少主权”。俄罗斯联邦在这种灾难性的分权刺激下，各联邦主体声索“主权”和要求独立的运动彼此彼伏，俄罗斯联邦再一次面临像苏联那样走向分崩离析的危险境地。幸运的是，俄罗斯联邦通过包括和联邦主体签署《联邦条约》等方式维持了俄罗斯联邦表面上的统一和稳定。

(三)“主权民主”与联邦制改革

1999年12月31日晚，叶利钦发表电视讲话宣布辞职，由当时的俄罗斯联邦总理普京履行代总统的职责，俄罗斯联邦由此进入了“普京时代(《*Эра Путина*》)”。叶利钦再把俄罗斯联邦交到普京手中的时候，说出了“请珍惜俄罗斯吧！”的肺腑之言。但不容否认的是，叶利钦留给普京的是一个表面上维持了统一和稳定的俄罗斯联邦，实则四分五裂。[55] 1999年12月31日，刚刚担任代总统的普发表了他的第一篇文章《千年之交的俄罗斯》，明确表达了要把俄罗斯联邦建设成为一个“强大的国家”的宏图志愿，同时也指明了俄罗斯联邦制改革的方向。普京指出：“历史已雄辩地证明，任何专制和独裁都是短暂的，只有民主制度才能长久不衰。尽管民主制度也存在着种种不足，但人类还没有想出比这更好的制度。在俄罗斯建立强大的国家政权，即是指建立一个民主、法制、有行为能力的联邦国家”[56]。随后，在2000年7月8日《向俄罗斯联邦联邦会议提交的2000年国情咨文》中，普京表明了接下来工作的重点就是“完善联邦关系”，并提出了很多改革措施。[57] 不仅如此，普京再一次指出了把俄罗斯联邦建成一个强大国家的奋斗目标。他指出：“俄罗斯唯一现实的选择是选择做强国，做强大而自信的国家”。[58]

以上经由普京倡导并阐释的治国理念和思想，就是普京所谓的“俄罗斯新思想(*Новая идея России*)”，[59] 其核心就是对“富国强民”的强烈政治诉求。与此同时，

---

〔55〕 See：Laura Solanko，Merja Tekoniemi. *To Recentralise or Decentralise – Some Recent Trends in Russian Fiscal Federalism*，BOFIT online，2005，No. 5(Bank of Finland，BOFIT-Institute for Economies in Transition).

〔56〕 《普京文集》，中国社会科学出版社2002年版，第10～11页。

〔57〕 См.：Владимир Путин. Послание Президента Российской Федерации Федеральному Собранию РФ. Москва，Кремль. 8 июля 2000 г.

〔58〕 См.：Там же.

〔59〕 有关普京新思想的详细阐述，可以参见汪宁：《普京的俄罗斯新思想》，上海外语教育出版社2005年版，第151～207页。

普京开始对俄罗斯联邦自叶利钦时期开始所实行的民主制进行了反思,在总结苏联和20世纪90年代俄罗斯联邦民主制并在结合俄罗斯联邦当下现实国情的基础上,提出了"主权民主"(*Суверенная демократия*)思想。

2005年4月25日,普京发表了《致俄罗斯联邦联邦会议的2005年国情咨文》,比较详细地阐述了他关于"民主"的观点和看法,[60]标志着普京"主权民主"思想的提出。2005年4月28日,俄罗斯著名政治评论家、前《独立报》主编维塔利·特列基雅科夫(*Виталий Третьяков*)在《俄罗斯报》发表了题为《主权民主:普京的政治哲学》,正式用"主权民主"这一概念来评价和概括普京《致俄罗斯联邦会议的2005年国情咨文》以及它体现出的治国理念。[61] 之后,2005年5月7日,俄罗斯联邦总统办公厅副主任弗拉季斯拉夫·苏尔科夫(*Владислав Сурков*)也第一次代表官方明确对"主权民主"进行了说明,即俄罗斯的民主是依据本国历史、国情、地缘政治以及法律,由本国自行予以确定的民主。[62] 到2006年12月2日,"统一俄罗斯党"在其第七次代表大会上将"主权民主"确定为"统一俄罗斯党"的意识形态基础。自此之后,"主权民主"得到了俄罗斯联邦各界层更多的讨论和阐释,并被俄罗斯联邦理论界和国家权力机关等事务部门所接受,最终形成了一种治国的基本原则和思想。

综观俄罗斯联邦"主权民主"的确立及发展过程,可以看出:俄罗斯联邦"主权民主"是在正反总结俄罗斯联邦政治改革和现代化发展史的正反经验的基础上提出来的,有其深厚的历史依据和现实依据。而所谓"主权民主",概而言之,即俄罗斯联邦是主权的和民主的国家;俄罗斯联邦"既不是过去的苏联,也不是90年代的俄罗斯"。因为,正如有学者指出的那样:"苏联有主权,但没有民主;90年代的俄罗斯有民主,但是国家丧失了很多主权"。[63]

综合普京的政治言论、观点和举措以及俄罗斯联邦政治精英的分析、评论和阐释,"主权民主"原则和理论关于"民主"的内涵,大致主要包括以下几个方面:(1)追求民主,是俄罗斯联邦业已建立的传统;(2)民主是一个过程,是一个发展中的治理模式;(3)民主应该适应俄罗斯的国情和传统;(4)民主模式必须由各国自己决定;(5)民主的主要原则的表现形式不应该强求一致;(6)民主发展以法制化为基础;(7)民主的发展应当促进经济发展和社会稳定;(8)俄罗斯联邦需要的是确保民主制度的发展

---

[60] См.: Владимир Путин. Послание Президента Российской Федерации Федеральному Собранию РФ. Москва, Кремль. 25 апреля 2005 г.

[61] См.: Виталий Третьяков. Суверенная демократия: Ополитической фидимира Путина // Российская газета. 28 апреля 2005 г.

[62] См.: Владислав Сурков. Выступление заместителя руководителя Администрации Президента Российской Федерации Владислава Суркова на закрытом заседании Генерального совета объединения "Деловая Россия" 17 мая 2005г.

[63] 庞大鹏:《观念与制度:苏联解体后的俄罗斯国家治理(1991~2010)》,中国社会科学出版社2010年版,第121页。

潜力。[64]

普京“主权民主”原则和思想，延续了他上任之初所大力提倡的“俄罗斯新思想”，并在后续的发展过程中细化为“普京计划”（*План Путина*）。[65] 普京时期的俄罗斯联邦制改革，正是在“主权民主”原则和思想的指导之下进行的。在普京时期，俄罗斯联邦制的改革更多的是立足于俄罗斯联邦的国情传统和政治现实而展开的，尽管在改革的过程中呈现出“集权化”倾向而颇被诟病。但是，如果从俄罗斯联邦社会转型和政治改革的实际情况来看，从对苏联时期以及20世纪90年代俄罗斯联邦制改革的矫正的角度来看，由普京大力倡导并推动的俄罗斯联邦制改革无疑具有历史合理性和现实合理性。

五、地方自治原则与联邦制的改革

《俄罗斯联邦宪法》第12条规定，“俄罗斯联邦承认并保障地方自治。地方自治机关在自己的权限范围内实行自治”。[66] 不仅如此，《俄罗斯联邦宪法》还以“地方自治”（*Местное самоуправление*）为题以专章（第八章）4个条款对俄罗斯联邦的地方自治问题进行了规定，足见俄罗斯联邦对该问题的重视。尽管《俄罗斯联邦宪法》同时宣布“地方自治机关不属于国家权力机关体系”，但作为一项由《俄罗斯联邦宪法》明确予以规定的重要宪政制度，地方自治制度无疑是俄罗斯联邦民主产生、发展和成熟的起点，其在国家宪政建设当中仍然占有极其重要的地位，是俄罗斯联邦制改革中的一个重要环节。

（一）地方自治原则及其基本内涵

俄罗斯的地方自治制度，最远可以追溯到俄罗斯帝国时期的公社传统，以及与之相伴的公社自治，这是俄罗斯地方自治制度的最早雏形。[67] 特别是在19世纪60～70年代，亚历山大二世（*Александр II Николаевич, 1818－1881*）进行了最大力度的地方自治改革，先后于1864年和1870年颁布了两项法令，包括《州和县自治机构条例》和《城市章程》，极大地推动了俄罗斯地方自治制度的发展。正如俄国学者M. M. 科瓦列夫斯基（*М. М. Ковалевский*）所指出的那样，亚历山大二世的这两次改革，是俄国国内政治改革的“重要转折点”，具有极其重大的意义。[68] 在1917年11月7日十月革命爆发以前，资产阶级临时政府曾着手实施地方自治改革，在县乡两级实行地方自治机构选举，还于1917年5月21日通过了《地方自治改革法》，但由于当时的政府已

〔64〕 庞大鹏：《观念与制度：苏联解体后的俄罗斯国家治理（1991～2010）》，中国社会科学出版社2010年版，第121页。

〔65〕 有关“普京计划”的详细讨论，可以参见郑羽主编：《新普京时代（2000～2012）》，经济管理出版社2012年版，第19～23页。

〔66〕 См.：Конституция Российской Федерации（с гимном России）. Москва：Проспект, 2010. С. 5.

〔67〕 陈福胜：《俄罗斯的地方自治与地方公社》，载《俄罗斯中亚东欧研究》2007年第5期。

〔68〕 См.：О. Е. Кутафин, В. Н. Фадеев. Муниципальное Право Российской Федерации. Москва：Проспект, 2007. С. 67.

经失信于民,很多农民拒绝参加选举,最终导致这次改革以失败而告终。[69]

在十月革命胜利之后,地方自治制度被取消,因为它以分权思想为理论依据,强调其独立性和自主性,而这与无产阶级专政为依托的社会主义理论相悖反。[70] 而在整个苏联时期,由于当时的联邦制改革不断走向"集权化",逐步形成了一种中央集权体制,这就难以为俄罗斯联邦地方自治制度留下必要的土壤和存活空间。只是到了苏联后期,伴随戈尔巴乔夫的改革,地方自治制度才在实行"民主化"的过程中得以产生。[71] 1990 年 4 月 9 日、10 月 23 日,苏联最高苏维埃通过了第一部《苏联地方自治和地方经济一般原则法》和《苏联地方自治和地方经济一般原则法的修改法》。直到 1990 年 12 月 26 日,第四次苏联人民代表大会通过的《鉴于完善国家管理机关修改补充苏联宪法(基本法)法》,[72]才正式将地方自治原则补充写入苏联宪法。为了和苏联宪法所确认的以上原则相适应,作为苏联组成中的加盟共和国,俄罗斯苏维埃联邦社会主义共和国于 1991 年 5 月 24 日通过的《俄罗斯苏维埃联邦社会主义共和国宪法(基本法)的修改补充法》[73]确认了"地方自治原则"。同年 7 月 6 日,俄罗斯苏维埃联邦社会主义共和国通过的《俄罗斯苏维埃联邦社会主义共和国地方自治法》以"俄罗斯联邦地方自治"为题专列一章规定了地方自治制度,进一步明确了俄罗斯联邦地方自治的原则和内容。[74] 1991 年年底,苏联解体、俄罗斯联邦独立。1993 年 12 月 12 日通过的《俄罗斯联邦宪法》延续并进一步确认了俄罗斯联邦的"地方自治制度"。

如果说是 1917 年 11 月 17 日十月革命胜利之后,包括在整个苏联时期,地方自治制度一直是不存在的,其中的原因主要在于社会主义的无产阶级专政理论不认同体现分权思想的地方制度,加之社会主义意识形态的压制,地方自治制度难以存活。直到苏联后期政治危机积重难返之时,在戈尔巴乔夫"公开化""市场化"和"民主化"的改革中,地方自治制度才被恢复,被压抑的地方组织活力才得以释放。1991 年年底,苏联解体、俄罗斯联邦独立。独立之后的俄罗斯联邦为自己确立了向资本主义宪政国家迈进的奋斗目标,而对于资本主义国家广泛采行的地方自治制度也必然深为认同。同时,俄罗斯联邦也深刻地反思了苏联解体以前在对待地方自治制度上的错误做法,这不利于激活和发挥地方基层组织的积极性和主动性,压抑了社会底层的民主基因和活力。基于以上整体性的反思和认知,《俄罗斯联邦宪法》进一步强化了对地方自治的保障。

俄罗斯联邦的"地方自治",其在《俄罗斯联邦宪法》以及其他相关的联邦法律文件

---

〔69〕 См.:В. Г. Игнатов, В. И. Бутов. местное самоуправление российская и зарубежный опет. Москва: издательский центрмарт,2005. С. 135.

〔70〕 См.:В. Г. Игнатов, В. И. Бутов. местное самоуправление российская и зарубежный опет. Москва: издательский центрмарт,2005. С. 139.

〔71〕 刘向文:《俄国政府与政治》,台湾,五南图书出版公司 2002 年版,第 428 页。

〔72〕 См.:Конституция СССР в редакции от 26 декабря 1990 г.

〔73〕 См.:Конституция РСФСР в редакции от 24 мая 1991 г.

〔74〕 См.:Ведомости Съезда народных депутатов РСФСР и Верховного Совета РСФСР. 1991. № 27. С. 1010.

中,都表述为“*Местное самоуправление*”。但在学者们的教科书(及其参考资料)或者学术著作当中,则大多以*Муниципальное Право России / Российской Федерации*[75]或者*Муниципальное Право*[76]为题。其中的俄语单词“*Муниципальный*”,意思是“市的、市政的”,这多少反映出了俄罗斯联邦“地方自治”的内涵,即俄罗斯联邦仅在联邦主体中的区(市)一级实行地方自治。目前,根据《俄罗斯联邦宪法》的规定,俄罗斯各联邦主体的行政区划通常实行二级制,即区(行政专区、市、市辖区)——市、镇、村居民点。只有在个别设有自治州、自治专区的地方实行三级制。[77] 为了清楚起见,可以参见如下图示(见表3)。

表3　俄罗斯联邦主体行政区划图解

俄罗斯联邦主体	共和国	——区(市)—— —— —— —— —— — 市、镇、村
	边疆区	—— 自治州、自治专区 —— 区(市)—— 市、镇、村 ——区(市)—— —— —— —— —— — 市、镇、村
	州	——自治专区 ———— 区(市)—— —— 市、镇、村 ——区(市)—— —— —— —— —— — 市、镇、村
	联邦直辖市	——区(行政专区、市)—— —— —— — 地方区(镇)
	自治州	——区(市)—— —— —— —— —— — 市、镇、村
	自治专区	——区(市)—— —— —— —— —— — 市、镇、村

根据《俄罗斯联邦宪法》和其他相关联邦法律的规定,俄罗斯联邦地方自治制度的主要特征表现在以下几个方面:(1)地方自治以俄罗斯联邦主体的一定行政区域单位(区、市、市辖区、镇、村居民点)为基础。在确定哪一地方区域实行地方自治时,需要考虑到当地的历史传统和其他地方传统因素(《俄罗斯联邦宪法》第131条第1款)。(2)居民直接地或通过其选举产生的地方自治机关行使地方自治权(《俄罗斯联邦宪法》第130条第2款)。(3)地方自治受到国家司法的保护(《俄罗斯联邦宪法》第133条)。[78] 总而言之,俄罗斯联邦通过实施地方自治制度,“保障居民自主地解决地方性问题,并保障居民占有、使用、支配地方财产”(《俄罗斯联邦宪法》第130

〔75〕 例如,比较有代表性的教科书包括:А. Н. Кокотов,А. С. Саломаткин. Муниципальное право России: учебник для студентов высших учебных заведений. М.: Юристъ, 2005.; И. И. Овчинников. Муниципальное право России:Учебник / И. И. Овчинников,А. Н. Писарев. М.:Эксмо,2007.; Е. С. Шугрина. Муниципальное право Российской Федерации. М.:Проспект,2007. 等。

〔76〕 例如,比较有代表性的教科书或者教科书参考资料包括:Н. А. Игнатюк, А. В. Павлушкин. Муниципальное право: учебное пособие. М.: Юстицинформ, 2007.; Муниципальное право: учебник для вузов / Н. А. Игнатюк,А. А. Замотаев,А. В. Павлушкин; под ред. к. ю. н. Н. А. Игнатюк. М.: ЗАО Юстицинформ,2005.; М. Н. Кудилинский,И. А. Шевелева. Муниципальное право. СПб.:Изд-во СПбГУ,2005. 等。

〔77〕 在此,笔者参考和借鉴了刘向文教授的观点,在此基础上梳理了俄罗斯联邦主体的行政区划概况。参见刘向文、宋雅芳:《俄罗斯联邦宪政制度》,法律出版社1999年版,第359~360页。

〔78〕 刘向文:《俄国政府与政治》,台湾,五南图书出版公司2002年版,第428页。

条第1款)。[79]

最后,还需要着重指出的是,俄罗斯联邦的地方自治,不同于俄罗斯联邦所实行的另外一种制度——民族自治,二者之间存在重大区别。主要表现在以下几个方面:(1)实行自治的基础不同。地方自治则是以行政区域单位为基础;而民族自治以民族区域(民族或者民族集团的聚居地)为基础。(2)组织形式不同。地方自治的组织形式则是作为俄罗斯联邦主体一定行政区域单位(区、市、市辖区、镇、村居民点)内的自治;而民族自治的组织形式是作为俄罗斯联邦主体的共和国、自治州和自治专区。(3)行使的权力性质不同。地方自治行使的是地方自治权,不属于国家权力;而民族自治则是行使的国家权力。(4)处理的事务范围不同。地方自治制度下的居民主要通过区或市(镇、村)的地方自治机关解决"地方事务";民族自治制度下的民族或民族集团通过共和国、自治州、自治专区的国家权力机关解决本联邦主体的事务。(5)自治性质不同。地方自治是居民自治的一种形式;而民族自治是民族国家组织或者类国家组织的一种形式。[80]

(二)地方自治原则对联邦制改革的约束

作为《俄罗斯联邦宪法》上明确予以确认的一项基本宪政制度,地方自治是在一定行政区域单位(区、市、市辖区、镇、村居民点)内居住的居民自我管理和自我服务的一种民主治理模式。在地方自治制度当中,内含一种自由和民主的价值里面,是现代民主国家普遍实行的一项重要制度设置;它相对于中央集权而言,强调分权和自治,也是现代民主国家的一个基本标志,并成为一种世界潮流。[81] 1993年《俄罗斯联邦宪法》之所以确认并进一步强化对地方自治制度的保障,不仅是基于对苏联时期高度中央集权制下地方自治和地方民主难以实现的历史教训的反思,也是基于对俄罗斯联邦未来发展方向的一种高瞻远瞩。自1993年《俄罗斯联邦宪法》颁布施行之后,俄罗斯联邦便开始了对地方自治制度的改革,最终的目的是充分地保障地方自治的实现。

俄罗斯联邦地方自治制度的改革,是俄罗斯联邦制改革的组成部分;其改革效果如何,关涉俄罗斯联邦制改革的走向,甚至还会影响未来俄罗斯联邦结构的调整。为落实《俄罗斯联邦宪法》关于地方自治的规定,也为了充分地保障俄罗斯联邦的地方自治制度,1995年8月28日,俄罗斯联邦通过了第154号联邦法律《俄罗斯联邦地方自治组织一般原则法》,[82]该联邦法律于1995年9月18日生效。它进一步将《俄罗斯联邦宪法》上的地方自治原则具体化了,共同为各联邦主体通过相应的新的地方自

[79] См.:Конституция Российской Федерации(с гимном России). Москва:Проспект,2010. С. 29-30.

[80] 需要指出的是,刘向文教授从四个方面对地方自治和民族自治进行了区分,参见刘向文:《俄国政府与政治》,台湾,五南图书出版公司2002年版,第427~428页。笔者在参考和借鉴刘向文教授观点的基础上,从五个方面更加细化地区分了地方自治和民族自治二者之间的区别。

[81] 田芳:《地方自治法律制度研究》,法律出版社2008年版,第10~11页。

[82] См.:Федеральный закон от 28 августа 1995 года N 154 - ФЗ "Об общих принципах организации местного самоуправления в Российской Федерации" // Собрание законодательства Российской Федерации,1995,N35,ст. 3506.

治立法奠定了基础。1995 年 12 月 27 日,为配合并落实《俄罗斯联邦地方自治组织一般原则法》,俄罗斯联邦政府通过了《国家支持地方自治的联邦纲要》的政府法令。之后,俄罗斯联邦又先后于 1996 年 9 月 25 日、1996 年 11 月 26 日和 1999 年 1 月 8 日先后通过了与地方自治制度相关的《俄罗斯联邦地方自治财政基础法》、《保障俄罗斯联邦公民选举和被选入地方自治机关宪法权利法》和《俄罗斯联邦地方自治职工基本法》。与此同时,叶利钦还先后于 1997 年 5 月 29 日和 1999 年 10 月 15 日签署了关于批准《俄罗斯联邦地方自治委员会》和《俄罗斯联邦地方自治领域国家政策基本条例》的总统命令。特别需要指出的是,在 1999 年 12 月 15 日,俄罗斯联邦政府又通过了《国家支持地方自治发展和为地方自治宪法权利的实现创立条件的联邦纲要》,确定了俄罗斯联邦地方自治制度"两步走"的发展战略。第一步(2000~2002 年),主要是为地方自治的发展建立基础性的条件,基本目标是初步实现地方自治权;第二步(2003~2014 年),通过建立起完善的地方自治立法体系,推进地方自治制度的实质性发展,并在促进地方自治区域经济发展的同时,最终改变和提高自治居民的生活水平。[83] 2000 年 5 月 7 日,普京正式出任俄罗斯联邦总统之后,更加强调地方自治的重要性,特别是 2002 年之后,普京在每年的《国情咨文》当中都会重点对地方自治问题进行阐释,为加快发展俄罗斯联邦的地方自治创造了有利的条件。2003 年 10 月 6 日,俄罗斯联邦通过了新的联邦法律《俄罗斯联邦地方自治组织一般原则法》,其后伴随着俄罗斯联邦政治改革和宪政建设的推进,它又经过了多达几十次的修改和补充,截至目前最后的一次修改和补充是 2012 年 12 月 30 日。通过以上各个阶段的改革,并在每一个阶段辅以法制化的保障,俄罗斯联邦的地方自治得到了实质性的发展。

需要特别指出的是,自 2000 年普京出任俄罗斯联邦总统以来,其大力倡导和推动的联邦制改革明显具有"集权化"的倾向,尽管他的改革是为了矫正之前联邦中央和联邦主体之间权力失衡的困难局面。在普京大力倡导并推进的联邦制改革过程中,他曾于 2000 年 5 月 4 日签署俄罗斯联邦总统命令,批准了《俄罗斯联邦地方自治一般组织原则法的修改补充法》,[84] 规定了在地方自治代表(立法)机关和地方组织长官粗暴违反俄罗斯联邦立法和联邦主体立法的情况下,应当按照联邦法律的相关规定被追究责任:既可以解散地方自治代表机关,还可以弹劾形式提前终止地方组织长官的权限。[85] 在这种情况下,许多地方自治代表(立法)机关纷纷主动废止或者纠正了违反俄罗斯联邦立法和联邦主体立法的规范性法律文件,保证了联合"围剿"违宪(法)的规范性法律文件行动的最终胜利。除此之外,就地方自治的层面而言,普京并没有对俄罗斯联邦地方自治制度进行其他的干预或者破坏;相反,普京在随后"集权化"联邦

[83] См.:О. Е. Кутафин, В. Н. Фадеев . Муниципальное Право Российской Федерации. Москва:Проспект, 2007. С. 124-125.

[84] См.:Федеральный закон от 4 августа 2000 года "О внесении изменений и дополнений в ФЗ "Об общих принципах организации местного самоуправления в РФ" // Российская газета. 08 августа 2000г.

[85] 刘向文:《俄国政府与政治》,台湾,五南图书出版公司 2002 年版,第 440~442 页。

制改革的过程中更加强调、重视和保障地方自治制度,为俄罗斯联邦民主的发展和成熟一点一滴地积蓄力量。这个事实说明:尽管普京时期实行了"集权式联邦制",但从俄罗斯联邦地方自治制度的角度来说,普京的联邦制改革不仅稳定了国家的局势,也并没有过多压抑或者压缩地方自治的存活空间。而地方自治制度的实施和推进,无疑在为俄罗斯联邦的宪政建设"培育"最基本的民主基因。

六、结语

通过对俄罗斯联邦制及其改革的宪法基础的考察,可以看到:不仅俄罗斯的联邦制是由《俄罗斯联邦宪法》以及其他相关的法律予以确认或保障,而且俄罗斯的联邦制改革都是在《俄罗斯联邦宪法》以及其他相关法律的框架之下进行的,具有合宪性和合法性的特点。同时,在把握和理解俄罗斯联邦及其改革的宪法基础的时候,还需要历史地、客观地和现实地看待构成其宪法基础的《俄罗斯联邦宪法》,并将其置于俄罗斯联邦的宪政发展史当中和《俄罗斯联邦宪法》诞生的具体政治环境当中予以认识和解读。《俄罗斯联邦宪法》是在反思苏联宪法历史的基础上并结合俄罗斯联邦的现实国情而制定的,对其精神和原则的理解和把握必须要看到这一点。而这也决定了对作为俄罗斯联邦制改革宪法基础的相关原则等的考察和分析,需要在立足《俄罗斯联邦宪法》文本的基础上,历时性地分析俄罗斯联邦宪政史上的宪法及其内容。

这对中国而言,也是一个有益的启发。对于中国国家结构形式的完善,中国中央与地方之间关系的完善,也需要首先考察其宪法基础,因为中国宪法是历史的产物。其次,还需要对中国中央与地方之间关系进行宪法史意义上的考察和分析,只有这样才能更深入地理解中国为什么选择目前的国家结构形式?当前中国国家结构形式在进一步的完善过程中遭遇了什么样的宪法难题?下一步如何去完善中国的国家结构形式和中国中央与地方之间的关系?等等。最后,还要立足于中国的宪法文本,理解中国宪法关于中国中央与地方之间关系"两个积极性"的规定和含义,以及含义背后的历史考量和政治维度。[86] 在未来中国中央与地方之间关系的问题上,除了要立足于并理解中国宪法上的相关规定及其意涵之外,还需要通过制定、修改和完善其他相关配套的法律法规,才能建立起足够而有效的法律保障和制度支撑。

---

〔86〕 苏力:《当代中国的中央与地方分权——重读毛泽东〈论十大关系〉第五节》,载《中国社会科学》2004年第2期。

苏联党政关系法治化的缺失及其消极影响

魏建国*

内容摘要：党政关系，主要是指党与国家政权机关之间的关系。苏联先党后国的历史特殊性，塑造了其党政关系中党强政弱、党高政低、党实政虚的局面。苏联党政关系问题之所以没有得到很好的解决，主要是因为其一直在党政分合中打转而缺乏法治化思路和实践，没有正确认识和及时完成苏共与国家政权机关之间关系的法治化及执政方式的法治化。苏联党政关系法治化的缺失产生了诸多消极影响，苏联解体后俄罗斯社会的一度无序即受此影响。作为中国经验，"文化大革命"后中国在党政关系问题上，基本上形成并遵循着一条法治化的思路与道路，事实证明，这一思路和道路非常成功且富有启示意义。

关键词：苏联　党政关系　执政方式　法治化

党政关系，主要是指党与国家政权机关之间的关系。具体说来，就是党与国家权力机关的关系，以及党通过什么样的方式和途径领导国家发展。党政关系对于认知苏联政制特点及其不足具有重要启示性。一方面，党政关系是理解苏联政治体制的关键，因为"苏共执政体制的核心问题是党政关系问题"。[1] 苏联模式虽然根据标准和关注点不同，可以有不同概括，但"党政不分、以党代政、集权于党、集权于领袖个人的这样一种党政合一的领导体制，是这个模式的核心"。[2] 另一方面，党政关系也是分析苏联政治体制缺陷，以及苏联解体问题的一个重要视角。正如意大利学者马斯泰罗内所指出的，"苏联的制度之所以垮台，并不是因为那里有太多的国家，而是因为根本没有国家，或者更准确地说，是因为政党取代了国家"。[3] 中国学者张新平等人也指出，苏联"执政体制的核心问题是党的体制与国家体制的关系方面存在党政不分、以党代政。这是苏共亡党、苏联亡国的政治体制教训"。[4]

梳理和研究苏联的党政关系，不仅有利于深度理解苏联政治体制缺陷，而且对于我们正确认识和处理好中国的党政关系，深化政治体制改革和积极推进法治建设具有重要启示性意义。因为苏联党政关系模式曾对我国产生过重要影响。1986 年 9 月 29

---

* 魏建国，黑龙江大学法学院教授，博士生导师。本文系司法部重点项目"中西宪法实施问题比较研究"(14SFB003)的阶段性成果。

〔1〕 张新平、张博：《苏联共产党丧失政权的执政体制教训》，载《中共中央党校学报》2013 年第 2 期。为行文简便，如无特别需要，笔者下文原则上以"苏共"概称从十月革命到苏东剧变不同历史时期的苏俄(苏联)共产党组织。

〔2〕 刘克明：《苏联解体启示录之一：体制腐化》，载《俄罗斯中亚东欧研究》2003 年第 3 期。

〔3〕 [意]萨尔沃・马斯泰罗内：《当代欧洲政治思想》，黄华光译，社会科学文献出版社 1998 年版，第 227 页。

〔4〕 前引 1，张新平、张博文。

日,邓小平同志在会见波兰统一工人党中央第一书记雅鲁泽尔斯基时就曾指出:“我们两国原来的政治体制都是从苏联模式来的。看来这个模式在苏联也不是很成功的。”[5]可以说,中国改革开放以来的政治体制改革,在某种程度上是对苏联党政关系模式的一种改革与纠正。自苏联解体后,我国学者对苏联党政关系一直进行研究并取得了许多较好的成果,但多局限于政治学和历史学领域,法学视角的研究成果不多。本文试图从法律史角度对此问题进行再认识,并认为,苏联党政关系问题没有处理好的一个重要原因在于,党政关系缺乏法治化的思路与实践。

一、苏联党政关系存在问题及缺失法治化思路的原因

(一)苏联党政关系存在的问题

苏联党政关系存在问题的原因,主要在于苏共执政后没有正确认识和及时完成苏共与国家政权机关关系及执政方式的转变。党政关系在西方国家不是问题,原因在于西方国家的政党是其国家宪政制度形成及稳定后的产物,即国家宪政制度和政权机关先于政党产生与确立。苏联则不同,苏联是苏共领导民众革命建立的政权,正是这种特殊的先党后国历程,使得苏联党政关系从一开始就有特殊性。即政党建立并先于国家政权,政党在缔造国家和执掌政权的过程中塑造了强党弱政、党高政低、党实政虚的政治社会生态。事实上,布尔什维克党执掌苏维埃国家政权后,列宁就觉察和认识到俄共(布)的执政体制存在着党政不分的问题。为此,俄共(布)八大专门就党政关系问题作出认知和分析,指出不应把党组织的职能同国家机关即苏维埃的职能混淆起来,否则会产生极其危险的后果,并强调“党应当通过苏维埃机关在苏维埃宪法的范围内贯彻自己的决定”,“党努力领导苏维埃的工作,但不能代替苏维埃”等。可见,要实现国家治理的制度化和文明化,以党代政的体制必须改革,这是俄共(布)的共识。关键是如何改,切入点是什么。由于苏联一直在党政分合中打转和缺失党政关系法治化的思路,使得苏联党政关系问题一直没有得到根本解决。甚至可以说,“党政不分、以党代政是共产党传统执政体制的基本特征,也是这一体制很难解决的历史性难题”。[6] 苏联党政关系的具体问题可以概括为以下两点。

其一,苏联党政关系问题的解决思路一直在党政分合中打转。苏联“处理党的领导中的党政关系问题,往往出现两种结果,一是党政分开,把属于国家职能的事务交给国家机关去完成,就会削弱甚至取消党的领导。而加强党的领导,党政分开就会降到次要地位。这正是列宁关于党政关系谈话中的矛盾之处”。[7] 尽管苏共历届领导人都认识到苏联党政关系模式的弊端,也试图进行改革,但始终是在党政分合中选择,这就导致在加强党的领导与增强政权自主性之间存在难以调和的悖论,而问题根本无法得到实质性解决,直至苏联解体。

---

〔5〕《邓小平文选》(第3卷),人民出版社1993年版,第178页。

〔6〕前引1,张新平、张博文。

〔7〕前引1,张新平、张博文。

其二，苏联在党政关系问题解决上缺乏法治化思路和实践。经验证明，理性地处理党政关系，应是党政关系法治化，而不是在党政合一或分开的二律背反中做选择。经验和事实已证明，党政完全分开本身就不能成立。我们知道，无论在哪个政党制国家，都不存在党政完全分开的可能。党总是要和政结合的，差别只是在于党如何执政和理政，即主要是执政方式的差别。因此，苏联党政关系问题的解决应是在改革和完善党的领导方式与执政方式上下功夫，而不是简单地党政分开或党政合一。即应该建立法治化的党政关系，规范党在国家制度中的领导方式，使苏共的执政真正运行到国家制度和国家法律的轨道上。但苏联没有人去思考政府、政党、领袖的活动是否要在法律规定范围内进行，更没有提出要用宪法和法律规范政治行为。大体而言，苏联领导人信奉的是一种政治权力不受限制，以及通过这种不受限制的政治权力建立美好社会的理念。正如美国学者所指出的，"1917 年的共产主义革命标志着起初在俄国……革命党人相信政府为了人类的更加美好而改造社会的能力，相信应该是充分发挥政府的力量而不是限制它的权力。他们立足于通过政府对商品的生产、交流方式，对教育和科学控制等来重塑社会"。[8] 显然，这种观念和行为方式与法治国家所强调的政党必须在宪法和法律范围内进行活动的法治理念存在很大不同，也无法确切实现"党的领导"与"依法治国"的有机统一。就实际而言，"苏联政权……从来没有将自己限制在由其自身制定的法律之中"。[9] 换言之，苏联所有政治活动和运行都不是在法律的指导下进行的，也不是按照法律的规定运行的。"苏维埃机关和其他国家机关在工作中所依靠的不是法律而是党委的指示。党委不但指示苏维埃和其他国家机关做什么，而且指示它们如何做"。[10]

（二）苏联党政关系缺乏法治化思路的原因

1. 革命思维方式与行为方式的影响

从政党类型学的角度来看，苏共的源头是一个革命政党，其思维和行为难免自觉不自觉地钟情于革命方式，这对苏联法治建设和苏联党政关系法治化产生了消极影响。当然，对于革命思维和方式的功过判断，应该放在特定的历史条件下加以考量。一方面，苏共是在沙皇专制国家环境中产生和建立，其建党任务和首要目标是通过革命推翻旧的沙皇专制国家政权。另一方面，苏共是典型的制度外政党，是在沙皇专制体制外产生的，当然也被沙皇专制体制所排斥和打击，因而只能通过暴力革命手段维持生存和夺取政权。并且，为对抗非民主法治的沙皇专制政权，苏共也不可能有条件采用民主法治的方式。不过，尽管苏共在长期革命过程中形成的思维和行为方式适应了革命的需要，但一旦获取国家政权，其革命思维和方式必须转变。然而，苏共并没能

---

〔8〕［美］贝利:《比较城市化》，顾朝林等译，商务印书馆 2010 年版，前言，第 176 页。

〔9〕T. H. Rigby "A Conceptual Approach to Authority, Power and Policy in the Soviet Union", T. H. Rigby, Archie Brown and Peter Peddaway ed., Authority, Power and Policy in the USSR (New York: St. Martin's Press, 1980), p. 12.

〔10〕李永庆:《法制不健全是苏联解体的一个重要原因》，载《东欧中亚研究》1992 年第 5 期。

够及时完成转变。祖博克就强调,自斯大林始,苏联的基石,“就是革命与帝国范式”。[11]“革命与帝国范式”在斯大林时期成熟和定型。斯大林去世后,苏联开始采取“新”的政策和治理方式,试图对斯大林体制进行改变。然而,“新的文献资料显示,克里姆林宫的许多统治者虽说是转向了‘和平共处’,但仍抱着革命与帝国范式的某些基本观点”,[12]从斯大林到安德罗波夫的各位苏联领导人都是革命范式的囚徒。正是由于“执政党的历史地位”与“革命党的政治思维”的错位,苏共在执政方式没有完成从“革命党”向“执政党”的事实转型,从而产生了诸多消极后果。

其一,很多干部长期习惯于用革命和运动解决问题,没有形成依法办事的政治文化。其二,革命时期形成的领导和管理方式也不免有其局限和缺陷。在革命时期,尤其是战争期间,苏共主要依靠领袖人物决策来实施管理和领导。这有其历史必然性,因为战时情况瞬息万变,只有建立集中统一和能够临机处置的个人化而非制度性领导决策机制,才能适应这种环境。但是,在和平建设时期,这种组织体制和管理体制是有缺陷的。然而,苏联并没有及时对此进行改革和调整,苏联“执政体制的组织缺陷是沿袭革命时期和战争年代的极端集权制来代替民主集中制:总书记集权制、政治局中心制、自上而下的干部委任制、指定接班人制、领导干部终身制、监察委员会隶属制”。[13]其三,革命思维和方式不利于培育人们民主协商和合作妥协的习惯。民主协商与妥协宽容是对平衡和合作的控制与把握,而革命思维和方式易倾向于你死我活的二元对立,以及把对方往坏处定位。例如,斯大林“习惯把事情往坏处想”,[14]这导致斯大林模式下的国家管理手段,仍然是战争时期打造出的革命思维与方式,而非民主法治思维与方式。

2. 脱离实际的共产主义观念的影响

我们知道,经典作家马克思、恩格斯曾断言和设想无产阶级夺取政权和迈向共产主义后,法律将消亡。“法律是前共产主义社会的独有特征”,[15]而一旦共产主义社会建立起来,法律的重要性将大大减弱并将最终消亡。即“法律是多余的,它将在共产主义社会消亡”。[16]而在相当长的一段时期里,苏联几届领导人都对社会发展阶段存在着超前认识,都急于向共产主义过渡。列宁时期曾经出现过急于向社会主义过渡的“军事共产主义”。苏联在1936年刚刚初步实现社会主义工业化和农业集体化,斯大林就宣布苏联已经建成了社会主义,1939年又宣布苏联进入了“逐渐过渡到共产主义阶段”。赫鲁晓夫的超越发展阶段的思想走得更远,1959年赫鲁晓夫宣布苏联已进入“全面展开共产主义建设的时期”,1961年苏共二十二大报告又宣布,苏联要“在20年

---

〔11〕［美］弗拉季斯拉夫·祖博克:《失败的帝国:从斯大林到戈尔巴乔夫》,李晓江译,社会科学文献出版社2014年版,第19页。

〔12〕前引11,弗拉季斯拉夫·祖博克书,第133页。

〔13〕前引1,张新平、张博文。

〔14〕前引11,弗拉季斯拉夫·祖博克书,第435页。

〔15〕［英］休·柯林斯:《马克思主义与法律》,邱昭继译,法律出版社2012年版,第101页。

〔16〕前引15,休·柯林斯书,第95页。

内(到1980年)基本建成共产主义社会”。勃列日涅夫则认为,20世纪60年代末苏联“已建成发达社会主义社会”,并宣布苏联应向共产主义过渡。

受脱离实际的共产主义意识形态的影响,“列宁等人认为,……作为阶级压迫工具的法律被认为是一种值得怀疑的社会控制形式,它肯定会随着资本主义的灭亡而消失”。[17] 苏联最高法院第一任院长在1927年就强调:“共产主义并不意味着社会主义法律的胜利,而是社会主义战胜了任何法律。”在斯大林时代,官方权威的法学家帕舒卡尼斯(E. B. Pashukanis)更强调,“在发达社会主义阶段,政策与计划将取代法律”。[18] 基于这种观念,苏共党章一直未把执法守法视作党组织和党员的重要义务。正如学者所指出的,“(苏联)1934年党章党员义务一条的第3款,1952年党章党员义务一条的第6款,1961年党章党员义务一条的第9款都规定,党员要遵守党和国家的纪律。这里用的措词是国家纪律,而不是国家法律。按苏联《法学辞典》的解释,国家纪律系指国家的计划纪律、财政纪律,合同纪律和职务纪律。仅在1971年党章修改案关于党组的权限中才规定,党组监督本部门对苏联法律的执行”。[19] 并且,“勃列日涅夫及其前任排斥法治思想,把它视为资产阶级学说而加以拒绝。仅在1984年安德罗波夫执政之后,这一思想才在一定程度上引起重视。苏联党政文件和领导人也讲法制,提出立法程序民主化、吸引学者、群众参加法律草案的讨论、完善立法、提高法律质量、建立法律体系、严格执法、各级党组织要在宪法和法律范围内进行活动、广泛进行法制教育,等等”。所以,就整体而言,凡此种种,还是“形成了整个(苏联)社会的法律虚无主义,法治和法制观念十分淡薄”。[20]

3. 人治传统的影响

俄罗斯的人治传统,也使苏联人民易于接受党政不分的治理形态。在俄罗斯历史和传统中,“维系整个社会并使之得以运行的,从来都不是法律本身,而是一个在政治等级体系的支持下进行统治的合法且杰出的领袖”。[21] 即“俄罗斯曾被称为是一个‘仆人国家’(service state),在其中,所有的社会地位,从贵族到农民到神父,都服务于独裁者”。[22] 俄罗斯人长期以来养成了按照上面的意志办事的心理和被动的行为方式,形成了支撑专制的深厚人治传统,这种传统也易于演变为苏联时期对全知全能领袖的信任和期盼。“一个在沙皇的皇冠荫庇下度过了几百年的国家,很遗憾,不可能在革命后的几年内像抛弃别的专制垃圾那样轻而易举地抛弃旧的思维方式的重负。沙皇、王朝、沙皇象征物在国内已被扫除,但那种把强者、把最高统治者奉若神明的思

---

〔17〕 前引15,休·柯林斯书,第127页。

〔18〕 Tom Bottomore, ed. A dictionary of Marxist thought, Cambridge: Harvard University Press, 1983, p. 276.

〔19〕 前引10,李永庆文。

〔20〕 前引10,李永庆文。

〔21〕 [俄]玛丽娜·库尔奇扬:《转型对俄罗斯法律的角色的影响》,载[荷]弗雷德·布鲁因斯马、[意]戴维·奈尔肯编:《法律文化之追寻》,明辉等译,清华大学出版社2011年版,第116页。

〔22〕 [美]迈克尔·罗斯金:《国家的常识》,夏维勇、杨勇译,世界图书出版公司2013年版,第306页。

维方式却遗留下来了”。[23]

在这种人治传统影响下的法律观,必然是一种工具论的法律观,进而导致阶级工具论法律观的盛行。苏联法学家极力主张的统治阶级意志和专政工具的法学观点,与俄罗斯传统中法律就是沙皇统治工具的观点,在文化上有深层的默契。俄罗斯人民对法律的理解大都还停留在统治者的严威和刑罚的残酷上面。“在传统的俄罗斯社会中,法律仅仅被视为实现政治目标的一种机制”。[24] 这种法律观在苏联时期也得以延续,人们认为,法律是用来实现党和人民去同敌人斗争的工具,而不能约束和规范党和人民的手足,如果哪条法律束缚了党和人民的手足,就要修改和废除。即“专政是直接凭借暴力而不受任何法律约束的政权。无产阶级的革命专政是由无产阶级对资产阶级采用暴力手段来获得和维持的政权,是不受任何法律约束的政权”。[25]

二、苏联党政关系法治化缺失的消极影响

(一)党政关系法治化缺失直接造成了苏联国家治理可预期性差的状况

长期以来,苏联一些领导人误解了以党代政的优势,认为以党代政就是绝对优势,而不了解现代社会治理是建立在法律和制度之上的。尽管党的领导是通过党组织的决议、指示、纲领、宣言等比较灵活的形式,但它不能代替法律和制度的优越性。用政策治理国家,可预期性效果不会太好,因为政策与法律相比,在规范性、稳定性、权威性等方面明显地存在不足。一个国家如果没有明确、稳定的制度和规则治理,政治行为的可预期性便缺乏保障。现代国家宪法作为国家根本大法,是国家一切行为的规范依据,应当把所有政治设置、政治制度和政治运行机制包括在宪法的调整范围之内,使国家的全部活动依法而行。这是国家机器正常运转的保障,否则就会出现破坏制度文明的现象。苏联宪法权威缺失和党政关系法治化的不足,决定了苏联并非是一个真正的制度化的国家。“在实际生活中,苏共各级领导机关国家机关化,各级党委设立领导国民经济的职能部门,直接行使管理职能。苏共领导人没有能正确处理苏共的决议、政策、领导人的指示与宪法和法律的关系,往往以前者代替后者,有时甚至达到违宪的程度。例如,苏共1962年11月中央全会决定,把作为国家权力机关的苏维埃按生产原则改造为工业苏维埃和农业苏维埃”。[26] 非制度化国家可能对它的国民造成的最严重的伤害之一,便是使他们长期处于变化无常的生活之中。“这就好比在黑暗中进行的一次旅行,充满着艰难险阻,危机四伏”。[27]

(二)党政关系法治化缺失导致苏联国家权力机关自主性不足,进而影响其功能发挥

苏联虽然设有一套国家权力机构,如苏维埃人民代表大会、政府和法院,但它们都

---

[23] [俄]德·安·沃尔科戈洛夫:《斯大林》,张慕良等译,世界知识出版社2001年版,第491页。
[24] 前引21,玛丽娜·库尔奇扬书,第116页。
[25] 《列宁全集》(第28卷),人民出版社1958年版,第218页。
[26] 前引10,李永庆文。
[27] [美]拉里·亚历山大等编:《宪政的哲学基础》,付子堂等译,中国政法大学出版社2007年版,第30页。

从属于党。由于党政关系法治化缺失所带来的党政不分、以党代政现象,使得苏联国家机关不能自主地行使其法定的职权。例如,党凌驾于苏维埃人民代表大会之上,导致苏维埃人民代表大会成为党的政策的"表决器",不利于树立国家最高权力机关的自主性和独立权威。作为国家治理重要构成部分的诸多国家权力机关和制度,其功能和作用都未能有效发挥。苏联最高苏维埃和各级地方苏维埃实际上处于党的直接干预下,"一切权力归苏维埃"徒有虚名。"在1917年革命中诞生的苏维埃政府宣称自己是民主的,但其中明显的虚伪却使它受到民主派人士的更多斥责。实际上,许多人认为苏联正好代表了民主的对立面"。〔28〕 这也使苏联在决策中缺乏民主程序,更多是凭首长意志办事,所以往往不可避免地会出现重大失误。祖博克在著作中就指出,"本书所证实的一点是,领导者个人对于苏联国际行为的影响十分重要。特别是斯大林;他控制了大部分关键领域的决策,尤其是国家安全、意识形态、军事及对外事务。重大决策大权独揽看上去很美,但到头来它也放大了他的错误与失误所造成的影响"。〔29〕 苏联之所以出现斯大林时期的肃反扩大化,赫鲁晓夫时期的政令多变和勃列日涅夫时期的停滞不前等问题,之所以这些领导人屡犯错误还能长期执政并在其执政期间很难得到纠正,均与苏联没有确立苏维埃人民代表大会和民主程序的权威有关。

再如,苏联司法机关的自主性、独立性和权威也存在严重不足。司法机关作为国家治理的一个机构,严格意义上应依法独立行使自己的司法和审判职权,不受其他任何组织和机关的干涉,只受宪法法律约束,并受国家最高权力机关——苏维埃以及社会的监督。但20世纪30年代以后,苏联司法机关的独立性和职能受到了严重干预和摧残,尤其是在基洛夫被暗杀后,斯大林亲自拟定了一个法令,修改当时的刑事诉讼法,规定侦察恐怖案件不得超过10天,控告结论在正式开庭前一昼夜交付被告,不接受上诉和赦免请求书,极刑判决立即执行等。这项法令抛弃了起码的诉讼程序,成为斯大林"大清洗"的重要法律依据,同时也严重损害了司法独立。此后,苏共中央专门设立了以斯大林为首的中央政治局特别安全委员会,直接领导内务部。1936年6月,苏共中央更是按照斯大林的建议通过了一项决议,即授予内务人民委员部一年的全权,内务人民委员部主要领导人的选择、更换和处置完全由党中央决定,最高苏维埃根本无权过问,只能事后赞同。1937年6月的中央全会,又把内务人民委员部的全权延长到无限期。如此,内务人民委员部的权力无限增大,凌驾于党和国家之上,只听命于斯大林一人。司法机关被撇在一边,对大批干部的镇压都是由内务人民委员部这个警察机关完成。司法机关的畸形演变,直接导致"大清洗"中许多无辜的人死于非命。

(三)党政关系法治化缺失易引发由于个别人或个别政策失误带来的国家制度的合法性危机

由于苏联根本就没有党政适度分开这面"防火墙",使其易出现从对某人或某项

〔28〕 [美]霍华德·威亚尔达主编:《民主与民主化比较研究》,榕远译,北京大学出版社2004年版,第63页。
〔29〕 前引11,弗拉季斯拉夫·祖博克书,第471页。

党政策的不满演变成对国家根本制度不满的问题。正如一些学者所指出的,“铁板一块的政体不鼓励公民对体制和在职官员作一区分。公民们易于把政体与个别领导人的政策相提并论,一些掌权者自然而然地利用对国家的忠诚来为自己获取支持。在这种社会里,任何对政治领导人或对主要政党的抨击都很容易变为对政治制度本身的炸弹。有关具体政策或具体义务的争论很快便会提出制度存亡的根本性问题”,而适度的党政分开,可以“保护其国家不受公民不满引起的破坏:抱怨和攻击针对的是那些仍在其位、仍谋其政的官员,而不是整个制度”。[30]

党政关系法治化的缺失对苏联的社会治理产生了明显的消极影响,其最为突出的表现是国家法制和制度能力不足。诸多史实和经验表明,法制和制度能力是一个国家稳定和发展的基石,也是一个国家治理成熟的重要标志。由于苏共从革命党向执政党转变的滞后,以及党政关系法治化的不足,苏联迟迟没有迈向法制和制度治理。这一点正像卡尔佛特所指出的,“在一个动荡社会中,通过武力占据官职被认为是可以合法取得运用该职务权力的程序,但实际运用这权力却是不同的一件事……武力并非权力。武力可以是暂时的或间断的;而权力则持久地行使意志,并能确保命令能够得到遵从、决议能够得到实施。对权力的分析最后会回到武力,正如货币最终需要回到金子或有价证券,但是其日常运作却依赖其可信性一样。一个经常诉诸武力的政府并不能提高其可信性。”[31]事实上,治理应当是协商、妥协、让步的工具和手段,而非暴力、强制、粉碎和消灭的手段。治理是社会协商妥协的手段,是社会秩序系统,它保留了潜在的强制要素,但这个要素起次要作用,如无必要时,应以非暴力的方式实施。

三、戈尔巴乔夫处理党政关系问题的失误、苏联解体与普京时代

苏联解体的原因有诸多方面,其中戈尔巴乔夫处理党政关系问题的失误不容忽视。“苏联糊里糊涂的解体则使他成为俄罗斯历史上最有争议的人物之一。”[32]作为不争事实,在戈尔巴乔夫的政策失误中,有一点影响最大,那就是戈尔巴乔夫试图通过削弱和取消苏共权力来彻底解决苏联党政关系问题。即“在国家的重建中,戈尔巴乔夫不是去依靠党政官员中最务实的那部分人”,而是“逐步削弱党和中央集权的政府机构的权力……在1988年之后,这些选择造成了政治混乱与经济灾难。戈尔巴乔夫的‘疗法’在把病人推向死亡。”[33]自1922年苏联成立以来,苏共通过它的坚强的组织机构掌握着全联盟和各加盟共和国的国家权力机关、政府、司法机关,控制着军队和安全机关,维系着联盟的统一和完整。正如苏联1977年《宪法》第6条规定的,苏联共产党是苏联社会的领导力量和指导力量,是苏联社会政治制度以及一切国家机关和社会团体的核心。戈氏改革最大的失误是修改宪法第6条,取消了关于苏共领导地位的

---

〔30〕 [美]西摩·马丁·李普塞特:《一致与冲突》,张华青等译,上海人民出版社1995年版,第13页。

〔31〕 [英]彼得·卡尔佛特:《革命与反革命》,吉林人民出版社2005年版,第57页。

〔32〕 前引11,弗拉季斯拉夫·祖博克书,第463页。

〔33〕 前注11,弗拉季斯拉夫·祖博克书,第424页。

宪法规定。事实证明,这在某种程度上直接造成了苏联解体。

戈尔巴乔夫在处理苏联党政关系问题时抱有很大错觉,以为在摆脱苏共束缚之后,苏联国家权力机关和制度会变得更加有效和自主。结果,戈尔巴乔夫的改革不但没有确立和树立国家权力机关和制度的权威,反而在苏联造成了权力真空和秩序混乱。这是因为先前苏联的党政关系已经使苏联的国家机关和制度丧失了自主性和权威。最后事实也表明,戈尔巴乔夫的"这种想法完全背离了现实,因为苏维埃从未成为真正的政权和管理制度"。[34] 国家权力机关和制度权威的不足,也表现在苏联解体后,"俄罗斯的问题是几乎没有规则或者制度去管制与缓和政治冲突。由于缺乏多党竞争、出版自由、自愿性社团、宽容和真诚的礼貌,从党的控制中解放出来的新势力开始进行一场新的没有规则的游戏。它们的冲突注定是混乱的"。[35] 事后经验证明,基于苏共在苏联政治体制中的重要性,苏联政治体制改革的核心是改变党的领导方式和执政方式,而不应是取消和否定党的领导。对此,一些俄罗斯学者早就指出,"由于我国政治体制的独特性……改革的实施必须从这样一个绝对要求出发:在政治体制中必须保持一个力量中心……这种力量中心就是党"。[36] 中国学者张新平等人也都认为,"社会主义国家进行政治体制改革,革除传统执政体制的弊端,不能回避如何处理党政关系。然而,社会主义政治改革的目的是加强党的领导,提高党的执政能力,建立和谐的党政关系。任何与此相悖的改革都是不可取的,其结果很可能是不确定的"。[37]

受苏联党政关系的历史遗留影响,从苏联解体中产生的俄罗斯,在国家能力上也是非常虚弱的。俄罗斯国家能力虚弱有诸多表现,如不能为市场改革提供有效而必要的公正秩序,腐败之风如海啸一般席卷俄罗斯,权力寻租、权钱交易,迅速将庞大的国有资产私有化等,也表现为法制崩坏,"大部分俄罗斯人不守法,这是弱国家的一个特征。俄罗斯的警察和法院是混乱的,并很容易被贿赂……法律被选择性地运用:反政府人士被逮捕和定罪,但是重大的暗杀难以侦破,而且腐败的官员不受触及。"[38] 事实上,俄罗斯在车臣的无能,也是俄罗斯国家能力弱的一个重要表现。俄罗斯军队的弱化是国家能力弱化的一个重要方面,以至于1994~1996年,俄军在车臣山区输给了分离主义分子的非正规部队。

正是由于上述问题的存在,当20世纪90年代后期俄罗斯陷入无政府和腐败的泥潭中时,主张采取有力手段恢复"秩序"并保护普通公民不受寡头和犯罪分子侵害的呼声已越来越高。此时民意调查显示,稳定、降低犯罪率和有利于平民百姓的收入再

---

〔34〕 [俄]A. H. 梅杜舍夫斯基:《分析历史学视角下的苏联改革与解体原因》,载《社会科学战线》2011年第12期。

〔35〕 前引22,迈克尔·罗斯金书,第349页。

〔36〕 [俄]安·米格拉尼扬:《俄罗斯现代化之路为何如此曲折》,徐葵等译,新华出版社2002年版,第121页。

〔37〕 前引1,张新平、张博文。

〔38〕 前引22,迈克尔·罗斯金书,第345页。

分配是人们最为关心的问题,这也标志着俄罗斯民众的诉求已开始与先前有所不同,"当苏联政权在20世纪80年代末和90年代初衰落和崩溃的时候,'民主制'这个词在俄罗斯人中间有了积极的意义。它代表了一个新的开始,代表着正义和繁荣,代表着加入西方世界。那时最主要的政党是民主俄罗斯党(Demrossiya)。现在,在经历了几年的经济衰退、法纪废弛和国家虚弱之后,几乎没有俄罗斯人关心民主制。他们想要的是桌子上的食物、秩序和稳定,而且大多数人相信威权主义的普京能给予他们这些东西"。[39] 随后,叶利钦在其统治难以为继的情况下,[40]交出权力,普京时代来临。

普京接管权力后,实行铁腕整肃政策,强化国家权力和国家能力。俄罗斯强有力的国家管理开始恢复,俄罗斯从半无政府状态发展为威权主义国家。普京时代的一个特征,就是重新恢复俄罗斯秩序。这一点意义重大。一些西方学者也不得不承认普京的秩序价值,"俄罗斯在叶利钦统治时期崩溃了;人们担心混乱和联邦的分裂。如果威权能够解决这种下滑的话,普京是必要的。作为民主制的一名朋友和支持者,我对承认这一点感到沮丧,但是如果不是普京的话,俄罗斯的情况将会更糟。"[41]这也符合**亨廷顿所指出的政治转型的秩序优先逻辑,即"必须先存在权威,然后才谈得上限制权威。在那些处于现代化之中的国家里,恰恰缺少了权威"。**[42]

四、党政关系问题的苏联失误与中国经验

基于以上论述可知,苏联党政关系存在的问题及没有处理好的关键在于,缺乏党政关系法治化的思路,政治体制改革的突破口没有放在党政关系法治建设上,党政关系缺乏法律的规范和指导,而只是在党政的分与合中打转。如果作进一步探究可知,党政关系在苏联之所以成为问题,缘于苏联建国与法治建设的特殊道路。进言之,苏共与西方政党在产生的历史条件与功能方面都有很大的不同,西方国家的政党是其民主法治发展到一定阶段的产物,一个相对稳定的民主法治框架是其政党形成与行为的前提。苏共则不同,苏共不是建立在民主法治的基础之上,而是奠基于为建立国家政权和民主法治的斗争之中。这一特征决定了苏联的国家政权建立和民主法治建构应分两步走:第一步是建立现代国家,实现王朝国家向现代国家的转型;第二步是进行民主法治国家的建构。在苏共成功执掌国家权力之后,逐渐凸显出一个从威权国家走向法治国家,从革命党转变为执政党的重大课题。苏共虽然实现了夺权政权建立国家的目标,但国家的民主法治化尚未完成。夺权政权是战胜别人,建立法治是战胜自己。胜人者力,胜己者强。也正是由于苏共没有完成从革命党向执政党的治理理念和治理

---

〔39〕 前引22,迈克尔·罗斯金书,第335页。

〔40〕 "当叶利钦1999年12月31日突然辞去总统职务时,他在国内的支持率仅有3%,误差可能上下4%。"在一定程度上,叶利钦可怜兮兮的下台也反映了他作为俄罗斯首位民主选举产生的总统政绩的差强人意。参见[美]安德鲁·库钦斯主编:《俄罗斯在崛起吗?》,沈建译,新华出版社2004年版,第26页。

〔41〕 前引22,迈克尔·罗斯金书,第362页。

〔42〕 [美]亨廷顿:《变化社会中的政治秩序》,王冠华等译,上海世纪出版集团2008年版,第6~7页。

方式的事实转型,没有实现党政关系法治化和党的领导方式、执政方式的根本转变,苏共执政体制才会不断暴露出难以克服的缺陷,直至苏联解体。

作为中国经验,"文化大革命"以后的中国,在党政关系问题上基本上走的是一条法治化的思路与进路,这也是中国政治体制改革的最大特点。事实证明,这一道路和经验是非常成功的。

其一,我们知道,党政关系法治化最关键的一点,就是党组织要守法。1981 年中共中央发布的《关于建国以来党的若干历史问题的决议》首次提出,党要在宪法、法律范围内进行活动;从十二大开始,中共党章中增加了一条,即党要在宪法、法律范围内活动;1982 年《中华人民共和国宪法》也规定,党要在宪法、法律范围内活动,不得违反宪法。党要在宪法法律范围内活动载入了党章和宪法,这就为科学地处理党政关系奠定了法律基础。

其二,党政关系法治化的另一个关键点是改变党的领导方式和执政方式。党的十五大提出和确立了依法治国方略,"依法治国,建设社会主义法治国家"也随后写入了宪法,这便带来了党的领导方式和执政方式的根本转变。党的十六大报告首次明确提出"坚持依法执政",并将依法执政确立为自己的领导方式。党的十七大重申了"提高党科学执政、民主执政、依法执政水平,保证党领导人民有效治理国家"的要求。党的十八大报告更是强调,"加快建设社会主义法治国家,发展社会主义政治文明。要更加注重改进党的领导方式和执政方式"。

其三,党政关系法治化的基本原则是党的政策要于法有据。中共十八届四中全会提出,实现立法和改革决策相衔接,做到重大改革于法有据、立法主动适应改革和经济社会发展需要。这就准确地把握了党的政策与法律的辩证关系。

总之,一方面,党政关系法治化表明了中国共产党由革命党向执政党的根本转变,是中国特色社会主义政治文明建设的一大硕果。另一方面,党政关系的法治化也蕴含和引领着中国国家治理逻辑的理性化变革与进步。"在中国的社会制度下,党政关系更具有特殊的国家治理意义,决定着国家治理的模式导向和制度框架"。[43] 近 40 年来,中国社会经济高速发展,政治文明不断进步,其原因和机理很大程度上寓于党政关系法治化的逻辑之中。

---

〔43〕 刘杰:《党政关系的历史变迁与国家治理逻辑的变革》,载《社会科学》2011 年第 1 期。

俄罗斯检察权的历史及转型*

王海军** 张雅芳***

内容摘要：俄罗斯检察权在沙俄彼得一世司法改革建立检察制度后出现，此后随着叶卡捷琳娜二世和亚历山大二世对司法改革而逐渐呈现出现代化的雏形，并形成了具有西欧特色的权力运行模式。苏联时期的俄罗斯检察权被纳入司法权之内，并在垂直化的机构体系下行使检察监督职能，成为监督领域的最高监督，监督职能和范围也不断变化。随着苏联解体和俄罗斯联邦的出现，俄罗斯检察权开始在社会转型和司法改革过程中发生变化，并逐渐完成了与司法权的分离，形成了监督领域的一种特殊权力类别，并在俄罗斯法治国家建设过程中发挥功能。俄罗斯检察权的历史发展与转型，在很大程度上可以成为现代中国检察制度改革和法治建设的镜鉴，并在比较法范畴内完成讨论。

关键字：俄罗斯　检察权　检察监督　检察权运行

俄罗斯法学界和实务界在对检察机关权力讨论时很少用"检察权"(прокурорская власть)这个词汇来表达，提出这个词的俄罗斯学者也承认，"'检察权'这个术语在专业文献中很少碰到，司法实践中也很少使用"。[1] 由于对俄罗斯检察权所关注的重点在于其在国家权力体系中的地位和职能，权力属性并未形成统一认识，检察机关特殊的法律监督职能使其长期处在一个与立法、执法和司法权纠缠之中，直到最近几年检察权才逐渐处于独立状态，因此讨论俄罗斯检察权很大程度上需要从检察机关的发展史以及权能变化这个范畴内和意义上来展开。从俄罗斯检察权的历史变迁来看，它是随着沙皇彼得一世司法改革创建沙俄检察制度而逐渐确立的，经后世叶卡捷琳娜二世和亚历山大二世时的发展与完善，初步形成了带有西欧式色彩，但颇具俄罗斯性格的权力内容和运行机制。1917 年俄国"十月革命"的胜利使俄罗斯进入了一个新的历史时期，苏维埃政权在革命思想的指导下开始社会革新，包括法制在内的所有制度都被重新设计，随着苏维埃国家与政权对维护法律统一和打击犯罪需求的增强，社会主义性质的检察机关及制度逐渐建立，并赋予了检察机关以法律监督权。苏联解体之后，俄罗斯联邦的检察制度随国家政治体制改革发生转型，并在继承苏俄检察权属性的基础上呈现出新的发展形态，成为当下俄罗斯联邦检察权运行基础。

---

* 基金项目：国家社科基金"俄罗斯联邦转型期司法权运行机制研究"(14CFX058)。

** 王海军，男，法学博士，华东政法大学法律史研究中心、科学研究院副研究员。

*** 张雅芳，女，上海市普陀区人民检察院研究室主任，一级检察官，上海市法律政策人才。

[1] Д. А. Кунаев. Статус прокуратуры и её место в системе государственных органов // Юрист. 2005. №9.

一、沙俄检察权及其现代雏形

1722年1月12日，彼得一世颁布了《设立总检察长的诏令》，宣布效仿法国设立以总检察长为首的检察机关，并在参政院中设立总检察长和检察长，其他国家机关设立检察官，“彼得一世对于检察机关赋予极高的期望，竭力保证检察机关在沙俄社会中的威望、作用和权威性”，[2]检察机关也因此被授予了对法律遵守情况进行公开监督的权力，沙俄检察权的内容和范围也开始被初步确定下来。

（一）沙俄检察权的确立及其运行

1. 检察机关及其职权的形成

1722年4月27日，彼得一世颁布《关于总检察长职权的命令》，该法令在沙俄检察机关活动的法律调整方面起着重要作用，“因为它是关于总检察长职权的第一个具有标准的专门性法令，它的意义不仅在于保障了总检察长的法律地位，而且在总体上关乎整个检察制度，包括未来的检察系统：检察活动的实质，它的目标，检察长的权能，他的工作形式，保障检察官独立等等”。[3]

根据这一法令，商业法院，宫廷法院及教会机构都设立了检察官职位，规定了检察机关和检察长的监督职能，即法律监督权，[4]主要包括监督法院活动，对违反法律的行为提出改正建议，对不合法的裁定提出抗诉并要求予以取消或修改，对已实施逮捕的刑事犯的审理进行监督，对国库资金的流向进行监督，“检察官也可以通过参政院总检察长迫使国家行政机的决议或者决定暂停执行”。[5] 具体而言，总检察长和各院检察长有权干预各院讨论的各种问题，指出哪些决定是不合法的，必须复议，总检察长还有权建议参议院就法律未调整的问题通过决议，“由此可见，当时的俄罗斯帝国总检察长不仅拥有法律监督权，而且在法的创制领域拥有部分权限”，[6]甚至有权使参政院的决定中止执行。此外，“他们还要检察参议员是否忠于职守，对工作是否勤勤恳恳，兢兢业业”。[7] 总检察长的权力之大也与其官品相称，他在官位等级表的金字塔也处于较高位置。[8]

可以说，沙俄检察权的主要内容是维护法律，监督法律的执行，因此总检察长被称为“沙皇之眼”“国家的眼睛”，彼得一世曾在向参政院介绍总检察长亚古任斯基时说过：“他是我的眼睛，我将通过他洞察一切；他知道我的想法和打算，你们应按照他的

---

[2] 张寿民：《俄罗斯法律发达史》，法律出版社2000年版，第77页。

[3] Под редакцией Л. В. Головко. Великая рефома к 150 – летию судебных устовов. Т. Ⅱ. М. ,2014. С. 153.

[4] См：А. Я. Сухарев. Прокурорский надзор. М. ,2005. С. 43.

[5] 张寿民：《俄罗斯法律发达史》，法律出版社2000年版，第78～79页。

[6] 刘向文：《谈俄罗斯联邦检察制度的历史发展》，载《俄罗斯中亚东欧研究》2008年第6期。

[7] 陶惠芬：《俄国近代改革史》，社会科学文献出版社2007年版，第66页。

[8] 在《官秩表》中，文官分为14个等级，按照官品来说，总检察长处于3品的位置。

决定行事”。[9] 相应地,服从总检察长的各地检察长被称为“省长的眼睛”。

2. 沙俄检察权的行使

根据《设立总检察长的诏令》,检察机关通过三种活动方式:监督、忠告或警告,向上一级监督机关提出异议或上告这三种方式来维护法律适用的效力和作用。检察机关应监督地方官府和公职人员准确执行法律和及时、正确地判决案件,为此,检察长应亲自出席参加法庭审理,可以不受阻挠地从地方官府取得所需的各种文件、资料和决议;在地方官府的活动中一旦出现不合法现象和不符合程序的行为时,检察长既可进行忠告和警告,不仅可以指出违法之处,还有权提出消除违法的措施,检察长的忠告或警告具有约束力,受到忠告或警告的公职人员必须执行;如果检察长提出的忠告或警告由于某种原因没有被执行,他有权提出异议或上告。检察长通过总检察长向元老院或其他各官署提出异议,并可以迫使国家政权机关的决议或决定停止执行。

东正教事务总管理局检察总长、各官署检察长、各地法院检察长以及各省检察长均以总检察长的名义活动,以总检察长的名义履行职权,均受总检察长的领导和监督。只有沙皇、元老院或者总检察长本人可以处罚各级检察长。总检察长直接听命于沙皇,也只有沙皇可以处罚总检察长。

彼得一世时期所建立的检察制度遵从集中制和严格的一长制原则,因此检察权的也有相应的特点。彼得一世所建立的检察制度以及检察权的行使,在维护沙皇政府法制方面,以及同贪污受贿、滥用职权作斗争方面都起了非常有效的作用。

(二)沙俄检察权的发展

在彼得一世到叶卡捷琳娜二世之间的“宫廷政变”时期,俄罗斯检察机关经历了衰落,检察权也因此遭受牵连而无法正常行使,甚至一度被取消。叶卡捷琳娜二世执政后在恢复检察机关的同时,“形成了组织严密的、不知疲倦的捍卫封建国家利益的检察机关体系”,[10] 检察机关获得许多新的职权,同时扩大了监督范围。

1762年,叶卡捷琳娜二世继位之初就对参政院所起到的主导作用极为不满,担心参政院缺乏法制规范会对专制制度运行产生不利影响,因此颁布文告表示要对参政院进行改革。1763年,参政院改革法令出台,其中规定检察长分为6个级别,将财政、内政和司法委员会交由总检察长负责,并要求他们出席有关这些委员会的会议,“总检察长负责传达沙皇的圣旨和听取汇报,监督和处理参政院的事务”。[11] 之后,总检察长的影响逐渐提高,不仅可以参加法典的编纂工作,还有权对全国的行政机构工作进行监督。1767年,“编纂的新法典赋予检察机关参与对犯罪的侦查工作,确立了检察

[9] Мельников В. ,Нечипоренко В. Государственная служба в России:исторический опыт и современность. М. ,2003. С. 122.

[10] [俄]О. И. 奇斯佳科夫主编:《俄罗斯国家与法的历史》(第5版)(上卷),徐晓晴译,付子堂校,法律出版社2014年版,第244页。

[11] 陶惠芬:《俄国近代改革史》,社会科学文献出版社2007年版,第101页。

机关同法院的紧密关系，实现了同更需要国家保护的人们的保障关系"。[12]

此外，还规定了各省检察长的任务和权限，这些制度建设在推动检察权发展方面起到了很大作用。1775 年 11 月 7 日，《关于检察官和司法稽查官的职责》法令规定，省级各类法院中都设检察官和司法稽查官，一个省内共有 4 名检察长，包括省检察长、高级地方法院检察长、省议会检察长和高级农民法院检察长，并在 8 个县各设一名司法稽查官，司法稽查官履行检察长助手的职责。[13] 省检察官应向总督报告法院没有准确执行法律、命令的情况和警察机关侦查案件中违反程序的情况，而且"检察官和司法稽查官要在维护政府利益、监督法院是否遵守国家各项法律的同时，还负责监督省内各类司法机构的运转情况"。[14]

检察权也体现在检察院与法官的关系中，法院审理涉及官员利益的案件时，"在作出判决之前必须向检察长作出通报并听取检察长的意见"。[15] 在各级法院里，检察长还必须维护"需要照料的人"的利益，其中包括维护聋哑人、未成年人的利益。特别重要的是，检察长有责任预防违法行为，采取措施制止违法行为，对非法的法律文件提出异议。[16]

叶卡捷琳娜二世所进行的检察制度改革对于俄罗斯检察权的发展和完善具有积极意义。此后，叶卡捷琳娜又通过了一系列立法活动进一步完善了检察机关的机构，提高了检察权在维护沙俄法制方面的威望。

（三）1864 年司法改革与沙俄检察权的现代化

在亚历山大二世时期，沙俄检察机关的活动发生了根本性变化，这也是俄罗斯检察史上的第一次飞跃性变革。[17] 随着 1864 年司法改革的开启，沙俄检察制度逐渐欧化，检察权也开始初具现代雏形。

1857 年，沙皇第二厅在其起草的《民事诉讼条例》中就曾提出了改革检察制度的问题，但是并未对改革方案的细则问题做出相应计划。1859 ~ 1861 年关于诉讼制度改革计划中也提及了重建检察机关的问题，其主要目标为限制检察机关的监督权，扩大检察官在刑事案件审判中的公诉权。1862 年，沙皇政府颁布了《司法改革基本原则》，国会也通过了《关于检察机关的基本规定》，提出要在法院设立检察官，在必要的情况下还可以设置助理检察官职务，同时确定了检察机关在国家机关的地位、检察监督的内涵，明确了检察机关的任务，将法官与检察官的角色彻底分开。根据《关于检察机关的基本规定》，检察机关"直接负责监督案件的侦查工作；除特殊情况外，检察官有权决定是否对案件进行侦查；任命司法侦查员；刑事侦查中，警察要服从检察官；

[12] 张寿民：《俄罗斯法律发达史》，法律出版社 2000 年版，第 80 页。
[13] 同上。
[14] 郭响宏：《俄国 1864 年司法改革研究》，陕西师范大学 2011 年博士学位论文，第 19 页。
[15] 张寿民：《俄罗斯法律发达史》，法律出版社 2000 年版，第 80 页。
[16] 参见[俄]Ю. Е. 维诺库罗夫主编：《检察监督》（第 7 版），刘向文译，中国检察出版社 2009 年版，第 28 页。
[17] 参见李昕：《俄罗斯检察权配置的历史变迁及其启示》，载《江苏警察学院学报》2011 年第 3 期。

除特殊情况外,法院不能介入司法侦查工作”。[18] 这样,检察权得到了法律确认,即对侦查机关是否准确和一致地执行法律实施监督,并对违法刑罚提出诉讼,以及在诉讼中向法院提供审前调查的结果。可以看出,这个改革方案中的检察权已经因监督权逐渐受限而开始转向了公诉权。

在这个改革方案出台之后,引发了社会各界的讨论,形成了不同的观点。大多数人赞同对检察权进行改革,但其中一部分人认为,检察机关应当继续拥有对行政机关以及法院的监督权,“废除检察机关对各级政府的监督权是司法改革的重大错误”。[19] 俄国法学家斯帕索维奇则持不同观点,他认为,检察官隶属于司法部管理,在身份上只是一名行政官员,其对法院的监督权直接导致法院受制于司法部,而法院本身的监督活动可以通过高级法院监督基层法院的方式完成,而且作为监督者的检察官如何受到再监督,检察官的权力扩张会影响到司法公平也是一个重要的问题。[20]

相关改革法案的出台,为检察权改革奠定了法律基础,各种观点的讨论也为其改革方向和具体制度转变提供了考量的空间,且无论其中观点指向如何,也无论各方存有何种利益需求,至少在制度改革层面的诉求是一致的,这些都为1864年司法改革提供了基础,也为检察权改革准备了条件。

1864年11月,《司法条例》正式颁布,规定检察院“监督侦查行为、法庭审判行为和法院判决执行的合法性”。具体而言,检察长负责对审前程序实施监督,将对领导审前侦查与对侦查的行为和决定是否遵守法制实施监督结合在一起,如依照《刑事诉讼条例》的规定,检察长有权参加一切侦查行为,对侦查员下达指示,要求补充侦查,在预审结束后检察长做出关于将被告人交付法庭的结论意见,并以起诉书的形式陈述上述结论意见。检察长有权对法院遵守法院组织规则和诉讼程序规则的情况实施监督,有权参加审理司法工作人员的违纪案件并对此类案件的非法决定提出异议,有权把自己对法官的鉴定送达司法部长。在法院审理刑事案件时,检察长是诉讼程序的全权参加者,检察长有权就法院做出的非法和没有根据的裁决向第一上诉审和第二上诉审法院提出抗诉,对刑事判决的执行情况实施监督,以及对法院所指定服刑场所的遵守法制情况实施监督。同时规定“检察官将是所有刑事案件的公诉人,在法庭上代表政府负责对刑事犯罪嫌疑人提出公诉”。[21] 可见,检察权中公诉权的内容得到确认。

应当指出的是,在这个时期民事检察权已经出现。在民事诉讼中,检察官可以对特定的民事案件,如国库利益、未成年人、存亡不明的失踪人、裁判管辖、因民事诉讼所发生的刑事控诉,以及婚姻无效的案件等向法院提出判断意见;如果检察官认为民事案件不适合公开审判的可以提出秘密审理的要求;检察官还可以对有关国库利益和婚

---

〔18〕 Н. В. Давыдов, Н. Н. Полянский. Судебная Реформа. Том1. М. ,1915. С. 314.

〔19〕 А. Ф. Кони. Собрание Сочинений Том 5. М. ,1968. С. 7.

〔20〕 参见郭响宏:《俄国1864年司法改革研究》,陕西师范大学2011年博士学位论文,第77~78页。

〔21〕 Судебные уставы 20 ноября 1864 года, с изложением рассуждений, на коих они основаны. Часть третья. СПб. ,1867. С. 98.

姻无效的民事判决提出异议。可以看出,这个时期民事检察权相对较小,仅仅包含了判断意见提出权和异议权,检察机关更多的是从外部监督来实现民事检察权的。[22]

1864 年司法改革对俄罗斯检察权的现代化具有很大意义,检察机关在监督职能基础上逐渐变成了一个负责刑事起诉和审前调查的机构,在刑事诉讼中有着极高的权威,苏联法学者就认为,“沙俄检察机关的任务变成不是监督地方政权机关的活动,而是参加刑事诉讼:提起刑事控诉,监督罪行侦查、支持在法院中的论罪并有时参见民事诉讼”。[23] 检察官也因此成为改革后刑事审判中的关键性角色,“成了一名活跃的公诉人,也是负责案件起诉的关键人物,而不只是监督官”。[24] 沙俄检察制度和检察权也因此变得完善成熟起来,逐渐走向现代化。

检察制度及检察权在沙俄的确立应当说是司法改革中最为瞩目的,在沙俄司法现代化的过程中,检察权的角色是多重的,它不仅具有司法的功能,同时也给权力运行带来了新的切入点。经过彼得一世以及叶卡捷琳娜二世的努力,以及 1864 年司法改革,沙俄检察权已经逐渐向现代化方向发展,但随着国内革命浪潮的到来,现代化的进程被中断,检察机关成为对抗高涨革命运动的机构,“发展为世界上独一无二的权力机构”,[25] 亚历山大三世更是加强了检察监督权,但是将其异化为镇压机构,这种状况一直持续到苏俄建立。

二、苏联检察权监督属性的凸显

十月革命胜利后,世界上第一个社会主义国家——俄罗斯社会主义联邦苏维埃共和国建立。在法制改革过程中,列宁提出了苏维埃制度下的检察权理论,“为社会主义国家检察制度的确立和检察权的宪政定位,描绘了迥异于西方资本主义国家的政治蓝图”。[26] 随着苏维埃国家与政权对维护法律和打击犯罪需要的出现,社会主义性质的检察机关及制度逐渐建立,并开始履行其权能,除了公诉权之外,法律监督的权力属性开始凸显。

(一)立法演进中的苏联检察权

1. 统一革命法制与苏俄检察权的形成

十月革命后,苏俄在废除沙俄时期检察制度的同时并未立即建立社会主义检察制度,检察权的定位和职能也并未确定。在检察机关缺位时期,其权能由许多国家权力机关和管理机关共同行使,包括各级苏维埃及其执行委员会、司法人民委员部及其下属地方机关、工农检查院和中央执行部门,“契卡”也承担了相关的检察监督任务,[27]

---

〔22〕 参见李昕:《俄罗斯民事检察制度研究》,中国检察出版社 2012 年版,第 37 页。

〔23〕 [苏]高尔谢宁:《苏联的检察制度》,陈汉章译,王之相校,新华书店 1949 年版,第 21 ~ 22 页。

〔24〕 郭响宏:《俄国 1864 年司法改革研究》,陕西师范大学 2011 年博士学位论文,第 78 页。

〔25〕 [日]大木雅夫:《比较法》(修订版),范愉译,法律出版社 2006 年版,第 347 页。

〔26〕 王建国等:《中俄检察制度比较研究》,法律出版社 2017 年版,第 4 页。

〔27〕 参见张寿民:《俄罗斯法律发达史》,法律出版社 2000 年版,第 239 页。

因此,“检察权的行使比较混乱,再加上立法滞后,地方司法机关在实施革命的法制过程中出现恣意现象,产生权力割据,呈现分离主义”。[28]

随着国内战争的结束,苏俄开始实行新经济政策,虽然从某种意义上说该政策是一种妥协,但却给苏维埃国家一个恢复和发展的空间。[29] 这一客观条件直接促使法律调节功能大大增强,加强法制、维护法制权威和统一就成为当时的主要任务之一,而此时国内形势恶化,法律对其斗争和防御的需求也日益增强,这些都需要发展检察机关及其职能。

1921年冬,列宁委托司法人民委员部委员依库尔斯基着手制定关于设立检察长监督的法律草案,关于设置检察机关的问题就被提了出来。同时还有一种相对的意见,即建立行政法院,认为无须设置专门的法律监督机关,而是赋予全体公民对地方政府和公职人员的不合法行为向行政法院提出控诉的权利。这种体制下的行政法院是隶属于省执行委员会并由该委员会工作人员组成的,如果公民需要对省执行委员会的不合法行为进行控告,就要向其下属的行政法院提出控诉,但是列宁的“出发点在于国内应该实行统一的法制,而之所以需要检察机关正是为了保障这种统一性,为了监督苏维埃法律在每一个省和每一个县都能得到正确的、不折不扣的执行。如果检察长隶属于地方政权,这种统一就有可能无法实现,因为地方政权有可能强迫检察长服从他们作出的、有时是违背国家利益的决定”。[30]

1922年5月2日至5月26日召开了第九届全俄苏维埃中央执行委员会第三次会议,期间讨论了关于设置苏维埃检察机关的问题。在讨论过程中,出现了一些反对意见,主要集中在苏维埃国家是否需要统一的法律,有关苏维埃检察机关的组织原则和职权原则的争论也很激烈。反对者坚持认为,即使同意设立检察机关,也必须缩小检察机关的活动范围及职权,不允许检察机关享有对省执行委员会提出抗议的权利,而且必须服从中央、省执行委员会的双重领导。[31] 鉴于此,列宁在《关于“两重”从属制与法制》中说道,“关于法制一层,不能有加路格省或喀山省的法制,而只应是全俄罗斯统一的,甚至是全苏维埃联邦共和国统一的法制”,“在那些要善于估计到是有真正不免的区别存在的地方,‘两重’从属制是必要的……但是法制应当是统一的,而我国全部生活中和一切不文明现象的主要的祸害,正是对旧时俄国观念以及对希图保留加路格法制使之别于喀山法制的半野蛮恶习,采取宽容态度”。[32]

---

〔28〕 孙记、李春季:《论苏俄检察制度的变迁及其对我国的启示》,载《俄罗斯中亚东欧研究》2010年第2期。

〔29〕 参见[美]尼古拉·梁赞诺夫斯基、马克·斯坦伯格:《俄罗斯史》(第7版),杨烨、卿文辉等译,上海人民出版社2007年版,第468页。

〔30〕 [俄]О.И.奇斯佳科夫主编:《俄罗斯国家与法的历史》(下卷),徐晓晴译,付子堂校,法律出版社2014年版,第139页。

〔31〕 参见[俄]О.И.奇斯佳科夫主编:《俄罗斯国家与法的历史》(下卷),徐晓晴译,法律出版社2014年版,第139页。

〔32〕 [苏]В.Г.列别金斯基、Д.И.奥尔洛夫编:《苏维埃检察制度》(重要文件),党凤德等译,中国检察出版社2008年版,第166页。

根据列宁的指示,5 月 28 日全俄中央执行委员会主席加里宁签署了《检察长监督条例》,[33] 赋予检察机关以法律监督权,包括以国家名义对一切国家权力机关、经济机构、社会组织、私人组织和公民的行为是否合法实施监督,对违法的决议和命令提出异议,对违法刑事法律的人提起刑事诉讼,对侦查机关的活动实施监督,在法庭上支持国家公诉以及对是否正确羁押被监禁者实施监督。这样,有关苏俄检察机关的地位、任务、职权范围和活动程序就被确定下来了,而且从 1926 年到 1936 年没有发生什么变化。[34] 同时设立军事检察机关承担对军事管理部门的检察职能,同年 11 月颁布了《军事检察长及其助理工作细则》,责成军事检察长实施下述监督:对所有公职人员、部队和机构是否严格执行法律实施监督;对军事管理机关和联合的国家政治部进行初步调查和预审的情况实施监督;对军事法庭所做出的裁决的合法性以及是否正确执行刑事判决实施监督;对革命军事法庭和联合的国家政治部所决定羁押人员的合法性实施监督。

可见,苏俄检察机关并非单纯的公诉机关,更为重要的是监督法制的专门机关。苏俄检察权与沙俄时期相比被赋予了新的职能:监督中央和地方权力机关活动的合法性。遗憾的是,检察长并没有成功地履行这个职责,其中原因之一就是检察机关在国家机关的地位,即"它不具有独立性,而只是司法人民委员部的一个机构,司法人民委员部的领导同时还是共和国的检察长,这使检察长隶属于行政权之下"。[35] 检察长处在这种境地中,法律监督权自然会受到制度性限制。

苏俄初期的检察监督制度的主要是在稳定的基础上完成国家法制统一,具有极强的革命性意义,也是革命思想的具体表现,其主要任务是巩固新生政权,所以检察机关的法律监督权在制度功能和法律价值层面上在并不纯粹。

2. 苏联成立对法律监督权集中的要求

随着苏联的成立,保障各加盟共和国范围法制统一成为联盟法制建设的首要任务,而当时的法律监督权并无法满足各加盟共和国法制统一的要求,因为加盟共和国检察长隶属于加盟共和国中央执行委员会,无权对联盟直属机构和主管部门的活动的执法情况实行监督,也不能对共和国法律是否与全联盟法律统一的问题实行监督。在这种情况下,对既有的法律监督权进行改造就成为必然,而这需要在一个集中的检察系统基础上实现。

1923 年 11 月 23 日,苏联中央执行委员会主席团批准了《苏联最高法院条例》,规定设立苏联最高法院检察院,"自此以后在苏维埃国家中便开始存在两个组织上互不

---

[33] См:Б. Н. Земцов. История государства и права России. М. ,2008. С. 231. 5 月 28 日也成为俄罗斯检察机关成立日。

[34] См:В. М. Сырых. История государства и права России(Том 2). М. ,2014. С. 141.

[35] Б. Н. Земцов. История государства и права России. М. ,2008. С. 231.

联系的检察长监督系统并发挥职能作用”,[36]但这并不能达到苏维埃政权所要求的社会主义法制要求。1929年7月,苏联中央执行委员会和人民委员会通过决议,批准了《苏联最高法院和苏联最高法院检察院条例》,赋予最高法院检察长以广泛的权力,即“应从《宪法》及全联盟立法的观点,监督苏联各人民委员部及与其相当的苏联各中央机关的行为和决议及各加盟共和国中央执行委员会与其主席团的决议之合法性,并将经发现之违法行为向苏联最高法院全体会议或苏联中央执行委员会主席团提出呈报”。[37] 虽然苏联最高法院也保留了某些宪法规定的监督权,但其重心已转交给了检察院。

苏联最高法院检察院的检察长还通过自己的高级助理领导所有军事检察院及其院务委员会的工作,该高级助理直接通过苏联最高法院检察院对军事事务和海军事务人民委员部各中央机关的一般监督,对苏联军事司法机关的司法监督,并直接领导军事检察机关的中央机关和地方各级机关的一切活动,同时他在全苏范围内负责监督苏联人民委员会国家政治保卫总局及其机关的活动是否遵守法律。1930年11月,苏联中央执行委员会和人民委员会决议规定,苏联最高法院检察院的检察长直接领导铁路运输检察长的工作,这一规定可以说是建立统一检察中心和提高检察长法律监督权的一项重大措施。

苏联最高法院检察院的设立,将法律监督权集中到检察院,完成了法律监督的部分任务,但依然缺乏一个联合和领导整个检察系统的中央检察机关,这就削弱了为实现和巩固苏维埃联盟统一法制而进行斗争的力量——改组现行的检察监督系统和建立一个统一的法律监督系统已成必需。

3. 权力集中化下的法律监督权

在20世纪30年代,“强化国家管理中的中央集权方针导致了检察院系统重组”。[38] 当时媒体的宣传口号为:为了巩固法制,全联盟必须使检察机关独立于管理机关,建立全联盟范围统一的检察系统。[39] 1933年6月20日,苏联检察院成立,它对各加盟共和国检察院活动进行总的领导,苏联最高法院检察院被撤销,1933年8月27日铁路运输检察院彻底脱离加盟共和国司法人民委员部系统,被划归苏联检察院管辖,检察机关的系统化开始实现。

苏联检察院作为全联盟检察系统的最高领导机关,由最高苏维埃任命的苏联总检察长主持,在所属机构的协助下对准确和统一地执行法律行使最高监督权,领导各级检察机关的活动并监督他们的工作,而“苏联最高法院则丧失了了此前《1924年苏联

---

[36] [苏]К. Ф. 斯克沃尔佐夫等:《苏联东欧国家的检察长监督》,梁启明译,中国检察出版社1990年版,第187页。

[37] 谢鹏程选编:《前苏联检察制度》,中国检察出版社2008年版,第28页。

[38] [俄]О. И. 奇斯佳科夫:《俄罗斯国家与法的历史》(下卷),徐晓晴译,法律出版社2014年版,第199页。

[39] См:В. М. Сырых. История государства и права России(Том 2). М. ,2014. С. 141.

宪法》赋予其的监督职能"。[40] 1933 年《苏联检察院条例》第 10 条规定:"苏联检察长的指示和命令,一切检察机关必须遵行",检察监督的"一长制"原则被确定下来。1936 年 7 月 20 日通过了《关于成立苏联司法人民委员部的决议》,规定所有检察机关都从加盟共和国司法人民委员部改归为苏联检察长领导,检察机关体系的各级机关均从各司法人民委员部中分离出来。[41] 所有的检察机关从各加盟共和国的司法人民委员部系统中整合起来,从而完成了检察机关的系统化,至此,检察机关的法律监督权有了严谨而完整的组织系统。

1936 年 12 月 5 日新的《苏联宪法》通过,第 113 条规定:"苏联总检察长对于所有的部和这些部所属的机关以及每一个公职人员和苏联公民是否严格遵守法律,行使最高检察权。"第 117 条规定:"各级检察机关独立行使职权,不受任何地方机关的干涉,只服从苏联总检察长。"宪法赋予检察长对苏联各部、部属机构、公职人员和公民准确的执行法律实行最高监督的职权,在根本法层面上提高了检察监督在国家中的功能和意义,这对苏联检察监督制度的发展无疑是一个重要时刻。宪法不仅给予了法律监督权最高评价,更是将其最高监督"名分"以基本法的形式确认下来,"苏联检察监督的这一宪法定位,说明了苏联对保障社会主义法制的检察监督制度给予了极高重视和期待"。[42]

检察机关的法律监督权在卫国战争期间发生了变化,其职权和具体活动体现出军事化性质,"所有检察院的基本活动内容就是监督执行国防委员会命令、党的指示和苏联法律的情况"。[43] 战争初期检察机关的工作用来确保执行关于巩固后方、支援前方的法律,主要的注意力集中在监督军事法律的执行。由于法院大多被改组成军事法庭,为了稳定战时秩序,军事法庭的权限被扩大了,苏联最高法院又开始承担起对其进行监督的职能。苏联最高法院的军事、铁路军事、水运军事委员会作为最高级别监督机关对军事法庭进行监督,高一级的军、集团军、区、方面军的军事法庭对下级法庭进行监督,而最高监督职能则属于苏联最高法院。[44] 同时检察机关也加强对地方政权机关行为的合法性,地方政权机关的强制性决议及其一切决定和指令的合法性进行监督。

4. 检察机关垂直化与法律监督权的扩大

依据 1936 年《苏联宪法》,苏联最高苏维埃主席团于 1955 年 5 月 24 日批准了苏联检察机关史上第一个《苏联检察监督条例》,其目的之一就是要强化在查明和消除违法行为方面,尤其是"一般监督"领域的监督职能,[45] 因此这个条例也被称为"检察

---

[40] В. М. Курицын. Исиория отечественного государства и права 1929 – 1945. М. ,2016. С. 102.

[41] См:В. М. Сырых. История государства и права России(Том 2). М. ,2014. С. 194.

[42] 王晓、任文松:《独具特色的苏维埃法律监督权》,载《社会科学辑刊》2009 年第 4 期。

[43] В. М. Сырых. История государства и права России(Том 2). М. ,2014. С. 240.

[44] См:В. К. Цечоев. История органов и учреждений юстийции России. М. ,2014. С. 337.

[45] 参见刘向文、王圭宇:《俄罗斯联邦检察机关的"一般监督"职能及其对我国的启示》,载《行政法学研究》2012 年第 1 期。

监督立法进一步发展的重要里程碑”。[46] 具体而言,条例确定将对国家机关和机构、公职人员以及公民严格执行法律的最高监督权授予苏联总检察长,规定苏联总检察长和他所领导的各级检察长应当对苏联、各加盟共和国及自治共和国法律的适用是否正确与一致实行监督,无论任何地区上的差别,也不受任何地方上的影响,明确了检察系统为一个统一的、以总检察长为领导的、垂直性的中央集权体系。检察院的所有工作人员在保证严格遵守法制的斗争中必须坚持原则,毫不妥协,“检察院必须及时采取措施消除一切违法行为,无论违法人是谁”。[47]

1966年12月14日,苏联最高苏维埃主席团批准了《军事检察院条例》,规定了军事检察长在所有检察监督领域中的权限,军事总检察长及其所属下级军事检察长监督的对象,其中许多规范对一切检察机关的活动和监督活动都具有普遍意义。1977年《苏联宪法》依旧确认了检察机关法律监督的基本原则,扩大了检察机关对其执法情况实行监督的机关范围,且详细罗列了检察长对其是否准确和一致的执行法律实施监督的那些机关的名单,[48]扩大了检察长监督在国家和社会各个领域中影响范围,如各国家委员会和主管机关、企业事业单位和组织、地方人民代表苏维埃执行和管理机关、集体农庄、合作社和其他社会团体都被纳入进来。同时宪法不仅责成苏联总检察长,也责成各级检察长在各自权限内实行最高监督。

1979年,苏联最高苏维埃通过了《苏联检察机关法》,这是调整检察机关法律监督权的全联盟性质立法文件。与以往检察机关法不同的是,这部法律明确规定了检察长的权限适用于法律监督的各个领域,明确了监督文件的审议期限,而且还“扩大了对调查和侦查领域进行监督的权力”。[49] 同时还重点规定,对于检察长关于消除已发现的违法行为,消除促使违法行为产生的原因和条件的要求,关于提供做出的决定和其他的必要文件、资料和信息的要求,关于进行检查、稽核,指派专家的要求,关于到检察机关就违法行为做出说明的要求等,各级机关和公职人员必须执行。此外,该法令还首次规定,检察长对于那些侵犯有法律保护的公民权利与自由的文件所提出的异议,以及检察长在法律规定的其他情况下所提出的抗诉,可以中止上述文件的效力,一直到审理异议和抗诉为止,这对于扩大法律监督权无疑具有重要意义。可以说,这部法律的出台将苏联检察机关的法律监督权推向了高潮。

此后,还出台了一系列有关检察机关实行法律监督的立法文件,如1980年5月通过的《关于苏维埃社会主义共和国联盟检察院结构的决议》,以及同年10月通过的《苏联检察机关工作人员衔级条例》,1981年批准了《军事检察机关条例》,规定了监

---

[46] [俄]Ю. Е. 维诺库罗夫主编:《检察监督》,刘向文译,中国检察出版社2009年版,第34页。

[47] См:Б. Н. Земцов. История государства и права России. М. ,2008. С. 293.

[48] 这体现在1977年《苏联宪法》的第164条,该条规定:“一切部、国家委员会和主管部门、企业、机构和组织、地方人民代表苏维埃执行和发布命令的机关、集体农庄、合作社和其他社会组织、公职人员以及公民是否严格和一律遵守法律,由苏联总检察长及其所属各级检察长行使最高检察权。”

[49] Б. Н. Земцов. История государства и права России. М. ,2008. С. 303.

督的客体,军事总检察长和下级军事检察长的权限等内容。

苏联检察机关的法律监督权是随着立法不断发展和完善的,这些立法主要包括苏联宪法和各加盟共和国与自治共和国宪法中的相关规范,《苏联检察长监督条例》《军事检察机关条例》《苏联检察机关检察长和侦查员奖惩条例》,涉及检察长监督立法的其他文件的规范,还包括刑事诉讼法、民事诉讼立法、劳动改造立法和涉及检察活动的其他部门立法的规范。可以说,所有这些法律规范整体上构成了法律监督权的结构、活动的规范基础,以及运行规则。

(二)苏联法律监督权的运行

苏联检察机关按照对各法制领域实行法律监督的专业分工原则组织它的工作,内容大致包括一般监督和司法监督,这些监督的形式构成了法律监督权的运行内容。

1. 一般监督

苏联的一般监督权是以列宁的检察思想为指导的,他认为"检察机关本来就是为我们的一切国家机关而设的,它的活动应毫无例外地涉及所有一切国家机构:地方的、中央的、商业的、纯公务的、教育的、档案的、戏剧的等——总之,各机关无一例外",[50]基于这个思想,苏联的一般监督是对一切部、国家委员会和主管部门、企业、机构和组织、地方人民代表苏维埃执行和发布命令的机关、集体农庄、合作社和其他社会组织、公职人员以及公民是否严格和一律遵守法律予以监督。

1922年5月28日《苏俄检察监督条例》颁布,规定了检察机关"代表国家对一切国家权力机关、经济机构、社会组织、私人组织以及私人的行为是否合法,实行监督",[51]首次提出了苏俄检察机关"一般监督"的职能。1929年的《苏联检察机关条例》中更是明确了检察机关"一般监督"的职能,规定对除苏联中央执行委员会及其主席团、苏联人民委员会及劳动国防委员会的决议外的苏联各人民委员部及其他中央机关的决议、各加盟共和国中央执行委员会及其主席团的决议是否合法进行监督,对国家政治保卫总局、苏联各人民委员部及其他中央机关,以及有全联盟意义的团体的活动是否合法进行监督,对苏联各人民委员部、其他中央机关以及有全联盟意义的团体等所属的各地方机关的活动是否合法,则由各该加盟共和国检察机构实行监督。

1933年检察系统从法院系统中独立,尤其是《苏联检察长条例》颁布之后,"检察院不仅是监督法律执行情况的机构,也是监督地方是否严格执行苏联中央机关决议和命令的机关",[52]一般监督在此后便一直延续并发展。在战后,尤其在纽伦堡审判之后,苏联总检察长P. A. 鲁坚科在不降低此前实施镇压强度的同时,注意到了总检察长的高度职业化问题。这样,"在苏联总检察长1946年6月17日发布的第128号命令

---

〔50〕 中共中央马克思、恩格斯、列宁、斯大林著作编译局:《列宁全集》(第43卷),人民出版社1984年版,第386~387页。

〔51〕 В. Г. 列别金斯基、Д. И. 奥尔洛夫编:《苏维埃检察制度(重要文件)》,党凤德、傅昌文等译,中国检察出版社2008年版,第173页。

〔52〕 В. М. Курицын. Исиория отечественного государства и права 1929 – 1945. М. ,2016. С. 102.

中提到了关于增强对准确执行法律的一般监督,这是检察长在一般监督职权领域所要执行的任务,明确了检察长在消除违法方面的权能,这是检察长对违法行为进行调整的基本方式”。〔53〕

1979年11月30日,苏联最高苏维埃依据苏联宪法通过的《苏联检察机关法》,进一步强化了检察机关的“一般监督”职能,规定一切部、国家委员会和主管部门,企业、机构和组织,地方人民代表苏维埃执行和发布命令的机关,集体农庄、合作社和其他社会组织,公职人员以及公民是否准确和一致地执行法律,由苏联检察长及其所属各级检察长行使法律监督权。

一般监督作为检察机关和检察长的监督权内容直至苏联解体。在实行一般监督的过程中,检察长可以在权限范围内调取各部、国家委员会、主管机关及其下属机构、组织和地方人民代表苏维埃执行机关和管理机关、合作社、其他社会团体和公职人员所发布的命令、指示和其他文件,以便审查这些文件是否合法。检察长还可以要求上述机构的领导人提供必要的文件和材料,要求他们对其下属机构、企业、组织及其下属公职人员的活动进行检查和修正。此外,检察长还有权传唤公职人员和公民到检察机关,要求他们就违法情况做出口头和书面的陈述,有权对不合法的法律文件提出抗议,有权向国家机关和社会团体及公职人员提出书面建议以便消除违法行为、导致违法的原因和条件。但是,一般监督仅限于法律执行层面,并没有赋予检察长停止违法决议的权力,这一点在苏维埃政权初期就已经显现出来了,所以可以看出,“列宁所构想的一般监督权是一种程序性权力,不具有实质性的处置权能。这主要是担心检察权成为新的‘脱缰野马’,进而使种种改革努力付水东流”。〔54〕

苏联的“一般监督”凸显了对各种行政机关的活动包括发布命令活动的监督,〔55〕成为社会主义政治体制和司法体制的重要特色,也成为社会主义检察制度区别于资本主义检察制度的主要标志。

2. 司法监督

司法监督就是对调查、侦查、审判等工作是否正确及有无违背法律的情形进行监督。苏联检察机关主要通过法律监督权来监督司法,检察机关有权对调查机关和侦查机关进行执法、法院审理案件、对拘留场所、监禁场所,以及对执行法院判处的刑罚和其他强制措施进行监督。

检察机关有权对调查机关和侦查机关,包括检察机关、内务机关和国家安全机关的侦查员是否遵守法律进行监督,这在1922年《苏俄检察监督条例》中已经被确

---

〔53〕 В. К. Цечоев. История органов и учреждений юстиции России. М. ,2014. С. 361.

〔54〕 施鹏鹏、宰清林:《列宁检察监督思想下的中国检察监督制度——以历史演进为视角》,载《山东警察学院学报》2011年第2期。

〔55〕 См:О. А. Галустьяна,А. П. Кзлыка. Прокурорсийнадзор(третьеиздание). М. ,2006. С. 128.

定。[56] 具体而言,“这一内容包括是否遵守人和公民的权利与自由;是否遵守允许申诉和说明犯罪事实的程序;是否完成了侦查搜查活动和初步调查工作;实施侦查搜查、初步调查和预审活动的机关作出的决定是否合法”。[57] 在监督过程中,检察长有权为了提起和侦查刑事案件向调查机关和侦查员下达他们必须执行的书面指示,选择、变更或取消对被告人采取的强制措施,及时侦缉犯罪人;有权参加调查和侦查,并在必要的情况下对任何一个案件进行亲自侦查,指示他们进行补充侦查;如果发现侦查员或调查人员在办案中有违法行为时,检察长有权停止他们的调查和侦查活动。为了保证最充分和最客观地侦查案件,检察长也有权从调查机关调取任何案件,将其转交给侦查员办理,或将案件从一个侦查员转交给另一个侦查员。通过这样的监督,可以最大限度上使犯罪人无法逃脱法律的制裁,也可以保证司法程序的合法性,保护公民的合法权利不受非法限制和侵害。

检察长对审判活动进行监督是其行使司法监督权的一个重要表现,包括对司法机关是否遵守法律,法院审理案件是否遵守法律进行监督,[58] 其主要目的在于通过监督使各级法院可以依法全面、充分、客观、及时地审理案件,并对每个案件作出合法判决,同时依法交付执行。检察长还有权参加预备庭会议,参加法院第一审案件的审理,参加上诉审程序和监督程序;对法院审判案件中出现的问题提出意见;向法院提起诉讼和提出声明,就整个民事案件的实质性问题提出意见;检查法院的民事或刑事判决、裁定和决定交付执行是否合法;在法定情况下采取措施提起民事判决、裁定和决定的再审,根据新发现的案情提起刑事案件的再审。同时,检察长也可作为公诉人参加庭审,这样“在审判庭上,检察长是国家公诉人和法庭审理参加人,并以这种身份对法制实行监督”。[59]

检察机关的法律监督权在审判监督中最重要的表现就是抗诉。检察长可以对不合法和无充分根据的法院判决、裁定和决定提出抗诉,也可以对法院执行员的违法行为提出抗诉。检察监督中的抗诉权依据检察长的级别而有所不同,具体而言,苏联总检察长是“监督所有级别司法机关活动的有力武器”,[60] 有权对苏联和各加盟共和国的任何法院的刑民案件判决、裁定和决定提出抗诉,也有权向苏联最高法院全体会议对司法案件提出抗诉;苏联副总检察长则对除苏联最高法院、加盟共和国最高法院全体会议或其主席团做出的决定之外任何法院的刑民案件提出抗诉;加盟共和国检察长及副检察长可以对除加盟共和国最高法院全体会议或主席团的决定之外的加盟共和国任何法院提出抗诉;自治共和国、边疆区、州、市检察长,自治州、自治区检察长有权

---

〔56〕 参见 В. Г. 列别金斯基、Д. И. 奥尔洛夫编:《苏维埃检察制度》,党凤德、傅昌文等译,中国检察出版社 2008 年版,第 174 页。

〔57〕 孙记、李春季:《论苏俄检察制度的变迁及其对我国的启示》,载《俄罗斯东欧中亚研究》2010 年第 2 期。

〔58〕 См:В. М. Курицын. Исиория отечественного государства и права 1929 - 1945. М. ,2016. С. 102.

〔59〕 [苏]蒂里切夫等:《苏维埃刑事诉讼》,张仲麟等译,法律出版社 1984 年版,第 90 页。

〔60〕 В. М. Курицын. Исиория отечественного государства и права 1929 - 1945. М. ,2016. С. 103.

对市、区人民法院的民刑判决,以及对相应行政区域的法院依照上诉审程序做出的裁定进行抗诉。在军事检察系统,军事总检察长有权对任何一个军事法庭的刑民案件判决、裁决和决定,以及这些法庭审判员的决定提出抗诉;军事副总检察长、苏军各军兵种、各军区、防空区、集团军和舰队军事检察长有权对军、分舰队、兵团和卫戍部队的军事法庭所作出的判决提出抗诉。对于行政违法案件,区、市和更高一级的检察长和副检察长均可以提出抗诉。

此外,检察长对拘留场所、羁押场和执行法院的处罚和其他强制措施的场所是否遵守法律实行监督。

3. 对法律监督权的监督机制

监督者可以监督被监督者,而谁来监督监督者——这是一个构建监督机制必须要面对的问题。苏联立法赋予检察机关和检察长法律监督权,然而"检察一体化原则和检察长一长负责制原则并不是说检察长行使其职权不受任何监督",[61]所以在苏联的法律监督实践中,为避免其权力扩张导致"独裁",也设计了一套法律监督权的制约机制。

简言之,法律监督权的运行要受到系统内外的机制性监督。第一种机制是检察机关和检察长在履行职权时受到中央组织局、中央政治局和中央监察委员会的监督。在苏维埃政治思维中,由党内机关进行的监督可以说最具民主性和人民性,"可在一定程度上防止检察监督权过分膨胀,从而避免损害普通公民的权利"。[62] 第二种是检察机关内部监督,即在其上设置一个组织来监督检察机关的活动,"为了降低检察机关在工作中犯错误可能性,1959年2月在加盟共和国检察院和苏联检察院内部设立了委员会"。[63] 第三种是检察机关在垂直领导之下,上级检察长可以领导并监督下级检察长,在后者超越或者违反监督权时予以约束。第四种是最初制度设计的限权,即法律只赋予检察机关在程序上的监督权,而不能取代行政机关和司法机关做出实体性决议。可以说,这几种机制在一定程度上可以"管束"检察监督,并可以促使检察监督正常运行。实质上,这是一种权力制衡机制。

(三)苏联的民事检察权

在苏联时期,民事检察权的内容主要包括提起诉讼、参加已经开始的案件、抗诉、上诉,以及监督执行程序。检察长在民事诉讼中行使检察权的案件,主要包括检察长认为保护国家或劳动人民的利益而有必要参加的案件,但对于一些案件,检察长必须参加,即法院审理有关控告选民名单错误的案件、关于认定公民失踪或宣告失踪人死亡的案件、关于剥夺亲权的案件。

根据1964年《苏俄民事诉讼法典》中规定,检察长在民事诉讼的一切阶段,都必

---

[61] 王建国:《列宁检察垂直领导理论及其实践价值》,载《法律科学》2013年第3期。

[62] 施鹏鹏、宰清林:《列宁检察监督思想下的中国检察监督制度——以历史演进为视角》,载《山东警察学院学报》2011年第2期。

[63] Б. Н. Земцов. История государства и права России. М. ,2008. С. 293.

须及时采取法律规定的措施，以排除任何违法行为，而且检察长在民事诉讼中的权力不受任何机关和公职人员的限制，服从本法律并遵循苏联总检察长的指示。这点也在1979年《苏联检察院组织法》中有所体现，即检察机关对具体审判行为予以监督，其中包括了民事审判。

检察长在民事诉讼中的权能还包括提起诉讼权。根据1923年《苏俄民事诉讼法典》和1964年的《苏俄民事诉讼法典》的规定，如果检察长认为有必要保护国家或社会利益，或者保护公民权利以及合法利益时，有权提起诉讼或者在诉讼的任何阶段参加诉讼，并可以对民事案件的执行予以监督。此外，检察长有权对未生效的民事判决提出上诉，或者对认为有错误的已经生效的判决提出抗诉，“无论检察长是否参加第一审法院的诉讼程序，检察长都有对判决提出抗议的权力，检察长如果没有参加第一审法院的诉讼程序，他就在第二审法院提其诉讼程序，并在诉讼程序的这一阶段参加案件”。[64]

在苏联时代，国家司法权由审判权和检察权两部分组成，两项职能分别由法院和检察院行使。检察院在苏维埃时期被赋予了相当大的权力，是司法系统中最有声誉的部门，特别是在刑事诉讼案件中，检察院与警察部门几乎控制了整个诉讼过程。除了调查犯罪、准备和起诉案件，检察机关还拥有监督审判权。在检察院的监督下，法院实践成为了检察机关的附属品，其审判过程也只是对检察机关调查结果的一种确认。[65]同时也应当注意到，苏联时代的检察权并没有独立成为一种国家权力，虽然被定位为法律监督权，但是其具有司法属性，是司法权序列中的一种权力，而检察机关由国家权力机关产生的制度更是对其独立性及其权力运行产生了障碍。

三、转型期俄罗斯检察权的独立

随着苏联解体和俄罗斯的社会转型，检察机关开始进行改革，并在保障俄罗斯联邦所有权力分支，包括司法权活动的合法性中发挥重要作用。[66] 同时，为了保证法院成为行使司法权的唯一机关，检察权与司法权开始分离，并凸显了其监督属性，但也是因为其监督性使得俄罗斯联邦转型期对检察机关和检察权的法律地位不断争论，期间出现各种法律文件对此问题予以确认和解释，最后以一部宪法修正案宣告结束，俄罗斯检察权也最终独立。

（一）初步区分检察权与司法权

从20世纪80年代末起，苏联改革派的法理学家就曾把平衡检察院与法院之间的关系作为司法改革的一部分。在俄罗斯联邦时期，检察机关的地位长期没有得到比较明确的规定，一些激进的改革派希望按照西方模式重构检察机关，主张将检察院归于

---

〔64〕 [苏]C. H. 阿布拉莫夫：《苏维埃民事诉讼》，中国人民大学审判法教研室译，法律出版社1956年版，第145页。

〔65〕 参见李雅君：《曲折的历程：俄罗斯政治卷》，东方出版社2015年版，第87页。

〔66〕 Галузо В. Н. Власть прокурора в Российской Федерации // Закон и право. 2008. №5. С. 73 – 74.

行政机关或者审判机关,他们的思想体现在1991年的《俄罗斯联邦司法改革构想》中,主要导向为取消检察机关的监督职能,将其司法权力限定在刑事诉讼程序中,[67]其目的在于通过缩小检察院的权力,并取消其"公共监督"的权力来达到克服法院传统弱势地位的目的,并最终将检察权从司法权范畴中剥离出去。对此,当时大多数法学家和政治家很难接受如此消极的观点,这些改革建议也遭到了检察院和部分政府官员的抵制,他们认为检察院比法院更适合充当俄罗斯法制的保证者的角色,[68]因此这项改革未能全部付诸实践。

1992年《俄罗斯联邦检察机关法》颁布,其中废除了检察院对法院及诉讼参与者的监督权,仅保留了检察官对司法审判的一般意义上的监督权,而对于检察机关在国家机关体系中的地位问题并未提及,但是检察机关依据刑事诉讼法所享有的部分侦查权以及对司法诉讼程序的干预越来越引起了审判机关的不满,检察机关与审判机关之间的矛盾和冲突日益尖锐。

(二)《俄罗斯联邦宪法》下的检察权改革

1993年12月12日,《俄罗斯联邦宪法》通过,取消了议行合一的苏维埃制度和民主集中制原则,以西方资本主义国家宪法为样本规定了"分权和制衡原则",确立立法权、行政权和司法权各自分立,并相互牵制和协调,最终从根本法上确定了独立的司法权。在这个基础上,对检察机关和检察权进行了改革。

根据《俄罗斯联邦宪法》的规定,俄罗斯联邦司法权只能由法院行使,对任何人的逮捕和羁押只能由法院决定。这不仅明确了法院与检察院的关系,也表明检察权并未包含在司法权之中,但是由于此前关于废除检察机关法律监督权、将检察机关变为刑事追诉机关的声音与联邦总检察长以及反对限制检察权的力量的激烈对抗,俄罗斯理论界与实务界关于检察机关的地位和作用问题的分歧依然严重,因此检察权与司法权的分离并没有体现在宪法中。根据《俄罗斯联邦宪法》的安排,有关检察机关的内容规定在了"司法权"一章中,该章对法院行使司法权、法院组织系统和法官独立、法官保障制度,以及检察机关方面做出了原则性规定。在检察机关和权能方面,规定俄罗斯联邦检察机关是统一的、下级检察长服从上级检察长和俄罗斯联邦总检察长的集中体系,对俄罗斯联邦总检察长、联邦各主体的检察长和其他检察长的任命和解除职务进行了规定,但没有对检察权予以明确,而是规定关于检察院的地位和作用的问题由专门的联邦法律规定,"宪法对检察机关的灰色规定在迎合检察机关保留以往权限意愿的同时,也为日后有关检察机关法律地位问题的争议埋下了伏笔"。[69]

检察权与司法权之间的争论最初以妥协方式予以处理,其表现就是对1992年《俄罗斯联邦检察院法》予以修订。1995年10月18日,《对俄罗斯联邦检察院法的增补

---

[67] 於海梅:《俄罗斯苏维埃联邦社会主义共和国司法改革构想》(下),载《金陵法律评论》2015年秋季卷,第345~346页。

[68] 参见程丽庄:《俄罗斯联邦司法权研究》,重庆大学2008年博士学位论文,第70页。

[69] 李昕:《俄罗斯民事检察制度研究》,中国检察出版社2012年版,第18页。

和修改法》通过，其中对检察院及其权力地位进一步规定，但也不是很清楚：检察院机关是独立于联邦国家权力机关、联邦主体权力机关和地方自治权力机关以外国家机关，苏联时代的“一般监督权”被弱化，但对宪法和法律执行的监督权、对联邦和联邦主体权力机关及其人员的法律监督权、对侦查活动和刑罚执行、监禁活动的监督权，以及对法院裁判的抗诉权和对部分案件的直接侦查权等得以保留。从某种程度上看，检察机关已经演变为一个独立的权力分支，而这是与宪法相违背的，因为宪法中规定俄罗斯的国家权力机关分为立法、执法和司法三个部分，并没有关于“检察院权力”的规定，但是检察院却据此把自己看成是国家的“第四权力”。[70]

很明显，检察权与司法权之间的关系依然模糊，虽然宪法规定了法院决定逮捕和羁押的权力，很大程度上改变了过去检察机关和侦查机关主导侦查过程的办案模式，有利于促进司法独立以及实现对犯罪嫌疑人的权利保障，但是由于落实这项宪法性原则的配套法律——刑事诉讼法迟迟未能出台，因此该项原则仅仅存在于纸面，检察院依然保持着对法院的审判及日常工作的监督权。

由于立法的不明确，俄罗斯国内出现了对检察权与司法权之间关系的一些争论。一部分人认为，司法权中应当包含检察权，如秋格拉佐夫(Чуглазов)教授认为，宪法制定者在制定宪法时之所以将检察机关规定在宪法第七章司法权之中，就是因为检察机关的权能和功能与行使司法权的法院更为相似和接近。[71] 还有学者认为，检察机关与法院担负着同样的使命，都在致力于保护人权、维护法制统一和保障法制秩序，只是二者方式不同。如果说检察机关履行检察监督的任务是发现违反俄罗斯法制的行为，那么法院就是以国家的名义纠正和惩罚这些违法犯罪行为，实现对受害人的保护。[72] 另一部分学者则认为检察权作为独立机构，没有必要归入司法权之中，如费达托娃(Федотова)教授就认为，“俄罗斯检察机关行使的是独立的检察监督权，其不能从属于其他国家权力系统，为了在自己的职权范围内完成宪法和其他联邦法律文件所规定的任务独立于其他国家权力机关、政党、社会组织。”[73]埃利阿什维里(Эриашвиль)教授认为，“《俄罗斯联邦宪法》第7章的第129条本身是专门规定检察院的，但其中并未指出俄罗斯联邦检察院的目的、任务和职能。在组织结构中检察院没有被纳入法院系统，在法律地位上检察院不隶属司法机关也不必向其负责。所有这些都证明，检察机关不能以任何形式纳入唯一主体为法院的司法权领域之中。虽然关于检察院的条文是设置在专门规定司法权部分的章节中，但这样仅仅是指出与强调它在国家权力机制中的特殊位置，并不意味着其处于司法权结构之中”。[74] 卢科雅诺夫(Лукоянов)

---

〔70〕 См：И. В. Велиев. Место прокуратуры в системе органов государственной власти РФ // Современное право. 2005. № 10.

〔71〕 Чуглазов Г. Прокуратура в системе органов государственной власти. Законность. 2003，№ 2.

〔72〕 Петрухин И. Л. Прокурорский надзор и судебная власть. Проспект. 2001. С. 16.

〔73〕 Е. В. Федотова. Прокурорский надзор. 2006，№ 16.

〔74〕 Н. Д. Эриашвиль. Судебная власть в российской федерации：тенденции и перспективы развития. Москва：ЮНИТИ－ДАДА：Закон и право. 2016. С. 43.

教授认为,检察机关除了实施监督外,还有刑事侦查、协调护法机关的工作以及监督法院审判活动方面发挥着作用,检察机关权能的特殊性以及广泛性游离于立法机关、行政机关和司法机关之外。[75]

由于宪法和检察机关法在对待检察权与司法权关系问题上的不明确,导致了20世纪末俄罗斯联邦检察机关享有的部分侦查权和对司法诉讼程序的干预,使两种权力之间矛盾和冲突逐渐加深。当时有一个典型的案例,即在1999年,俄罗斯总检察长斯库拉托夫宣布对"纽约银行洗钱案"进行组织调查,并怀疑时任俄联邦总统叶利钦家族成员涉嫌此案。这个调查引起了俄罗斯联邦上层领导人和社会精英的恐慌,在此期间,俄罗斯舆论界揭露出斯库拉托夫私生活不检点的事实并大肆渲染。叶利钦也趁机以此为由宣布解除斯库拉托夫的总检察长职务,但联邦委员会否决了总统的命令。在这个过程中,司法机关参与其中,指责检察机关干预了属于法院的司法诉讼程序,要求对检察机关的职权范围进行限制。最后斯库拉托夫辞去了总检察长职务。

1993年《俄罗斯联邦宪法》以及1995年《俄罗斯联邦检察院法》也没有完全解决俄罗斯检察权与司法权之间关系问题,因为宪法一方面将有关检察院的规定则被放在了宪法第七章《司法权》中,这就在一定层面上预示着检察权是司法权的一部分;而另一方面又承认检察机关是统一的集中体系。可以说,"检察权在国家体系中的地位模糊不清是俄罗斯检察监督实践中的长期痼疾,这一问题对检察机关和其他国家权力机关的关系、检察活动的组织和内容等都产生了负面影响"。[76]

(三)《俄罗斯联邦刑事诉讼法》与检察权的明晰

在司法权与检察权的关系发展中,最重要的一环是取消检察院对审判程序合法性的监督权,在1992年的《俄罗所联邦检察院法》和1995年对该法的修正案中都没有提及检察院对在法庭上法律使用的监督问题。在普京的第一任总统期间,对检察制度进行了改革,目的是要将检察机关完全排除在司法机关之外,将检察权限制在法律监督范围内,尽快使之与司法权分离。

在2001年全俄罗斯检察长会议上,普京指出,《俄罗斯联邦宪法》中有关检察机关在国家权力机关中的地位规定是开放性的,有关检察机关的法律也没能对此做出明确的规定。[77] 在这种情况下,为了改变刑事审判中检察权主导、法院司法权弱化的现象,2001年12月5日,俄罗斯国家杜马通过了《俄罗斯刑事诉讼法典》,对检察机关的职权进行了重大修改:第一,将以前由检察院行使的各种审前程序,如审前监禁,搜查和扣押以及排除非法获得证据的决定权转交给俄罗斯联邦法院,取消了检察机关对法院审判的监督权,"去除了检察院对法院办案的潜在影响,法院能够更加独立的审理案件,刑事诉讼中的控辩双方可以处于更加平等的地位,同时也有利于保障犯罪嫌疑

---

〔75〕 Д. Лукоянов. Место прокуратуры в государственном механизме // Законность. 2006, № 11.

〔76〕 Ломовский В. Какойвласти принадлежит прокуратура Росссийская юстиция. 2001, № 9.

〔77〕 李昕:《俄罗斯联邦检察权性质初探》,载《学术探讨》2009年第2期。

人的权利”。[78] 第二,取消了检察长使用强制措施的决定权,将涉及人身自由权、财产权、住宅权和通信自由等方面公民自由权方面的强制措施的决定权转由法院行使。第三,检察机关不再参与对一般经济合同诉讼案的审理,此类案件完全由法院负责。第四,拘押和解除当事人职务的权力将作为各级法院的专属权,检察机关不得干预,这增强了法院司法权力及法官在整个审判过程中的主动权,有利于司法权的运行。

从很大程度上讲,俄罗斯检察权在刑事诉讼中的地位发生了很大改变,即将检察长诉讼地位规定在“刑事诉讼的控方参加人”一章中,即他只能是行使控诉职能的一方当事人,强调了控辩双方的地位由不平等向平等的转变。[79] 对检察权的限制,“不仅仅是为了维护司法公正,更重要的还是为了理顺各权力机关的职权范围,改变以往国家权力过于分散、各部门之间职权重叠与职责不分的现象,使之更有利于加强国家权威”。[80]

《俄罗斯联邦刑事诉讼法》的出台,以及其中对检察权范围的限制,从一方面提高了法院的司法独立性,另一方面也是明晰了检察权的具体范畴,整体上对于检察权以及俄罗斯整个司法系统的发展具有积极意义。与此同时也要注意到,俄罗斯检察权与司法权关系的规定依然未体现在宪法中,因此严格意义上说,俄罗斯检察权和司法权要彻底分离还需要在宪法层面再往前迈进一步。

(四)修宪与检察权的独立

检察院的宪法法律地位,以及其在国家机关体系中的位置和作用的不足和缺陷催生了通过修改宪法来排除上述不足的必要性。2013 年 11 月 22 日,《修订俄罗斯联邦宪法中〈俄罗斯联邦最高法院和俄罗斯联邦检察院〉的法律》通过,其中“就考虑到之前很早就表现出的关于修改俄罗斯宪法第 7 章名称必要性的理论性建议”。[81] 基于此,2014 年 2 月 5 日俄罗斯联邦对宪法进行了修改,将第七章的名称由“司法权”改为“司法权和检察机关”的同时,还规定了俄罗斯联邦副总检察长的宪法地位。[82]《俄罗斯联邦宪法》的修改,从根本法层面确认了检察机关并非司法权机关,而是具有独立的宪法地位的特殊机关,这极大地提高了俄罗斯联邦检察机关的独立性,也进一步强化了其宪法地位,同时通过赋予俄罗斯联邦副总检察长以宪法地位来提升检察机关在整个国家宪法制度中的地位。尽管没有扩大检察权,但更有利于检察机关今后顺利地履行职权。

(五)俄罗斯联邦民事检察权的发展

在俄罗斯联邦转型初期,民事检察权问题是随着讨论民事诉讼法典的制定而被提

---

〔78〕 李雅君主编:《曲折的历程:俄罗斯政治卷》,东方出版社 2015 年版,第 92 页。

〔79〕 刘根菊、官欣:《俄罗斯联邦检察权的改革及借鉴》,载《华东政法学院学报》2004 年第 4 期。

〔80〕 李雅君主编:《曲折的历程:俄罗斯政治卷》,东方出版社 2015 年版,第 103 页。

〔81〕 Н. Д. Эриашвиль. Судебная власть в российской федерации: тенденции и перспективы развития. Москва: ЮНИТИ – ДАДА: Закон и право. 2016. С. 43.

〔82〕 См.: Закон Российской Федерации о поправке к Конституции Российской Федерации от 5 февраля 2014 г. N 2 – ФКЗ “О Верховном Суде Российской Федерации и прокуратуре Российской Федерации”.

出的。1993年在讨论制定不同于《苏俄民事诉讼法典》的新法典时，有关检察长在民事诉讼中的法律地位是一个主要问题。[83] 经过讨论，在2003年颁布的《俄罗斯联邦民事诉讼法典》中将检察长在民事诉讼中权力定位在起诉、参加由利害关系人提起的诉讼提出结论、对治安法官审理的案件的上诉以及抗诉，在2003年《关于理解和适用民事诉讼中检察长参加民事诉讼的规定》中也要求检察长可以通过起诉、提出结论、上诉和抗诉等方式参加诉讼。同时，也对这些权力相应地做出了限制。

按照《俄罗斯联邦民事诉讼法》的规定，检察长有权为了维护公民、不确定范围的人的权利、自由和合法利益或者维护俄罗斯联邦、俄罗斯联邦主体、地方自治组织的利益而向法院提起诉讼，但是仅限在公民因健康状况、年龄、无行为能力和其他正当原因不能亲自向法院提起诉讼的情况；在提出结论方面，检察长有权对强制迁出、恢复工作、生命或健康损害赔偿等案件提出结论，但检察长不能在其自己提起的民事诉讼中提出结论，在对他人提起诉讼的民事案件提出结论应当在法庭审查证据之后、法庭辩论之前；在检察长上诉和抗诉的民事案件中，其权力仅限于对自己参加的案件提出上诉，以及对参加的民事案件的已生效判决和裁定提出抗诉。

可见，俄罗斯联邦的民事检察权的范围与苏联时期相比缩小了，这也与检察权整体上受到限制相关，这些权力的变化也体现出了民事检察权在监督范畴内的情况，即"由全面监督逐步演化为有限、有条件的监督"。[84]

俄罗斯检察权的发展受到了转型期国家各方面诉求和法治建设的影响。随着俄罗斯国家转型初期的司法改革的启动，检察机关与法院的关系被重新确定，检察机关的地位和检察权被限制和重新规划，因此俄罗斯联邦检察机关在性质上既不是司法机关，也不是执行机关，而是一种国家为保障其所创制的法律实施的特殊机关，即"护法机关"，[85] 其目的在于保障法律的至高无上，保障法制的统一和加强法制，保护任何公民的权利和自由，捍卫有法律保护的社会利益和国家利益。与此相关，检察权是一个特殊权力，其不属于任何一个权力分支，检察机关的各级机关在俄罗斯联邦国家体系中占有特殊地位，可以使得各个权力分支达到平衡，保障其发挥最佳效用。

四、转型期俄罗斯检察权的运行

俄罗斯联邦检察机关是统一集中的联邦机构体系，由俄罗斯联邦总检察院、俄罗斯联邦主体检察院和与其同级的军事检察院和其他专门检察院，市、区级检察院以及其他军事检察院和专门检察院构成。由于检察机关被定位为非司法权机关的"护法机关"，其职权也与司法权不同，"首要职能在传统意义上依然被认为是法律监

---

〔83〕 参见陈桂明、刘鹏：《俄罗斯民事诉讼法典的修改》，载《比较法研究》2005年第3期。

〔84〕 李昕：《俄罗斯民事检察制度研究》，中国检察出版社2012年版，第43页。

〔85〕 См：С. А. Воронцов. Правоохранительные органы Российской Федерации：учебник（4－е издание，переработанное и дополнённое）/ Ростов н/Д：Феникс，2010. С. 440－445.

督”,[86]其中“检察监督活动非常广泛,需要按照其实现监督职能的法律关系中做出区分,所有这些都表达出了检察监督的领域”,[87]包括对执行法律情况的监督,对恪守人和公民权利和自由情况的监督,对侦查机关、初步调查机关执行法律情况的监督,对执行刑罚和其他强制措施的机关执行法律情况的监督,以及对司法警察执行法律情况的监督。可以说,俄罗斯检察机关的法律监督延续了苏联时期检察机关监督职能,并在俄罗斯司法改革的推进下转型发展。此外,检察权还体现在刑事诉讼中。

(一)对执行法律情况的监督

在俄罗斯联邦检察监督的立法中,“一般监督”的措辞已经不再使用,而是使用“对执行法律情况的监督”。“一般监督”在苏联检察监督立法和制度中为与其他专门领域的监督区分开来而被使用,是一种传统意义上的称谓,但是俄罗斯联邦时期的检察立法中并无体现,可是“尽管在调整检察监督的现行立法中没有使用‘一般监督’这个术语,但它已经在检察机关体系各级机关工作人员的头脑中扎下根来”。[88] 作为检察机关监督领域的首要职能,“对执行法律情况的监督”是对遵守俄罗斯联邦宪法、法律的情况,以及已经颁布的法律文件合法性及其执行情况进行监督,可以说是最全面的和最广泛的监督。

第一,检察机关有权对俄罗斯联邦的执行机关、侦查委员会、俄罗斯联邦主体的立法机关和执行机关、地方自治机关、军事管理机关、监督机关及上述机关的公务人员、对保障处在强制措施状态下的人权保障和援助进行社会监督的主体,以及上述机关的公务人员,商业组织和非商业组织的管理机构及其领导人遵守俄罗斯联邦宪法,执行俄罗斯联邦境内现行法律情况予以监督。[89]

第二,对上述被监督的机关及其公务人员所出台的法律文件合法性进行监督,其中包括国家杜马和联邦委员会通过的决议。值得注意的是,《俄罗斯联邦检察机关法》所规定的监督并没有涉及俄罗斯联邦总统和俄罗斯联邦政府所颁布的规范性文件,但是由于这些文件“往往起着法律调整最初渊源或唯一渊源的作用,俄罗斯联邦总统和俄罗斯联邦政府的命令和决议的合法性进行监督,不能排除在检察监督之外”。[90] 可以说,“监督俄罗斯联邦境内法律执行情况,其对象是所有法律,而不论其法律层级如何”。[91] 同时,为了避免和消除社会各领域颁布法律文件与联邦宪法和法律相抵触的情况,检察机关有权审查已经颁布的法律文件的合法性,并以此防止颁布非法文件,进一步保护公民的权利和自由,维护法人和国家合法利益。

第三,检察机关有权对各种法律执行情况进行监督,“对法律文件合法性的审查

---

[86] Н. П. Кирилловой, Н. Г. Стойко. Правоохранительные органы. М. ,2016. С. 226.

[87] Н. П. Кирилловой, Н. Г. Стойко. Правоохранительные органы. М. ,2016. С. 227.

[88] [俄]Ю. Е. 维诺库洛夫主编:《检察监督》(第7版),刘向文译,中国检察出版社2009年版,第113页。

[89] Федеральный закон О Прокуратуре РФ 2017 года(N2202 - 1 редакция 2017) http://ipipip. ru/zakon-o-prokurature/21/,最后访问日期:2017年4月27日。

[90] [俄]Ю. Е. 维诺库洛夫主编:《检察监督》(第7版),刘向文译,中国检察出版社2009年版,第115页。

[91] Ю. К. Орлов. Судоустройство и правоохранительные органы. М. ,2015. С. 379.

本身就是对执行法律情况加以监督的一项重要内容。即便在单纯监督法律文件合法性的情境下,也不会完全忽略对该文件执行情况的了解”。[92] 因此,各级检察长对联邦法律以及不得与联邦法律相抵触的俄罗斯联邦主体法律和地方自治组织章程执行情况实施监督,其中包括随社会关系变化而产生的新法律及执行情况,对调整社会领域、调整经济领域社会关系立法的执行情况、国防领域、对外经贸领域,调整行政裁判权领域社会关系立法的执行情况进行监督。此外,对俄罗斯签署或加入的双边和多边国际条约以及其他国际法律文件的执行情况进行监督。

第四,在该监督领域中还区分了一些附属的、较为狭窄的方向,例如对生活领域、经济领域执行法律情况的监督,对未成年人保护领域执行法律情况的监督,对自然保护领域执行法律情况的监督等,其中对生态立法执行情况的检察监督,预防生态违法行为已经逐渐成为一般监督的优先方向。

可以说,对执行法律的情况监督是检察院法律监督领域最广泛和多方面的,“就其执行法律情况受到监督的机关数量和多样性来看,这一监督领域也是最复杂的和最费力气的领域”,[93] 也正因如此,俄罗斯联邦检察机关保障法律至高无上、保护个人的权利和自由、捍卫社会和国家利益的活动,才得以直接地得到体现,[94] 最明确地体现了“俄罗斯联邦检察机关法律监督的实质和使命”。[95]

(二)对遵守公民权利与自由情况的监督

根据《俄罗斯联邦宪法》的规定与精神,检察机关在行使监督权力时,无论哪个领域都需要关注一个问题,即是否恪守人和公民的权利与自由,这是“属于每个人和公民的权利和自由,是规定在俄罗斯联邦宪法和其他联邦法律中的普遍权利”,[96] 在《俄罗斯联邦检察机关法》中就规定检察机关对俄罗斯联邦的执行机关,侦查委员会,联邦主体国家立法机关和执行机关,地方自治机关、军事管理机关,对保障处在强制措施状态下的人权保障和援助进行社会监督的主体,以及上述机关的公务人员,商业组织和非商业组织的管理机构及其领导人遵守人与公民的权利和自由的情况予以监督。[97]

根据宪法对人权保护的明确导向,以法律监督方式保护公民的个人权利、政治权利、社会经济权利可以使得公民相信其权利和自由得到保障,并在其受侵害时有可能

[92] 韩成君:《苏联、俄罗斯行政执法检察监督对我国的启示》,载《河南社会科学》2015年第11期。

[93] [俄]Ю. Е. 维诺库洛夫主编:《检察监督》(第7版),刘向文译,中国检察出版社2009年版,第116页。

[94] См.: Сущность, предмет, задачи и основные направления прокурорского надзора за исполнением законов // Под научной редакцией Ю. Е. Винокурова. Прокурорский надзор (курс лекций и практикум). М; Экзамен. 2004, С. 121-139.

[95] См.: Выступление действующего генерального прокурора РФ Ю. Я. Чайка на собрании федерального совета федерального собрания РФ. О развитии органов прокуратуры // Адвокат. 2006, № 7.

[96] Ю. К. Орлов. Судоустройство и правоохранительные органы. М., 2015. С. 380.

[97] Федеральный закон《О Прокуратуре РФ》2017 года (N2202-1 редакция 2017) http://ipipip.ru/zakon-o-prokurature/gl2/,最后访问日期:2017年4月27日; См.: Н. П. Кирилловой, Н. Г. Стойко. Правоохранительные органы. М., 2016. С. 227.

获得公力救济。该领域的法律监督处在检察机关监督职能的"核心",除了对一般自然人的保护之外,还对弱势群体给予特别关注:病人,特别是患有可能致死的病人;被宣布无行为能力或限制行为能力的精神病人;一等或二等残疾人;老年人,特别是需要看护的孤寡老人;失去父母或被父母遗弃的孤儿;有幼儿的单身母亲;难民和被迫移民的居民;遭受由于技术发展而引发灾难和事故以及自然灾难的事故;遭受犯罪分子侵害的家庭和个别公民;现役军人以及参加军事作战行动的现役军人的权利和自由;服刑期满释放,以及被侦查机关、司法机关及其他机关拘留和羁押的人的权利。[98]

在实施这个领域监督时,检察长有权审查关于违反人和公民自由与权利的申诉和信息,保护受害人的权利和自由,采取法定措施消除这些违法行为,追究违反法律人的责任,恢复遭受的损害。[99] 应当指出的是,在该领域监督中提及了"对保障处在强制措施状态下的人权保障和援助进行社会监督的主体的监督",由于这些机关及其公职人员的工作在很大程度上决定了公民权利和自由的保障水平,所以检察监督工作首先要在这些部门中进行。

值得注意的是,对遵守人和公民权利监督的前提是要完全实现人权对国家与社会利益的优先性,但实质上"实施这种类型的检察监督,并不是将个人权利和合法利益视为优先的,而是作为一种平等保护社会、国家和个人的利益的方式,并以此形成新的、具有主权意义的俄罗斯法律体系",[100] 所以"对遵守公民权利与自由情况的监督"是各种法律监督方向都不可回避的因素,并在人权保障的宪法观念下贯穿于法律监督的整个制度运行轨迹之中。

(三)审前监督与审判时监督

审判作为司法权运行中的核心内容,是法律执行情况最集中的体现,根据检察机关的对各权力分支进行监督的职能要求,对审判,包括审前和审判时的司法活动进行监督成为了俄罗斯联邦检察监督的重要方向之一。

1. 审前监督

审前程序中的调查和侦查活动与限制公民宪法权利和自由相关,所以它会实际上触及刑事诉讼参加人的权利和利益,在初步调查和侦查阶段,调查和侦查人员不可避免地会出现违反法律对私人生活的干预,因此对调查和侦查活动予以检察监督十分必要。根据《俄罗斯联邦检察机关法》规定,检察机关有权在审判前程序对初步调查和侦查手段,以及实施初步调查和侦查活动机关做出的法律决定的合法性,以及活动中是否符合《俄罗斯联邦刑事诉讼法典》和其他联邦法律情况进行监督。[101] 《俄罗斯联

[98] 参见[俄]Ю. Е. 维诺库洛夫主编:《检察监督》(第7版),刘向文译,中国检察出版社2009年版,第165~177页。

[99] Ю. К. Орлов. Судоустройство и правоохранительные органы. М. ,2015. С. 380.

[100] Б. Н. Габричидезе, Н. Д. Эриашвили. Система органов государственной власти России. М. , 2015, С. 419.

[101] Федеральный закон О Прокуратуре РФ 2017 года (N2202 - 1 редакция 2017) http://ipipip. ru/zakon-o-prokurature/29/,最后访问日期:2017年4月27日。

邦刑事诉讼法典》也规定,检察长有权对预审活动的实施机关执行法律情况实施监督,对遵守人和公民权利和自由的情况,必须遵守刑事诉讼法中如限制公民的通信、电话、邮件、电报秘密等的权利的规定。

具体而言,俄罗斯联邦总检察长有权对初步调查中的问题进行指示,而无论现行立法是否有规定,因为这是履行检察监督的权利和义务。[102] 根据2000年4月《关于组织对联邦法律"侦查搜查活动法"执行情况监督的第56号总检察长法令》规定,检察长有权对侦查机关是否遵守关于已经实施犯罪和预备犯罪的声明和投诉的法定处理程序,是否对遵守人和公民权利与自由,对人和公民的私生活不受侵犯,个人和家庭秘密,住宅不受侵犯和通信秘密权的遵守情况,遵守实施侦查搜查措施和进行侦查的法定程序,侦查机关做出决定的合法性实施监督,[103]但检察长在进行审前监督时不得随意干涉审判前侦查活动。在2007年6月5日通过的《关于修改俄罗斯联邦刑事诉讼法典和俄罗斯联邦检察机关法》的法令之后,检察机关对有关初步调查的职能并对侦查机关执行法律的情况的监督职能被划分出去,检察长对侦查的监督明显被压缩,而侦查机关领导的职能明显扩大。[104]

2. 审判时监督

检察长对刑民案件的审理进行监督与苏联时期并不完全相同,苏联时期的"这种类型的监督仅仅是社会主义法律体系下和《苏联检察检察机关法》中对法院审理案件是执行法律情况的监督来命名而已"。[105] 与苏联时期相比较,俄罗斯联邦时期的检察机关不属于司法机关,其地位发生变化,法律规定"检察长依照联邦法律或其他联邦法律规定从程序案件法院的刑事案件审理,在法院进行刑事诉讼时检察长以国家公诉人的身份参加",[106]所以并不完全享有检察监督职能。在做出一审判决之后,检察监督职能方得以履行,即对尚未生效的判决、裁定或决定的合法性实施监督,这对于检察长而言不仅仅是权利也是义务。在第二审上诉审程序中,检察长有权对任何法院的判决,包括对俄罗斯联邦最高法院刑事审判庭和军事审判庭的判决向最高法院上诉庭提出上诉或抗诉。对已经发生法律效力的判决、裁定、决定,一旦发现违法或者证据不足的,检察长可以向上一级检察长提出监督提请书,依照审判监督程序对除俄罗斯联邦最高法院主席团以外的任何法院做出的判决、裁定或决定提出抗诉。俄罗斯联邦主体检察长有权对区法院做出的判决和裁定,主体法院刑事审判庭依照第二审上诉审程序

---

〔102〕 См:Федеральный закон О Прокуратуре РФ 2017 года(N2202 - 1 редакция 2017) http://ipipip.ru/zakon-o-prokurature/29/,最后访问日期:2017年4月27日。

〔103〕 ПРИКАЗ Генпрокуратуры РФ от 25.04.2000 n 56 ОБ ОРГАНИЗАЦИИ НАДЗОРА ЗА ИСПОЛНЕНИЕМ ФЕДЕРАЛЬНОГО ЗАКОНА ОБ ОПЕРАТИВНО - РОЗЫСКНОЙ ДЕЯТЕЛЬНОСТИ, https://www.lawmix.ru/pprf/70291,最后访问日期:2017年4月28日。

〔104〕 Ю. К. Орлов. Судоустройство и правоохранительные органы. М. 2015. С. 382.

〔105〕 Б. Н. Габричидезе, Н. Д. Эриашвили. Система органов государственной власти России. М., 2015. С. 417 - 418.

〔106〕 Федеральный закон О Прокуратуре РФ 2017 года (N2202 - 1 редакция 2017) http://ipipip.ru/zakon-o-prokurature/35/,最后访问日期:2017年4月27日。

审理案件做出的裁定提出抗诉。对第二审上诉程序中的判决为终身裁决，有权依照审判监督程序提出抗诉。[107]

在民事诉讼案件中，检察长也是监督者和参与者的复合主体，但当法院诉讼程序违反或做出违法裁判时，检察机关从保护国家和社会的利益出发，作为法律的监督机关当然是享有监督权利。可以说，俄罗斯检察机关在民事诉讼中的法律地位既居于法律监督者的地位，同时又居于类似原告的地位，即兼具监督者和诉讼参与者双重身份通过抗诉方式实施检察监督。

（四）对执行刑罚机关、羁押监禁机关执行法律情况的监督

根据《俄罗斯联邦检察机关法》的规定，检察机关有权对在拘留、监禁、劳动改造场所，以及执行刑罚机关等使自然人处在被剥夺和限制自由情况的合法性，对处在惩罚机关的人的权利和义务是否遵守俄罗斯联邦法律情况，羁押程序和条件，以及对执行与剥夺自由无关的刑罚的合法性进行监督。[108] 根据2003年《关于对执行刑罚时在看守所羁押犯罪嫌疑人和被告人是遵守法律情况实施检察监督的组织总检察长命令》，检察长应特别注意刑罚执行机构和机关工作人员是否实施了侮辱人格，专横独行，残酷虐待被判刑和羁押者的行为，是否毫无根据地适用惩罚性牢房，是否保障囚犯最大待遇的人道主义羁押条件。对已经发现的违法行为的实际消除情况组织实施严厉的监督。[109]

该类型的检察监督由保障服刑公民权利和自由的重要性，以及保障犯罪嫌疑人和被告人在被拘留或监禁时权利和自由的重要性所决定的，所以在这种情况下，“检察长有权在无论是否存在被判刑人的申诉，以及其他违法信息的情况下进行经常性走访”，[110] 俄罗斯联邦总检察长、联邦主体检察长，以及相对应辖区内刑罚执行情况直接实施监督的检察长，有权不经专门许可在任何时间走访执行刑罚的机构和机关，既可以进行针对性检查，即机构法制状况，也可以是一般检查。在实施监督时，检察长有权查阅拘役实施拘留、监禁、判刑文件以及规定适用强制措施的文件，并对法律文件提出异议。检察监督的此项权限非常重要，因为可以使检察长发现和预防违反羁押期限，错误确定劳动改造种类，错误适用处罚措施以及其他重大违法行为。

相对比苏联时期，检察长根据《俄罗斯联邦检察机关法》还首次赋予检察长的撤销权，即撤销对被监禁、判刑者非法科处的纪律处分，并立即做出关于将其从处罚隔离

---

[107] Федеральный закон О Прокуратуре РФ 2017 года（N2202 – 1 редакция 2017）http://ipipip.ru/zakon-o-prokurature/36/，最后访问日期：2017年4月27日。

[108] Федеральный закон О Прокуратуре РФ 2017 года（N2202 – 1 редакция 2017）http://ipipip.ru/zakon-o-prokurature/32/，最后访问日期：2017年4月27日；См：Ю. К. Орлов. Судоустройство и правоохранительные органы. М.，2015. С. 387.

[109] См：Приказ Генеральной прокуратуры РФ от 5 августа 2003 г. № 27 Об организации прокурорского надзора за соблюдением законов при исполнении уголовных наказаний и содержании подозреваемых и обвиняемых в следственных изоляторах" http://law.edu.ru/norm/norm.asp? normID = 1197114，最后访问日期：2017年4月28日。

[110] Ю. К. Орлов. Судоустройство и правоохранительные органы. М.，2015. С. 387.

室、释放出来的决定。[111]

(五)对司法警察执行法律情况进行监督

检察机关对司法警察执行法律情况进行监督在1992年《俄罗斯联邦检察机关法》中并没有得到体现。根据1997年及2016年最新修改的《俄罗斯联邦司法警察法》,"俄罗斯联邦总检察长即其所属各级检察长依照《俄罗斯联邦检察机关法》的规定对司法警察履行职时执行法律情况实施监督"。[112] 根据《执行程序法》的内容,司法警察—执行员按照《俄罗斯联邦司法警察法》中有关司法警察的规定在执行时行为的合法性受到监督,[113] 1998年12月23日《俄罗斯联邦检察机关法》修订后颁布,其中补充了一种新的检察监督"对司法警察执行法律的情况的监督",1999年2月10日生效后才从立法上对检察长监督司法警察执行法律情况的活动予以确认,[114] 根据2017年最新修订的《俄罗斯联邦检察机关法》,关于对司法警察的监督并未专门规定,但并不影响其作为检察机关监督的一个重要方向进行制度运行。

根据相关法律规定及其内涵,检察院有权"监督调整司法警察执法活动的法律和规范性法律文件的遵守情况,因为很大程度上司法警察存在来自己方面的违法行为",[115] 可以说检察长对司法警察的监督权,从实质上说是一般监督权。检察长对司法警察执行法律情况进行检查,在受到对司法警察行为(作为不不作为)投诉的情况下,检察长有权传唤相应公职人员,并要求就所触及问题的实质做出解释。在执行程序中,司法警察有可能违反任何手续办理的法定程序,在实施自己活动的进程中,有权做出许多单个的诉讼文件,关于提起执行程序的决定,关于终止执行程序的决定等,所以检察机关也有权索取上述相关材料。[116] 对于司法警察做出的决定可以向法院提起诉讼,但是鉴于法院压力过大的实际,俄罗斯采取了以检察长对非法法律文件提出异议的方式予以变通。检察长也可以对司法警察做出关于禁止实施违法行为的预先警告,如果发现司法警察具有职务犯罪的行为,还有权对其提起刑事诉讼。[117]

---

[111] Федеральный закон О Прокуратуре РФ 2017 года (N2202 - 1 редакция 2017) http://ipipip. ru/zakon-o-prokurature/33/,最后访问日期:2017年4月27日。

[112] Федеральный закон "О судебных приставах", N 118 - ФЗ от 21. 07. 1997, http://www. zakonrf. info/zakon-o-sud-pristavah/19/,最后访问日期:2017年4月28日;ФЕДЕРАЛЬНЫЙ ЗАКОНО судебных приставах(с изменениями на 3 июля 2016 года), http://docs. cntd. ru/document/9046211,最后访问日期:2017年4月28日。

[113] См:РОССИЙСКАЯ ФЕДЕРАЦИЯФЕДЕРАЛЬНЫЙ ЗАКОНОб исполнительном производстве(с изменениями на 28 декабря 2016 года), http://docs. cntd. ru/document/902063102,最后访问日期:2017年4月28日;Надзор за исполнением законов судебными приставами, http://studopedia. ru/12_204996_nadzor-za-ispolneniem-zakonov-sudebnimi-pristavami. html,最后访问日期:2017年4月28日。

[114] Б. Н. Габричидезе, Н. Д. Эриашвили. Система органов государственной власти России. М. ,2015. С. 417.

[115] Ю. К. Орлов. Судоустройство и правоохранительные органы. М. 2015. С. 386.

[116] 参见[俄]Ю. Е. 维诺库洛夫主编:《检察监督》(第7版),刘向文译,中国检察出版社2009年版,第363~366页。

[117] Надзор за исполнением законов судебными приставами, http://mirznanii. com/a/28454/nadzor-za-ispolneniem-zakonov-sudebnymi-pristavami,最后访问日期:2017年4月28日。

对司法警察执行法律情况实施监督,不仅有助于司法警察活动的进一步完善,也有助于保障法院的法定活动以及法院裁决得到应有执行,更能通过监督保障司法警察活动的合法性,进一步维护司法文件针对的自然人和法人的权利和合法利益。

检察权除法律监督外,还在刑事诉讼中有所表现。根据《俄罗斯刑事诉讼法典》第6章第37条的规定,检察长是有权以国家的名义在刑事诉讼过程中进行刑事追究以及对调查机关和侦查机关的诉讼活动实行监督的公职人员。[118]根据《俄罗斯联邦刑事诉讼法典》的规定,检察权在刑事诉讼中的表现主要有以下三个方面:第一,公诉权。在侦查程序结束后,侦查员将附有起诉意见书的刑事案件移送检察机关审查起诉,此后,由检察长代表国家提起诉讼并出庭支持公诉。第二,侦查权。检察长有权提起刑事案件并依照《俄罗斯刑事诉讼法典》规定的程序委托调查人员、侦查员、下级检察长调查案件,委托调查机关进行侦查行为,以及向调查机关发出进行侦缉措施的指示,在必要的情况下可以亲自进行某些侦查行为。检察机关有对刑事犯罪进行侦查的权力。第三,适用强制措施的决定权。检察机关可以直接决定适用强制措施,但是必须由法院裁决执行的强制处分除外。第四,检察机关具有起诉裁量权。俄罗斯联邦的公诉由检察长负责提起,新的刑事诉讼法典除规定了法定不起诉条件外,还规定在双方和解、形势变更或者犯罪嫌疑人、被告人积极悔过的情形下,检察长可以酌情决定是否起诉,但不起诉决定权受到犯罪嫌疑人、被告人及被害人的意思制约。

可见,俄罗斯联邦时期检察权在履行法律监督权的主要功能下,对俄罗斯境内各机关的行为及其出台法律文件的合法性进行监督,形成一套完整的法律监督体系,并同时发挥在刑事诉讼中的权能,以保障人权为核心为理念指导,为提高检察机关在加强国家法制和法律秩序,捍卫公民宪法权利和自由方面的作用创造了前提条件,在现代俄罗斯联邦国家中发挥真正的"护法"功能。

五、结语

俄罗斯检察权的发展经历过沙俄时代的确立与现代化、苏联社会主义制度下的"法律监督"和现代俄罗斯时期的转型。可以说,俄罗斯检察权经历了一个反复的历史发展过程。随着俄罗斯社会的转型,其检察权在某种意义上"复兴"沙俄时代的现代化模式,同时也继承了苏联时期的法律监督内容,但也发生了很大变化。

第一,厘清了检察权与司法权的关系。在沙俄时期,检察权并未成为司法权的一部分,而且检察制度的创建初衷是为了监督法律执行的情况,但在经过1864年司法改革之后,检察权逐渐由法律监督向公诉权转变,内容基本确定为公诉为主,监督为辅。在苏联时期,检察权被司法权吸收,成为苏维埃国家进行法律监督的重要部门,其权力运行目标回到了法律监督层面,并在很大程度上成为政治工具。随着俄罗斯国家的转型,检察机关成为具有专门监督职能的"护法机关",同时在刑事诉讼领域表现出了权

---

〔118〕《俄罗斯联邦刑事诉讼法典》,黄道秀译,中国政法大学出版社2003年版,第30页。

力样式，彻底与司法权相分离。可以说，现代俄罗斯检察权在权力独立的基础上融合了沙俄和苏联检察权的基础上所形成的一种权力形态。

第二，"一般监督权"范围缩小。在俄罗斯联邦检察立法中，"一般监督"的提法被"对执行法律的情况进行监督"所取代，在规定对各执行机关遵守宪法和法律的情况，以及颁布法律文件的合法性进行监督，即使比以往更加具体、明确，监督的内容也逐渐丰富，但也仅限于"执行法律的情况"，实际上成为"执法监督"。

第三，审判监督权弱化。在沙俄时代，1864 年司法改革之后，检察机关的公诉职能凸显，其监督职能受到限制，而在苏联时期的法律监督对审判活动造成了很大影响。在俄罗斯联邦转型期，检察权领域发生的最大变化就是废除了审判监督权，在《俄罗斯联邦检察院法》《俄罗斯联邦刑事诉讼法典》和《俄罗斯联邦民事诉讼法典》中，仅规定了对侦查人员、调查人员进行执法监督，以及二审程序中上诉和抗诉，废除了苏联时代检察机关对法院的审判监督权，内化为程序内的监督。这可谓检察权一次重大变革，可以说这是对旧政权体制中"法律监督权"的一种弱化。

第四，检察权强化了国家尊重和保护人权的价值取向。俄罗斯国家转型使得国家政治体制的改变，"国家利益和个人利益对比关系的优先顺序被打乱，以与利于个人"，[119] 所以俄罗斯加大了对人权保障的关注，并试图通过检察权发挥人权保障功能，鉴于此，检察立法中增加了"对遵守人和公民的权利和自由情况进行监督"的相关规定，并通过宪法法院及赋予联邦总检察长在法律适用侵犯公民宪法权利和自由时上诉到俄罗斯联邦宪法法院的权力，使俄罗斯的检察监督更加科学。

我国的检察权是在借鉴苏联并结合我国人民代表大会制度的基础上形成的，并且根据中国国情不断完善和发展。在当下进行的司法改革进程中，党的十八届四中全会就指出："完善检察机关行使监督权的法律制度，加强对刑事诉讼、民事诉讼、行政诉讼的法律监督，检察机关在履行职责中发现行政机关违法行使职权或者不行使职权的行为，应该督促其纠正。"[120] 这无疑对检察权改革提供了指导，如何开展改革还有更多的制度细节需要考量，鉴于中俄之间的法律历史渊源，俄罗斯检察权的历史变迁是不可跨越的考察因素，而俄罗斯联邦国家经济、政治和司法制度在社会转型背景下发生的重要变革，以及随之发生检察权的时代变迁，更是我们需要关注的重点。总之，俄罗斯转型期的检察权问题值得我们继续探讨和研究，并最终成为我国进行检察权改革的域外学理和实践资源。

---

[119] [俄]Ю. Е. 维诺库洛夫主编：《检察监督》（第 7 版），刘向文译，中国检察出版社 2009 年版，第 180 页。

[120] 《中共中央关于全面深化改革若干重大问题的决定》。

激活休眠:小额诉讼当事人程序保障的破解之道

——以某地区法院小额诉讼程序实证为样本

陈　岭[*]　王根财[**]

内容摘要:《民事诉讼法》在修订过程中引入了小额诉讼程序,其立法目的在于通过赋予当事人充足的程序权利以实现其程序利益与实体利益之间的动态平衡。在这种思想的指导下,新的《民事诉讼法》构建了小额诉讼程序当事人程序保障规则体系,赋予了当事人一定的程序性权利,作为程序权利主体的当事人可以就系争的实体利益或者程序利益依法向法官提出请求。但是综观小额诉讼程序在司法审判中的实际运行发现,小额诉讼当事人程序利益保障存在缺失,致使民事诉讼法修订之简易裁判与当事人充分保障的双重目标在一定程度上落空。本文从基层人民法院的审判实践入手,通过对部分民事案件的类型化分析得出,当事人小额诉讼程序启动之选择权以及程序选定后之异议权的构建才是解决小额诉讼当事人程序权利保障不足的破解之道。

关键词:程序保障　实体利益　程序利益　程序选择权　小额诉讼

在我国,程序保障论起源于 1980 年所倡导的诉讼过程中的突袭防止理论,其主旨在于:当事人作为程序的主体,既可以请求法官实现系争实体利益,也可以请求维护其所涉之程序利益;进而应当赋予当事人追求两者平衡利益的机会,从而达到两者平衡上的真实(见图 1)。

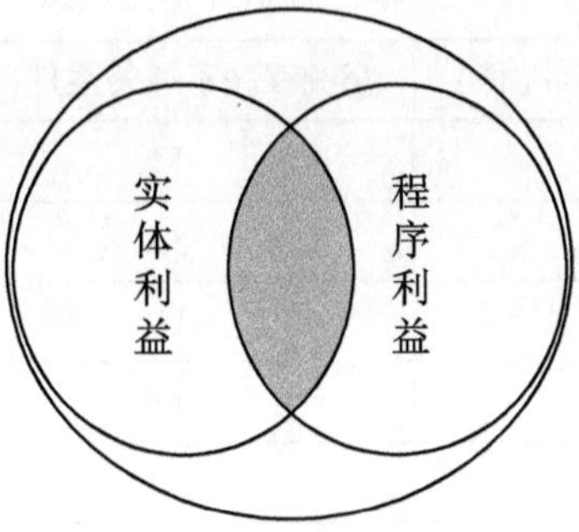

图 1　程序保障论

因此,平衡并满足诉讼主体真实诉求、糅合双方发生发现事实突袭以及诉讼突袭就成了诉讼审判制度构建与运行的重要目标。因而,程序保障的内涵可以概括为两方面:一方面是有关追求发现真实即达成慎重而正确的裁判的程序保障,有机会获得更

---

[*] 陈岭,南京师范大学民商法学硕士。

[**] 王根财,国浩律师事务所律师。

加慎重而正确的裁判,从而追求实体利益;另一方面是有关促进诉讼即达成迅速而经济的程序保障,有机会获得便捷而经济的裁判,以追求程序利益。两者之间应当如何平衡,则由当事人主体自己选择。

当前,我国的民事纠纷与诉讼数量不断增多,致使法院办案面临巨大的压力。《民事诉讼法》在修订过程中,新增了小额诉讼程序,其立法目的是在强化当事人程序保障的思路指引下,通过赋予当事人充足的程序权利以实现其程序利益与实体利益之间的动态平衡,进而最终达致简速裁判的程序保障要求与信赖真实主义。这样可以达到两个目标:“第一,当事人想要通过简单的程序使争议得到快速解决的愿望与缓解法院面临的积压案件的困境问题;第二,因小额诉讼案件的自身特点,促使在案件审理与普通程序案件审理上有所区别。”[1] 在此种背景下,公正不再是作为诉讼程序唯一的价值标准,效益也应当成为诉讼程序的价值目标。[2] 因此,为了进一步提高诉讼程序的效率,“在现有的司法资源下,保障每个公民都能够通过诉讼实现自己的权利”,[3] 小额诉讼程序就在这种背景下诞生了。但是,在小额诉讼程序设定之后,运行的状况是否与程序设立的期望相同?程序运行是否又赋予了当事人足够的程序保障?这些都是存在很大的疑问的。

一、现状考察:以某区法院小额诉讼适用为样本

在民事司法制度改革中,设置小额诉讼程序的初衷是为了通过简化诉讼程序进而提高诉讼效率、诉讼程序的简繁分流。具体到我国民事诉讼制度体系,小额诉讼程序被规定于简易程序之中。鉴于此,本文以某市六个基层法院简易程序与小额诉讼程序的适用情况为研究对象,进而对其进行类型化分析,从而对小额诉讼程序在我国司法实践中的运行效果进行考察。具体见表 1:

表 1　小额诉讼程序适用数据

	简易程序审结的案件(件)	小额程序审结的案件(件)	小额程序适用比例(%)
A 区法院	22402	120	0.54
B 区法院	11413	332	2.9
C 区法院	7322	118	1.61
D 区法院	1856	66	3.66
E 区法院	2915	41	1.40
F 区法院	5523	298	5.40
合计	51431	975	1.89

通过以上数据可得,小额诉讼程序在实务中的适用情况并不理想。其中,在六区

[1] 江伟、孙邦清:《民事诉讼法典专家修改建议稿及立法理由》,法律出版社 2008 年版,第 268 页。

[2] 李祖军:《民事诉讼目的论》,法律出版社 2000 年版,第 81 ~82 页。

[3] 范愉:《小额诉讼程序研究》,载《中国社会科学》2001 年第 3 期。

的法院中,适用效果最好的F区法院的适用率为5.40%;适用率效果最不理想的A区法院为0.54%。而从总体数据分析可得,该市的小额诉讼程序的适用率仅为1.89%,说明我们的小额诉讼程序的设置在实务中未达到预期的效果。

二、现状反思:小额诉讼程序保障缺失

(一)当事人程序选择权利的缺失

根据我国《民事诉讼法》规定,小额诉讼程序适用强制性的,并不存在当事人抉择以及法官裁量的空间。也就是说,当事人对于小额诉讼程序的启动与适用并无选择的权利,在某种程度上不能不说这种制度安排以及权利配置的缺失是对该项制度引入时保障当事人程序自主的目的背离。民事诉讼程序的设计与当事人权利的分配本应以促进诉讼主体程序利益与实体利益的共同实现作为出发点,所以当事人的程序选择则就显得尤为重要,赋予当事人一定的程序选择,使与程序有着切身利益的当事人有机会在程序利益与实体利益之间进行权衡,自由地作出选择。但是,回溯到民事诉讼法修正时创设小额诉讼的初衷,发现立法之所以采纳法定适用模式,是为了更好地实现案件的繁简分流,这本身并无太大的问题。但是在积极推动小额诉讼程序在司法实践中运用的同时,却明显忽略了当事人的程序选择权,反致该项制度在基层人民法院的适用受挫、立法目的不达,制度功能发生减损,这不得不引发我们对此种情况加以反思。

(二)当事人规避小额诉讼程序的适用

我国小额诉讼程序这种法定强制适用的立法模式,除了导致当事人程序选择权利被侵犯以外,在实务中还引发了另一个同样值得我们深思的问题。立法规定小额诉讼程序只是适用于小额案件,但是对于一些标的较大、争议复杂的非简单案件不得适用,这无可厚非。但是法律规定,对于适用小额诉讼程序的小额案件,实行一审终审,这就导致了部分当事人认为小额诉讼程序不利于保护自己的程序利益,进而采取恶意虚增诉讼标的等不当手段选择简易程序甚至是普通程序来规避小额诉讼程序的适用。例如,从A区法院案件数据中可以看出,该法院适用简易程序的案件有22402件,但适用小额诉讼程序的案件仅为120件。从简易程序适用的数据可以看出,该区应该处于经济较发达的区,但简易程序与小额诉讼程序的比例却两极分化。

三、破解之道:实体利益与程序利益平衡之真实

(一)小额诉讼程序适用模式的扩张

《民事诉讼法》第162条规定小额诉讼程序采取强制适用的立法模式。但是正如上文中提到的那样,这种制度设计实在有剥夺当事人程序选择权之嫌。笔者下面将通过对部分民事案件的类型化分析,来对这一问题展开讨论。第一类,所涉实体利益限制的案件;第二类,所涉程序利益限制的案件;第三类,所涉程序利益扩张的案件。

1. 第一类案件:所涉实体利益的限制

在我国的民事诉讼设立小额诉讼程序之前,专家学者们对我国小额诉讼程序的设立阐述了各自的观点。其中主张小额诉讼程序应当选择适用,赋予当事人一定的程序保障,其代表人物:李浩教授、王亚新教授等。李浩教授认为,小额诉讼程序所具有的诉讼效率通常是以牺牲当事人的诉权为代价,主张立法应当赋予当事人选择适用程序的权利并作为法治国家应当承担的主要责任。[4] 王老师则主张,“应当保障当事人享有小额诉讼程序与普通程序之间进行选择的机会”,[5] 当事人应当可以在实现权利与付出成本之间进行权衡,在选择适用简易、高效的程序时作出一定的选择,并对自己的选择结果承担一定的后果。

然而,在2013年颁布的《民事诉讼法》第162条可以看出,立法最终采纳的是强制适用模式。根据全国人大法工委扈纪华介绍,小额诉讼程序究竟是适用模式是选择适用还是法定适用,与该程序的适用范围息息相关。笔者认为,这种观点是值得商榷的。从域外法律制度来看,韩国的小额速裁程序适用于金钱给付、其他替代物以及有价证券;日本的小额诉讼程序则适用于金钱给付案件。但是,这两者小额诉讼程序的启动模式却各不相同:韩国的小额诉讼是强制适用;日本的小额诉讼则是选择适用。与他们相比,我国的小额诉讼程序适用的案件类型是金钱给付案件。从适用范围来看,我国和日本的小额诉讼程序的适用范围是一致,但是立法采取的适用模式却完全不同。因此,小额诉讼程序的法定适用还是选择适用,与程序适用的范围没有必然的联系。(见图2)

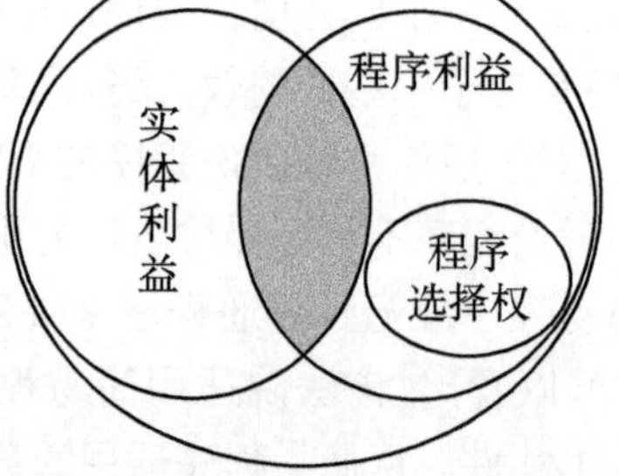

图2 程序利益受限制(程序选择权受限制)

小额诉讼程序的启动模式应当从小额诉讼程序的设立目的来分析。韩国的小额诉讼程序是法定适用的模式,其原因可能与韩国的民事诉讼未设立简易程序有关。而且韩国的小额诉讼程序并未规定在《民事诉讼法》中,而是独立设置《小额案件审判法》。就某种意义上而言,韩国的小额诉讼程序也有着简易程序的功能。而日本的小

[4] 李浩:《论小额诉讼立法应当缓行——兼评〈民事诉讼法修正案(草案)〉第35条》,载《清华法学》2012年第2期。

[5] 王亚新:《对抗与判定——日本民事诉讼的基本结构》,清华大学出版社2010年版,第293页。

额诉讼程序，系为了达到公民解决司法，让司法能够为公民解决纠纷的目的，[6] 达到司法大众化的效果。所以，日本小额诉讼程序采纳当事人双方选择适用自有其合理之处。我国小额诉讼程序除了为了达到司法大众化和保障系争外利益之外，还应考虑我国诉讼案件程序的繁简分流的功能。对此，傅郁林教授认为诉讼成本与诉讼收益相适应的理念也可以解释对于一些类型的案件强制适用“简易程序”。该原理同样可以解释一些类型的案件应强制适用“小额诉讼程序”的问题，对于一些标的额是省（自治区、直辖市）上一年度平均工资 30% 以下的简单民事案件进行强制适用小额诉讼程序。

但是，有一种观点认为，小额诉讼程序的法定适用模式是忽视当事人程序选择权的一种体现，是对当事人程序保障的忽视。程序选择权是现代法治国家公民的一个基本权利，立法者可以对当事人的诉讼权利根据某种情况进行扩大或缩小，但不能对该诉讼权利本身予以剥夺，除非当事人对该权利予以放弃。[7] 我们必须清楚认识到一点：当事人作为程序保障的主体，既可以请求法官实现系争实体利益，也可以请求维护其所涉及的程序利益。但是，并不是说当事人可以自由决定涉及自己诉讼所采纳的程序，哪怕这种程序过于耗费不必要的司法资源，程序利益应当要有所限制。虽然允许当事人在发现真实与促进效率之间自主的选择平衡点，但是对于简单的民事案件以及法院“案多人少”的现状导致我国必须对此类案件的当事人程序性权益作出一定的限制。反之，对于程序利益而无所限制，那么符合小额诉讼程序的当事人通过合意选择适用普通程序审理案件，那势必会导致大量的小额案件流入普通程序中，这就达不到小额诉讼程序设置之初所要达到的程序繁简分流的效果。这样势必会导致与设置小额诉讼程序的立法本意背道而驰，小额诉讼程序所设置的效果也必然会减小。

2. 第二类案件：所涉程序利益的扩张（见图 3）

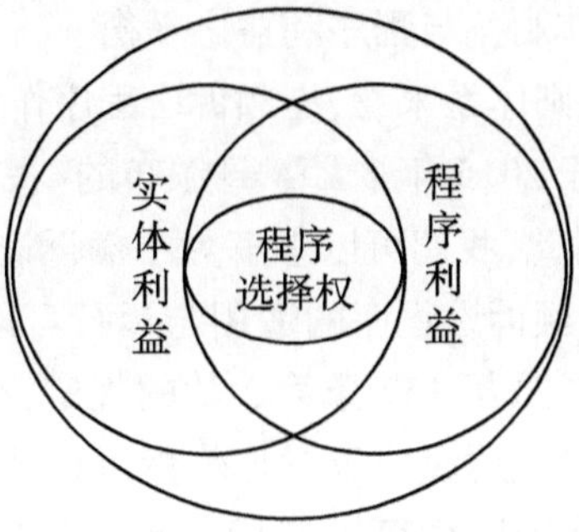

图 3　程序利益受保障（程序选择权受保障）

对于简单且标的额在平均工资 30% 以上的案件，可以适用简易程序审理。但是，其是否可以合意选择小额诉讼程序审理，立法并没有加以明确。根据程序保障原理，

[6] ［日］新堂辛司：《新民事诉讼法》，林剑锋译，法律出版社 2008 年版，第 685 页。

[7] 李浩：《论小额诉讼立法应当缓行——兼评〈民事诉讼法修正案（草案）〉第 35 条》，载《清华法学》2012 年第 2 期。

法院在肯定诉讼当事人对国家享有适时的审判权请求权,当事人可以自主选择诉讼时机,同时在对公共利益无害时享有程序选择权即追求程序利益的权利,最终由当事人双方来选择发现真实与促进诉讼之间的平衡。

对于此类案件,在保障当事人程序选择权的基础上,允许当事人双方通过合意的方式选择小额诉讼程序来审理案件进而寻求系争实体利益与程序利益之间的平衡。而且最高人民法院也表明,在即使实践中有的案件超过了小额诉讼案件居民收入"30%"的适用条件,只要其"案件事实清楚、权利义务明确、争议不大,在民事诉讼法没有明确禁止的情形下,实践中可以对当事人的选择适用做进一步有益探索"。〔8〕例如,江苏省淮安市清浦区人民法院是全国法院中小额诉讼程序实践得比较好的法院。该法院审监庭在2014年12月2日发布了《我院首开小额诉讼程序约定适用先河》,〔9〕法院对于一起标的额为8.5万元的民间借贷纠纷(江苏地区法院适用小额程序案件标的标准通常掌握在1.5万元以下),通过双方当事人合意选择适用小额诉讼程序开庭审理了案件,并当天作出判决(双方当事人对判决结果均无异议,并表示将按判决确定的内容履行各自的权利和义务)。通过合意选择适用,使得"纠纷解决方式程序灵活、费用低廉、效率较高,并且由于当事人能够达成一定程度地谅解,纠纷往往能够得到彻底的解决"。〔10〕

因此,对于此类案件,当事人作为程序主体,在程序保障的制度下可以根据自己的实际需要,适当地放弃部分实体利益而追求更多的程序利益保障是应当得到尊重的。所以双方当事人以合意的方式选择将部分标的额超过省(自治区、直辖市)上一年度就业人员平均工资30%以下的简单民事案件纳入小额诉讼程序来审理,也是符合小额诉讼程序制度设置的目的的。

3.第三类案件:所涉实体利益与程序利益之平衡

从民事诉讼法的法律规则体系来看,小额诉讼程序作为独立的一章被归于简易程序之中,同时最高人民法院于2015年2月4日颁布的《民事诉讼法司法解释》亦将其称为"简单的小额案件"。对此,我们可以理解为小额诉讼程序是对简易程序再简化,这就是说若无相反的规定小额诉讼程序的适用与运行可以参照适用简易程序的有关规定。比如,根据《民事诉讼法》第157条第2款的规定,对于某些不适宜采用简易程序审理的案件,只要双方当事人达成一致意见依然可以选用简易程序。那么,对于第152条第2款的情形,我们认为同样可以适用于小额诉讼程序。根据程序选择权原理,民事程序选择权的目的在于赋予当事人在发现案件真实与促进诉讼效率两者之间如何平衡由当事人自己选择。〔11〕在当事人将争议诉诸法院时,对于发现实体这一追

〔8〕沈德咏:《最高人民法院民事诉讼法司法解释理解与适用》,人民法院出版社2015年版,第708页。

〔9〕参见淮安中级人民法院网:http://fy.huaian.gov.cn/web/fy/2014/11/25/3150423.shtml,最后访问日期:2016年3月24日。

〔10〕[日]棚濑孝雄:《纠纷的解决与审判制度》,王亚新译,中国政法大学出版社2004年版,第7~18页。

〔11〕邱联恭:《民事程序选择权的法理》,载《民事诉讼法之研究(四)》,台北,三民书局1993年版,第580页。

求并非恒定的最优选择。在未充分照顾当事人的程序利益以及选择程序适用的意愿时,一味地强调促进诉讼应当优先于发现客观真实,都是让人难以接受的。何况,两者利益相互间的优劣轻重,尚有依事件类型审理论,视各种事件之特性和需求,分别予以判定而均衡追求之必要。

而且,简易程序和小额诉讼程序的价值理念是多元化,它并不是仅仅对于司法效率的单向追求。依照学界一般认识,简易程序是对普通程序的简化,而小额诉讼程序是对其进行的二次简化。就某种程度而言,上述诉讼程序的简化、"二次简化"被看作是对司法公正的一定牺牲。即使将上述程序简化的过程视为对公正某种程度的牺牲,也不能得出简易程序与小额诉讼程序的设计必然会损害司法的公正性。这是因为,上述看似对公正进行某种程度牺牲的诉讼程序简化过程,并不是在强迫违背当事人意愿的情况下作出的,而是在充分保障当事人程序选择权前提下的一种有利益回报的"牺牲"。

因此,只要当事人在发现真实与促进诉讼之间,通过合意作出选择,视为其双方同意放弃通过普通程序实现更加客观真实,而选择更加快捷的程序利益。只要双方的合意选择不违反公共利益,那双方的合意选择应当是被法院所接受的。

(二)当事人权利滥用的消极性评价机制

从小额诉讼程序在司法实务中的适用来看,小额诉讼程序的实际效果并不理想。其原因在于小额诉讼的强制适用剥夺了当事人的程序选择权,以及法官自身在运用小额诉讼程序解决纠纷有所顾虑之外,很重要的原因在于当事人权利的滥用——程序异议权的滥用。例如,从调研 A 区法院审结的民事案件来看,适用简易程序审结的案件有 22402 件,其中标的额符合 "小额" 要求的仅有 120 件。立法赋予当事人对小额程序适用一定的程序异议权,其目的在于限制法院依职权适用小额诉讼程序,避免法院利用小额诉讼程序的强制适用规则,损坏当事人的权利。所以,小额诉讼程序的运行现状不佳的很大原因也在于此。

因此,为了避免诉讼当事人程序异议权行使泛化以规避小额诉讼程序的启动与适用从而片面转向简易程序甚至是普通程序的发生,应当建立一定的消极评价机制。该消极评价机制的方法在于:若该案件本该适用小额诉讼程序,但由于当事人滥用程序异议权,从而使案件进入简易程序或普通程序,并且该情况在审理后被发现时,应当由滥用程序异议权的一方承担另一方多花费的诉讼费用。因为这种情况不仅是浪费国家司法资源的情形,同事也是侵犯了对方的程序保障。程序保障不仅保障系争纠纷的实体利益,同时也保障系争外的程序性利益。

(三)当事人救济途径的完善

我国适用小额诉讼程序审理的案件系一裁终决,因而当事人对最终裁判不服,只能选择申请再审一条途径。但是从我国目前的司法实践来看,要想启动再审程序是非常困难的,其实质上使当事人的救济途径变得更加困难,限制了当事人的诉讼权利,过分地损害了当事人的程序利益。同时,小额诉讼程序设立的目的之一是根据费用相当原则而构建,如果允许小额诉讼程序与简易程序或普通程序启用上诉的救济途径,那么小额诉讼程序则失去了自身的存在价值。正因为这样的程序设计造成了当事人以程序的方式救济的困难,进而出现了制度外的上访、信访的现象不断增多,这又从反面极大的降低当事人适用小额诉讼程序的意愿,造成小额诉讼程序在司法实践中的适用率进一步降低,致使设置该项制度的立法目的的流失。"在这种立法模式下,如果不赋予小额诉讼程序其他的救济途径,很容易造成司法错误与信用不良的风险,造成小额诉讼程序的问题由法院转向了其他政党部门。"[12]

与简易程序、普通程序相比,小额诉讼程序的程序规则更加简化,从而更加有必要对其救济途径进行强化,其救济途径与其他程序有所不同;[13] 但是,小额诉讼程序的设置应当考虑诉讼效率的同时,兼具当事人程序保障问题。所以小额诉讼程序的救济措施的设计,应当在注重效率的同时兼具考虑当事人的程序利益。从域外法律制度来看,各国的民事诉讼法对小额诉讼程序都规定了一定的救济途径,但其救济方式受到了一定的限制。德国的小额诉讼程序以裁判结果为原则,但考虑到法律发展与司法统一的因素,德国的民事诉讼法允许小额速裁程序的案件上诉;日本的立法也赋予小额速裁程序其他的救济途径,即允许对小额裁判提出异议,若异议成功,则程序恢复至口头变了终结前的状态;英国的小额诉讼程序经法官允许后可以上诉,但其条件在于法律错误或程序存在严重违法的情形;韩国的小额诉讼程序其允许上诉的前提系裁判存在违反宪法、法律等情形。[14] 根据我国设立小额诉讼制度是为了将案件纠纷化解在基层法院,让公众更加容易接近司法,那么应当赋予当事人对选择该程序后对其结果提起异议的权利,若理由成立,应当指定本院其他的法官重新审理此案,以保障当事人的程序权益。

四、结语

从基层法院的司法实践来看,小额诉讼程序的实际运行效果并不理想。其原因主要在于我国的小额诉讼程序缺乏一定的程序保障机制。其一,当事人程序救济的限制,会促使当事人想尽办法规避当事人使用小额诉讼程序,因而必须对该种行为进行一定的消极评价;其二,小额诉讼程序的适用范围存在一定的缺陷。对于本文所述的第一类案件,当事人追求实体利益的权利必须受到一定的限制;而对于第二类、第三类案件,应当赋予当事人一定的程序选择权,让当事人在程序利益与实体利益之间寻求自己所需要的平衡点,这样才能给予程序主体足够的程序保障。

---

[12] 傅郁林:《小额诉讼与程序分类》,载《清华法学》2011年第3期。

[13] 沈冠伶:《诉讼权保障与裁判外纷争处理》,台北,元照出版有限公司2012年版,第40页。

[14] [韩]孙汉琦:《韩国民事诉讼法导论》,陈刚审译,中国法制出版社2010年版,第531页。

小额诉讼程序对案件分流的冷思考

——从当事人适用程序视角出发

黄东标[*]　林娟娟[**]

内容摘要：司法改革背景下小额诉讼程序的设立是为了实现案件分流。在小额诉讼已经施行的这段时间之中，不难发现我国小额诉讼程序仍存在一些问题。通过对漳州某基层法院小额诉讼程序实施一段时间内的实践情况进行反思，探究小额诉讼程序在实践中之所以"遇冷"的功能上及效果上的原因，借鉴西方小额诉讼程序的设立原理，厘清我国小额诉讼程序设立与运行内在价值的偏差。从当事人适用程序的视角出发，针对我国当前小额诉讼程序在实践中"遇冷"的原因，从小额诉讼程序的庭前告知制度、小额诉讼程序、小额诉讼"特别异议"的救济以及强化非法律途径维权的治理等方面入手将有助于我国小额诉讼程序实现设立的目的，更加符合案件分流的需要。

关键词：小额诉讼　案件分流　程序适用

引言

案件分流，是为了满足当事人不同价值取向和不同层次的需求，设置、维护和发展包括诉讼在内，但不以诉讼为限的多元纠纷解决途径。[1] 我国设立小额诉讼程序的立法初衷之一便是通过小额诉讼实现程序分流，提高效率，解决法院案多人少的矛盾。被赋予了极大期望的小额诉讼程序，近年来逐步形成规范，但经过一段时间的实践，在各地基层法院不同程度"遇冷"，案件分流机制在分担繁重的审判任务上的作用依然不畅。小额诉讼程序在高效、便捷方面的作用不可磨灭，但对于将小额诉讼定位于案件分流功能的批判声一直存在，这与其程序本身所固有的弊端息息相关。对于案情简单、标的额小的案件，适用小额诉讼程序无疑具有提高审判效率、减轻诉讼成本、节约司法资源等优势，然而，因其救济途径并不明确，以牺牲部分诉讼权利换来便捷高效，能否真正称为正义的质疑声开始出现，更有学者认为，法院不能因为审判力量不足、审判任务重而改变与当事人权益保障息息相关的终审制度。

当前司法体制改革背景下，人民调解、诉前调解、司法调解、诉调对接等多元化纠纷解决方式正逐步发展，但长期以来替代性纠纷解决机制（ADR）发展未被重视导致起步慢，脚步缓，更多的纠纷依然诉诸诉讼，因此如何运用好小额诉讼真正发挥其作用值得深入探讨。笔者站在当事人的视角，通过分析个别地区小额诉讼程序适用情况，

---

* 黄东标，福建省漳州市芗城区人民法院法官。

** 林娟娟，福建省漳州市中级人民法院法官。

〔1〕 舒瑶芝：《民事诉讼程序分流研究》，法律出版社 2013 年版，第 193 页。

参考域外小额诉讼程序设计初衷,思考当前我国司法环境下,如何摆正小额诉讼的定位,进一步完善小额诉讼程序以有效发挥其独特的效用,从当事人的角度建构适合于案件分流机制的独特的小额诉讼程序。

一、直面实践:小额诉讼适用"遇冷"

我国台湾地区著名学者邱联恭教授认为,小额诉讼程序的法理基础主要在于:一是拓深程序保障权,保障平等使用诉讼制度机会,平衡慎重裁判之程序保障与简速裁判之程序保障的关系;二是遵循费用相当性原理。[2] 可见,小额诉讼制度可以理解为程序相称原理的一种体现,即在于通过便捷的程序和低廉的费用,保障当事人平等诉权,避免因小额标的而放弃法律保护,建构起大众化司法。因而也成为法院案件繁简分流,减轻负担的一种构想。但从各地法院对这一程序的运行效果来看,一些地方基本能够实现繁简分流,但仍有许多地区在适用小额诉讼程序中还未能达到预期效果。

(一)漳州某基层法院适用小额诉讼情况

2012年,漳州某基层法院成立小额案件审判庭,开展小额速裁试点工作,并在《民事诉讼法》与民事诉讼法的司法解释实施后,相应地调整了小额诉讼案件的适用范围和程序等,为该地区小额审判积累了较为成熟的经验。笔者选择了从2013年小额诉讼正式被确立后至2016年4年的数据,以此作为样本进行分析。

1. 小额诉讼程序适用率逐年下降

自2013年1月1日至2016年12月30日,4年来该基层法院受理案件数分别为13600件、13644件、15594件、17072件,如表1所示,4年来,小额诉讼案件数略有下降,其占民商事案件办结数比例也随之下降。

表1 2013～2016年漳州某基层法院小额诉讼案件整体情况

年份	小额诉讼办结数	简易程序办结数	小额诉讼占简易程序比例	民商事案件办结数	小额诉讼占民商事案件比例
2013	2646	8193	32.29%	10023	26.40%
2014	1693	8204	20.64%	9784	17.30%
2015	1414	9102	15.54%	10510	13.45%
2016	1265	9436	13.41%	11118	11.38%

[2] 邱联恭:《司法之现代化与程序法》,台湾,三民书局1992年版,第270页。

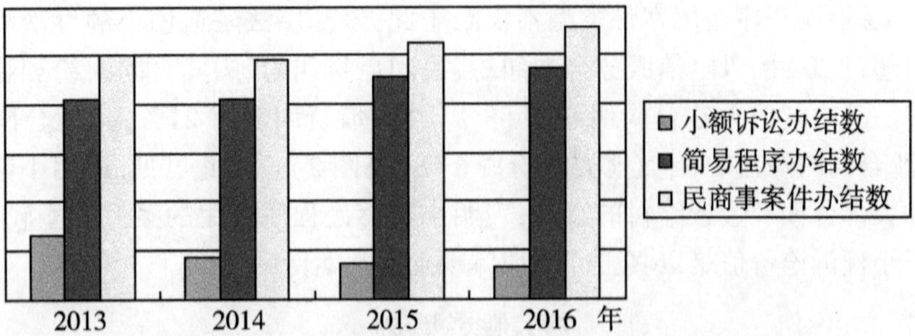

图1　2013～2015年漳州某基层法院小额诉讼案件整体情况

2. 小额诉讼程序高效特点突出

2013年，该法院小额诉讼案件的平均审理期限为8天，2014年的平均审理期限为10天，2015年的平均审理期限为7天，2016年的平均审理期限为7天。其中对于不同的结案方式的审理期限分布如表2所示。同时小额诉讼的平均庭审次数为1次，基本实现了一次庭审就能结案，当庭裁判率为98%，表明案件基本实现了当庭裁判，甚至有小部分案件能够达到当天立案、当天开庭、当天调解或宣判、当天结案，真正发挥了小额诉讼案件高效、便捷的优势特点。

表2　小额诉讼案件不同结案方式的审理期限统计

	调解案件数/件	调解结案平均审限/天	撤诉案件数/件	撤诉结案平均审限/天	判决案件数/件	判决结案平均审限/天	总案件数/件	平均审限/天
2013年	544	7	2096	8	6	17	2646	8
2014年	795	8	893	11	5	14	1693	10
2015年	1364	7	46	11	4	20	1414	7
2016年	1235	7	25	7	5	28	1265	7
四年平均	985	7	765	9	5	20	1755	8

3. 小额诉讼程序提高了调解撤诉率

在审理期限情况的统计中，我们已经对4年来调解、撤诉、判决三种结案方式数量进行了一次统计，通过表2可以看出，调解结案数共3938件，调解率2013年为20.56%，2014年为46.96%，2015年为96.46%，2016年为97.63%；撤诉结案数共3060件，撤诉率2013年为79.21%，2014年为52.75%，2015年为3.25%，2016年为1.98%；判决结案数共20件，判决率2013年为0.23%，2014年为0.30%，2015年为0.28%，2016年为0.40%。4年来，小额诉讼年平均调解撤诉率达99.69%，显著提高了民商事案件的调解撤诉率。

4. 小额诉讼主要适用案件类型偏窄

虽然民事诉讼法司法解释对适用小额诉讼程序的金钱给付类案件的类型进行了

规定，但小额诉讼程序适用案件类型不仅限于此，该基层法院适用小额诉讼程序案件涉及案由超过20种，以电信服务合同纠纷、民间借贷纠纷、买卖合同纠纷和物业合同纠纷居多。其中电信服务合同纠纷占58%，民间借贷纠纷占21%，买卖合同纠纷占11%，物业合同纠纷占4%，其他类纠纷占6 %（见图2）。由此可见，适用小额诉讼程序的案件大部分涉及金钱给付的案件，表明小额诉讼程序适用的案件类型较为集中，也说明了小额诉讼价值难以真正广泛地体现到各类案件中。

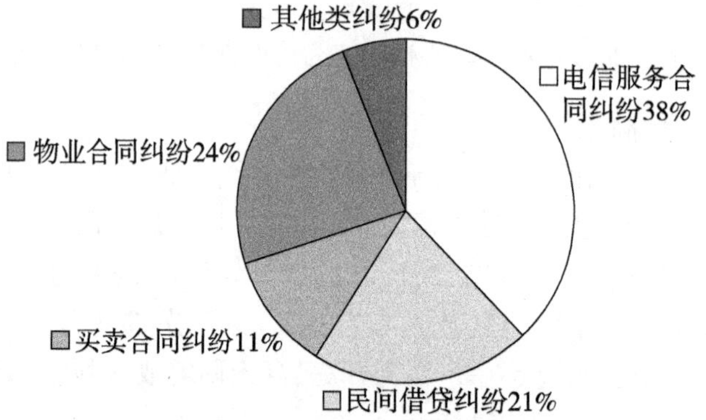

图2 小额诉讼案件类型公布比例

5. 小额诉讼案件受益群体范围偏小

小额诉讼案件当事人主体众多，但从4年的数据样本中可以发现，电信服务合同纠纷、物业合同纠纷较多，因此电信公司和物业管理公司作为小额诉讼主体也占据了大部分。从案件标的额来看，民间借贷纠纷的标的额范围较大，从2000元到70000元之间不等，电信服务合同和物业合同纠纷的标的额相对集中，数额较小，数百元至几千元之间。电信公司和物业管理公司长期作为小额诉讼程序的原告提起诉讼，成为小额诉讼廉价、便捷的受益群体，一定程度上对节约司法资源起到了作用，但是也侧面反映小额诉讼还未能广泛惠及诉讼的弱势群体，当然这与当事人对小额诉讼的认知和接受程度也存在一定关系。

（二）其他省市基层法院适用小额诉讼情况

在其他地区，2013年小额诉讼在各地刚开始运行时，曾一度遭遇"冷落"，例如，重庆法院2013年一审民商事案件中以小额诉讼程序立案并结案的比例仅占了5.23%，但符合小额诉讼标的限制的民商事案件占全部民商事案件比例近75%。又如，同年绵阳全市法院运用小额诉讼程序审理的案件占民商事案件总数的2%，而起诉条件符合小额诉讼条件的案件占民商事案件比例为10%。广东法院同年一审民商事案件适用小额诉讼程序的仅占了3.71%，而符合小额诉讼程序条件的案件占民商事案件数量的37.86%。根据清华大学王亚新教授研究分析，适用小额程序的案件如果为特定法院当年受理民事案件总数的10% ~30%，都是合理的比率。[3] 而在广东高级人民

〔3〕 王亚新：《民事司法实务中适用小额程序的若干问题》，载《法学适用》2013年第5期。

法院的发放的问卷调查中显示，在问及若法院规定1.5万元以下的金钱给付类案件强制适用小额诉讼程序，不得提起上诉，则有31.21%的诉讼当事人明确表示不能接受，67.79%的诉讼当事人表示在保证审理速度和质量的前提下可以接受。[4] 另外，笔者在调查中同时查阅了其他地区小额诉讼程序适用情况时发现，根据重庆人民法院2013年的统计，当小额诉讼程序流转为普通程序之后，该部分案件宣判后提出上诉的占以小额诉讼程序立案案件数的13.7%，远高于同期民商事案件总体上诉率，可见部分标的小的小额诉讼并不一定是简单的民事纠纷案件，一部分此类案件导致了流程转换后上诉率的提高。

二、追根溯源：小额诉讼在案件分流方面存在的问题及原因

小额诉讼在各地的运行，程序效率十分明显突出，有效节约了司法资源，但分流效果一般，难以成为法院案件分流的主要渠道，且作用力正在逐步减小。

（一）小额诉讼功能问题分析

1. 适用类型单一导致对案件分流的有限性

从前文分析可见，虽然适用小额诉讼程序的案由种类多，但是3年来，仍然集中在电信服务合同、物业合同、民间借贷纠纷几类案件中，当事人主体也是以电信公司和物业管理公司居多，过于集中的案由、过于狭窄的受益人群，反映了小额诉讼难以以其小标的额成为分流简单案件的主要途径，作用有限。

2. 高调撤率背后存在程序转换随意性

据调查，适用小额诉讼程序案件有一部分案件经程序转换，转为简易或普通程序进行审理，这种情况往往包含了：一是无法送达而进行程序转换；二是以案情复杂为由或存在信访风险可能而进行程序转换；三是当事人申请进行程序转换。程序转换较为随意，不利于真实反映小额诉讼对案件快审快结情况，特别是无法送达的案件，因程序问题而将此类案件回归于普通案件程序，无异于是对司法资源的浪费，是对案件分流效果的限制，而对于小额案件审理在滤除了这些案件后，小额诉讼程序在调解撤诉率上有了显著提高，基本能够达到99%以上，也显著缩短了平均审理期限，却难以反映实际情况。

3. 当事人的权利无保障感带来司法信任的缺失

在具体司法实践中，受司法水平、人情利益、技术手段等各种因素限制，在基层法院对小额诉讼案件进行一次性审理并无法完全保障案件质量，同时案件大量增加的背景下，必然存在一些审判不合理的情形。小额诉讼程序实行一审终审制，特殊的审级制度虽然确保了小额诉讼的快审快结，但对于当事人来说却是以对其诉讼权利的限制换来的，而当前对一审终审的相关规定仍然缺少相应救济，导致小额诉讼难以赢得当

---

[4] 广州高院课题组："完善小额诉讼制度，规范程序救济途径——广东高院关于小额诉讼制度实施情况的调研报告"，载《人民法院报》2014年5月8日，第8版。

事人的信任,导致当事人在适用小额诉讼程序过程中可能极力寻找理由以便进行程序转换,进而影响小额诉讼程序适用及案件分流效果。

（二）效果不明显原因探究

1. 过度放大小额诉讼分流作用

从上文数据可以看出,小额诉讼对案件分流作用是一定的。设立当初,不少人担心便捷的审理程序将导致大量的案件涌入法院,但几年下来,推动案件数量增长的主要原因仍然是经济社会的影响,经济下行压力带来了纠纷的增加,且纠纷关系日趋复杂化、多样化,远非小额诉讼程序能够应对。小额诉讼作用主要体现在节约部分司法资源,一定程度上避免小额案件的诉讼拖延和成本的增加。这部分优势是小额诉讼程序带给法院的正面价值,但对于当事人而言实际上是限制了他们的诉讼权利的前提,转而达到高效的目的,即便有不少法律人认为,小额诉讼金额不大、案情简单,错判率概率小,配备普通的救济机制反而有头重脚轻之嫌,但再简单的案件,仍有可能存在程序违法或是适用法律错误的问题,甚至由于法官职权的扩大化带来错案的可能,以限制当事人的诉讼权利换来的诉讼资源的节约,反而可能带来信访上访等其他非诉讼渠道案件的增加。

学术界当前对小额诉讼立法初衷普遍偏向于站在当事人的角度,认为小额诉讼应当以其高效性吸纳日常微小的民事纠纷,并同时以法律的平等性保障当事人同等享有权利,而不因程序的简化相对应减少可行使的权利,通过公众的司法参与,增进公众对司法的信赖,减轻司法的神秘感和距离感,并在此基础上实现繁简分流的快审快结。因而小额诉讼程序设计不应以法院为本位主义,更不应过度放大小额诉讼在案件分流方面的作用。

2. 程序告知方式没有形成规范

一方面,在我国长期实行二审终审制的背景下,当事人对一审终审制度还未有深入的认识,小额诉讼运行初期又没有形成告知规范,只是在立案时由诉讼服务中心对其进行告知,造成了适用小额诉讼程序的当事人在一审败诉之后被法院拒绝上诉时才恍然大悟,进而造成对法院和法官的不满。另一方面,司法权威仍未完全树立,当事人对简化的程序和法官一锤定音的职权仍然存有戒心,由于小额诉讼适用并不能由当事人自行选择,为逃避小额诉讼程序,一些当事人在庭前或审理时滥用程序异议权以及其他权利,通过提出小额诉讼程序异议要求转换程序,或是提出管辖权异议、增加诉讼请求、提出反诉、追加当事人等,妨碍诉讼进行,在诉讼中千方百计转换程序,影响诉讼效率。

3. 事后救济途径缺失加剧信访救济

在小额诉讼相关规定中,设立了事前救济机制,但对事后救济机制并未有专门规定,即赋予了当事人程序异议权和法官转换程序的权利,当案件出现不适用小额诉讼程序情形时,当事人可以提出异议,申请转换,也可以由法官自行根据案件情况将小额诉讼程序转换为简易程序或是普通程序。这项事前救济往往因当事人权利意识的淡薄导致在判决结果后才意识到救济的必要性。救济机制在此过程中承担了“纠错”的角色,同时也能为当事人增加一个表达意见的平台,从而增强判决履行的自觉性和说服力。然而,小额诉讼程序除了再审别无其他救济的过于狭窄的救济渠道,救济途径的缺失将带来更多的信访、上访等非法律途径维权,不仅没有实现矛盾化解,同时增加了信访负担,事与愿违。

三、价值定位:小额诉讼设立初衷再审视

立法初衷与审判实践有所偏差,让我们有必要对小额诉讼设立初衷重新审视,分析西方小额诉讼的基本特征,寻找小额诉讼的内在价值,最大限度地发挥小额诉讼程序在当前推进法治建设中的作用。

(一)西方小额诉讼的基本特征

20世纪,西方国家小额诉讼制度在简化程序、降低成本、提高效率方面的优势逐步被认可并相继采用。美国最早设立小额诉讼法庭,对小额诉讼案件进行专门管理,随后德国、英国、日本也纷纷结合当地特色,设立小额诉讼制度。

1. 以大众化为前提

无论是美国还是英国、德国,小额诉讼出现之前,诉讼程序属于高度专业化、精细化、技术化的领域,普通民众打官司必须要承受时间和经济上的昂贵成本,对于金额不大、矛盾不复杂的案件,一般不通过这种正式的司法程序进行解决,导致司法远离了民众。随着经济社会的发展和民众需求的提高,立法者逐渐从民众角度出发,通过简化程序,提高案件审理速度,以解决民众之间发生的小额标的案件。因而,西方的小额诉讼是相对于专业化程度较高的诉讼程序简化而来的,是以提高司法大众化为初衷,力求实现司法亲民。

2. 非正式的审理程序

多数地区的小额诉讼均不采用正式的起诉、送达和审理程序,例如在美国一些地区,起诉小额纠纷只需要填写好印制好的诉状表格,且不要求被告答辩。开庭通知也采用简化的方式,庭审不拘泥于法定程序,也不按照严格的证据规则进行,甚至连判决书都一律简化,只有判决主文而不附判决理由。日本的小额诉讼为方便当事人,通常安排在周末进行开庭,以一次性审理为原则,并规定了不得进行反诉,以防止诉讼拖延。

3. 提供相应救济机制

各国对小额诉讼一般规定禁止上诉,或是对上诉进行了较多的条件限制,但规定了不同于上诉的救济机制,均比上诉的限制性条件来的严苛。在提出理由上,美国、英国、日本等地区均是在原审判决适用法律错误或是原审程序违法的前提下提出上诉或是提出异议,其他情形下提出的法院均不予认可,更加侧重于对程序而非对事实的纠错;在提出期限上,大部分以受到判决的两周内为限,以避免小额诉讼沦为普通诉讼程序;在审理程序上,大部分救济方式不需要采用正式的审理程序,但二审的审理相对小

额诉讼自身审理要来得严肃，为防止拖延诉讼，如英国和我国台湾地区的特殊上诉机制都要求二审采用正式程序审理。

4. 设立相应惩处机制

在小额诉讼中，大部分地区为防止当事人因拖延诉讼、打击对方等不良目的而提起上诉、复审等，滥用上诉权损害小额诉讼便捷优势，预先设置了预防或惩治滥用上诉权的当事人。有的通过缴纳诉讼费用，有的通过要求当事人提前履行判决才能提起上诉，或是为原判决自动履行先行提供担保，有的在确认上诉理由不合理后要求对对方进行赔偿，以此来避免当事人滥用权利。实践中，由于小额诉讼标的额小，上诉成本相较于诉讼标的来说相对较高，因此不基于维护自身权益的必要，当事人很少对小额诉讼案件提起上诉。

（二）小额诉讼的运行与内在价值的偏差

长期以来，我国的诉讼程序并不像英美法系那般高度专业化、精细化，诉讼拖延情况没有英美法系那么严重，因此我国的小额诉讼在简便快捷上的优势并没有英美法系的小额诉讼来得明显。但在试运行初期，小额诉讼程序仍然受到了"热捧"，原因在于制度设计初衷，低成本、大众化的司法程序保障了公民能最大限度接近"正义"，甚至通过亲身参与能了解法律，一定程度上促进了法治进程的发展。且对于法院来说能最大限度节约了司法资源、提高司法效率，缓解了简单案件的积压，缓解了司法需求与司法资源之间的紧张感。

然而，从前文数据分析不难看出，小额诉讼运行并未走向理想状态，由于制度的不完善和固有的弊端，反而难以达到简化程序、促进案件繁简分流的目的，甚至容易引发公众对司法公信的误读。

四、缺陷补救：小额诉讼程序的再完善

完善小额诉讼程序，应当充分考虑我国当前的法治特点，吸收国外小额诉讼程序经验与共性，针对当前运行中存在的问题设立相应机制以消解弊端，真正发挥小额诉讼在满足公民"接近正义"的需求和分流法院案件效果的作用。

（一）完善小额诉讼程序的庭前告知制度

《民事诉讼法司法解释》第276条已明确规定：人民法院受理小额诉讼案件，应当向当事人告知该类案件的审判组织、一审终审、审理期限、诉讼费用交纳标准等相关事项。但该条文并未对告知的方式和时间节点进行详细规定，在司法实践中，多数法院通过诉讼服务中心宣传栏对当事人进行告知，或是在立案时对当事人进行告知。但从保障当事人的程序权益角度出发，法院有必要对适用小额诉讼案件的当事人在庭前进行专门告知，其中对于原告，应当在立案时由诉讼服务中心予以告知，对于被告，应当在送达起诉状副本时一并告知。通过采用书面的形式，例如《小额诉讼告知书》，详细告知双方当事人小额诉讼的特性及审理程序，其中应点明小额诉讼案件的适用类型、标的金额、一审终审制度、独任审判制、审理期限、诉讼费用以及程序转换的提出、救济

权利的行使等。法院应要求当事人在收到告知书的回执上进行签字确认已经阅读，对于不识字的当事人，除发送《小额诉讼告知书》外，还需进行口头告知，并让当事人确认签字。

（二）解决小额诉讼送达难障碍

送达难导致了部分小额诉讼案件不得已转换为普通程序进行审理，一部分是由于被告消极参与诉讼，拒不签收法律文书也不到庭参加诉讼，甚至躲避送达，对于一方缺席，多数法官担心由于实行一审终审，缺席判决可能有损当事人诉权。笔者认为，对于这部分被告，可参照西方小额诉讼的做法，放宽对小额诉讼案件送达的要求，具体来说：一是强制原告提供对方当事人的准确信息；二是对于可以联系得上的被告，采用电话送达等任何简便的可联系上的方式，明确告知其权利义务，同时直接听取被告的意见，对于接听电话的要实行电话录音方式，直接作为送达的有效证据，只要对方能够接到法院通知，即可视为送达，有明确地址的被告，可以直接送达给同住的人，无论其是否是家属，独居的被告则可以送达给居委会或村委会，同时借助社区法官工作室、办案服务点及司法联络员、人民调解员等，协助做好送达。

（三）设立"特别异议"的救济机制

高效便捷的小额诉讼程序的设立，并不意味着是对公正的牺牲，无论小额诉讼案件需要救济的数量多少，制度的设立从根本上缓解了当事人担心甚至对抗的心理。因此，可以借鉴域外成熟的立法经验，从我国实际情况出发，设立"特别异议"机制，赋予当事人一定的救济措施，在保持小额诉讼便捷、低廉的同时，有效兼顾司法公正。

首先，在提出"特别异议"的条件上，限制当事人确信原判决认定事实明显错误或原审程序违法，仅有在这两种情况下当事人才能提起特别异议，否则若当事人以其他非法定理由提起救济，法院将不予以审查。因为在小额诉讼案件中，案件多数为简单法律关系案件，较少牵扯复杂法律的运用，当事人对小额案件判决结果不服多数在于认为法官认定的案件事实错误，这在直观上也容易被发现，若以原判决适用法律错误为理由，对于普通群众来说由于法律认知水平有限形同虚设，将浪费更多的精力深挖原判决适用法律问题纠错上，形成对抗心理。同时，当事人对原审程序是否违法也容易直观感知，且小额诉讼程序原本就有所简化，对当事人存在疑问的程序能够通过救济申请进行较好的答疑解惑，减少在诉讼程序上的纠缠。

其次，笔者认为当事人应当在判决书送达之日起 10 天内提起"特别异议"申请为宜。10 天相较于域外的其他小额诉讼救济来说，相对较短，但与当事人不服一审裁定提起上诉的期限一致，符合我国当下的法律体系特点，有利于程序效益最大化。

最后，法院对"特别异议"的审理应当由法院审判监督庭负责异议审查，并采用组成合议庭的正式程序，由主审法官对案件的异议申请先行审查，申请理由合理的，由合议庭重新进行审理，并作出最终判决。对申请理由不合理或不符合规定的，裁定驳回当事人的"特别异议"，裁定一经作出立即生效，当事人不得提起上诉。小额诉讼"特别异议"救济机制流程如图 3 所示。

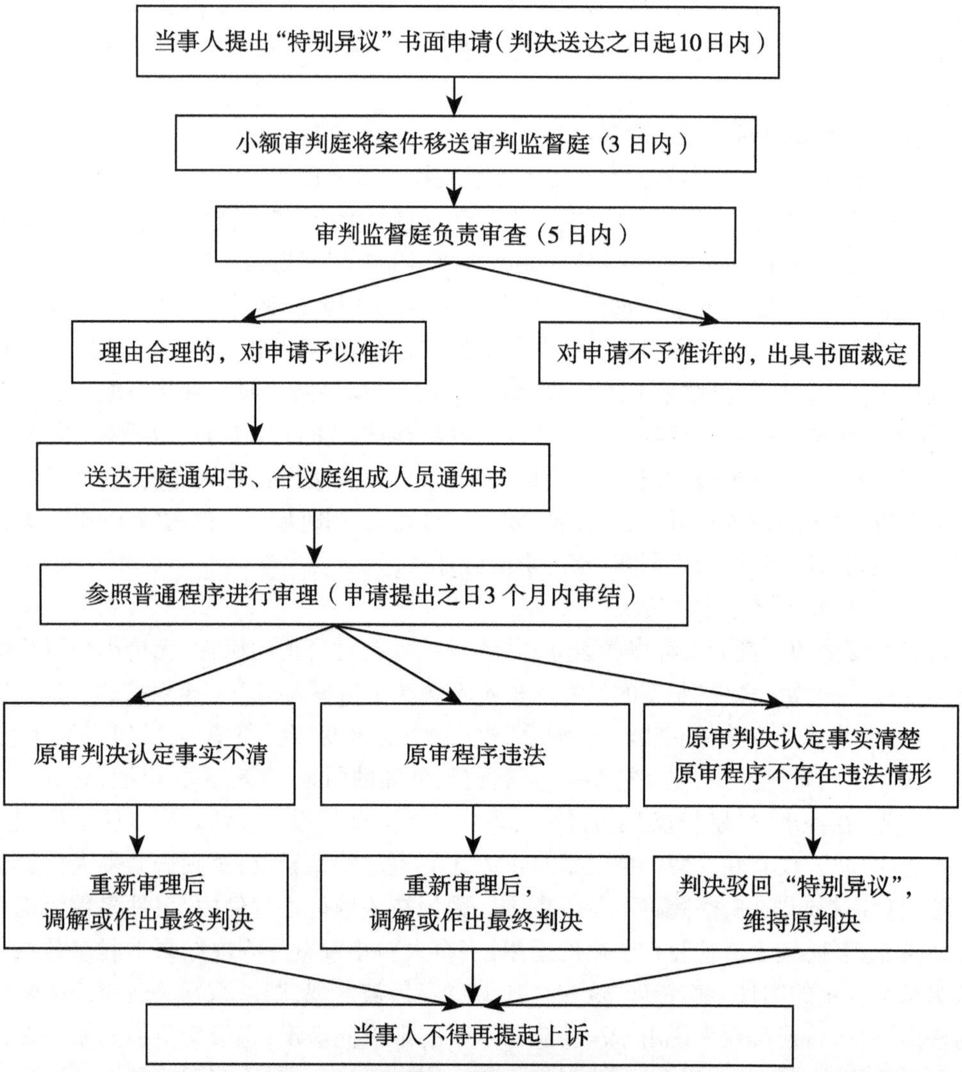

图3　小额诉讼“特别异议”救济机制流程

(四)强化对信访等非法律途径维权的治理

强化对信访等非法律途径维权的治理,其中法院要严格实行诉访分离制度,厘清诉讼和信访二者的功能定位,对涉诉信访当事人反映的涉诉信访事项分类分析。针对小额诉讼案件引发的信访,如果案件仍然在审理过程中引发信访问题,法官应当依法审理并进行宣判,明确告知当事人所享有的权利和必须履行的义务,对于当事人拒不履行配合审判工作义务的,依法作出裁判,当事人对法律程序有疑问的,应按照法律规定提出。针对小额诉讼案件结案后引发当事人信访的,当事人认为裁判错误进行信访的,可以释明当事人通过审判监督程序提起再审申请,若其申请符合法定事由,法院应当启动再审程序,若其申请不符合再审要求,且经解释后不同意息诉息访的,依法予以终结。对于已终结但当事人仍不断上访的,法院不再接待或受理,逐步树立司法权威。

结语

日本学者棚濑孝雄认为，“无论审判能够怎样完美地实现正义，如果付出的代价过于昂贵，则人们往往只能放弃通过审判来实现正义的希望”。[5] 不能否认，正义始终是法律的最高价值，小额诉讼程序通过简化当事人的一部分诉权，以追求高效与便捷的司法服务，许多人将小额诉讼程序比喻为公正与效率的一场博弈，只有通过程序设计平衡好二者关系，发挥小额诉讼程序最大效用才是小额诉讼走得更远的坚强支撑。

立案登记制实施以来，法院案件数量特别是民事案件数量呈现上升趋势，案件繁简分流再次成为改革路上的重要一环。小额诉讼以其倡导司法大众化的理念，在诉讼快速增长时期产生，笔者更愿意相信，小额诉讼程序设计不会“裹足不前”，更加完善的机制将使小额诉讼程序实现司法亲民化，司法效益最大化的立法本旨，真正让案件审理达到“当繁则繁、宜简则简、难案精审、简案快审”的目的，实现公正与效率的合理平衡。

---

〔5〕［日］棚濑孝雄：《纠纷的解决与审判制度》，王亚新译，中国政法大学出版社2004年版，第266页。

强制医疗诉讼庭审实质化问题研究

王君炜*

内容摘要：强制医疗的适用涉及人身自由的剥夺。为保障被强制医疗人以及相关参与人的诉讼权利，应推动强制医疗诉讼庭审的实质化。在强制医疗诉讼中，被申请人应当出庭。法院经审查认为被申请人的身体和精神状态不适宜出庭的，由其法定代理人代为出庭参与诉讼。被申请人或其法定代理人、诉讼代理人对鉴定意见有异议，申请鉴定人出庭的，鉴定人应当出庭作证。为了确保对鉴定意见质证的有效性，法院、检察机关以及当事人均有权聘请专家辅助人协助参与质证。同时，被申请人可以在诉讼代理律师的参与下，有效地参与强制医疗诉讼。

关键词：庭审实质化　鉴定人出庭　专家辅助人　诉讼代理律师

庭审实质化，是指应当通过庭审的方式认定案件事实。庭审实质化是相对庭审虚化而言的。[1] 在普通程序中，庭审虚化是长期存在且未能有效解决的问题。在强制医疗诉讼中，庭审虚化的现象更为严重。在强制医疗案件的庭审中，法官主要根据检察机关以及被申请人（被告人）一方[2]提出来的证据，围绕被申请人（被告人）是否符合强制医疗的适用条件进行审查。因此，实现庭审实质化的关键在于确保参与庭审的各方对包括鉴定意见在内的关键证据进行有效质证并围绕被申请人（被告人）是否应予强制医疗进行辩论。然而，实践中由于鉴定人基本不出庭，各方对于书面的鉴定意见难以进行质证；即使例外情形下鉴定人出庭，由于检察机关和当事人均缺乏精神医学专业知识，也很难达到应有的效果，使强制医疗诉讼的审理过程流于形式。为了实现强制医疗审理程序的良好运行，应尽可能促使被申请人（被告人）出庭，并在诉讼代理律师的协助下参与诉讼。同时，确保鉴定人对存有异议的鉴定意见出庭作证，并使得当事人在专家辅助人和律师的协助下对鉴定意见进行质证，进而实现强制医疗案件庭审的实质化。

一、被申请人（被告人）的庭审参与权

强制医疗不具有惩罚性，仅指其不代表国家的否定性评价，不会引起前科的后果，

---

* 王君炜，法学博士，华侨大学法学院讲师。

〔1〕 基金项目：福建省中青年教师教育科研项目“我国刑事强制医疗程序的司法适用研究”（JAS170049）。参见汪海燕：《论刑事庭审实质化》，载《中国社会科学》2015年第5期。

〔2〕 根据《刑事诉讼法》规定，我国的刑事强制医疗程序不仅可以由检察机关依申请启动，也可以由法院依职权启动。在依申请启动的强制医疗程序中，行为人的称谓是“被申请人”；而在依职权启动的强制医疗程序中，行为人的称谓是“被告人”。

不具有改造犯罪人的目的。[3] 但与刑罚相似,强制医疗具有剥夺人身自由的属性。而且被强制医疗的人还要在精神病院接受强制治疗,当前精神病治疗的常用方法多数都有较大的副作用,甚至会导致被治疗者极度痛苦。因而,在决定是否强制医疗时,被申请人(被告人)应享有参与机会,使其能充分表达自己的意见。

(一)被申请人(被告人)出庭的意义和规定

在未经法庭审理前,涉案的疑似精神病人是否患有精神疾病尚未经法院审查认定。除非其主动提出申请或有证据表明其出庭可能干扰法庭审理,否则不应否定其享有出庭权。即便其患有精神疾病,精神疾病也有很多种类,不同种类的精神病外在表现有较大差异,一些符合强制医疗条件的精神病人仍有较强的表述能力,他们出庭对于查明案件事实有重要作用,同时,法官通过当庭对被申请人的直观观察也有助于判断其责任能力的有无和评估危险性的大小,这些都是书面材料所无法替代的。因而,除被申请人确实不适宜到场外,应要求被申请人必须出庭。一些符合强制医疗条件的精神病人具备参与庭审的能力甚至具有较强的表述能力,他们出庭对于查明案件事实有重要作用。虽然法官通常不能对行为人是否患有精神病进行确诊,但是一方面法官可以通过行为人到庭,观察其言行、举止、态度等表现,对行为人是否患有精神病有一个直观、明确的感受、体会,从而有助于法官对鉴定意见进行判定。[4] 从被申请人角度来看,其可以通过在法庭上向合议庭陈述自己的主张,参加法庭调查、辩论等向法庭显示自己的精神状态,否认自身具有精神病,从而防止"被精神病"。法官也可以通过法庭上被申请人的表现,对行为人是否有精神病形成初步印象,从而对鉴定意见进行正确审查,防止被告人"被精神病",或者行为人通过装精神病而逃避刑罚处罚。因此联合国《保护精神病患者和改善精神保健的原则》第 18 条第 5 款规定,患者、患者法定代理人及律师有权出席、参加任何听证会,并亲自陈述意见。如果被申请人不能到场,会使法官难以直观了解被申请人的情况。而法定代理人因与被申请人关系密切,其证言的证明力将受到影响,难以获得法官的充分信赖。这种情况下,法官对危险性的判断将主要依赖于对已发生的危险行为的评估和鉴定意见,而不是当庭获知的信息。

根据《最高人民法院关于适用〈中华人民共和国刑事诉讼法〉的解释》的规定,在强制医疗诉讼中,被申请人要求出庭,法院经审查其身体和精神状态,认为可以出庭的,应当准许。出庭的被申请人,在法庭调查、辩论阶段,可以发表意见。这似乎在一定程度上赋予了被申请人出庭的权利,但有学者认为,被申请人的出庭权仅仅是一种"例外",其必须经法院审查认为可以出庭。这实际上是一种禁止性规定——以"行为

[3] [俄]伊诺加莫娃-海格:《俄罗斯联邦刑法(总论)》,黄芳等译,中国人民大学出版社 2010 年版,第 270 页。

[4] 常林:《谁是司法鉴定的"守门人"?——〈关于司法鉴定管理问题的决定〉实施五周年成效评析》,载《证据科学》2010 年第 5 期。

人不出庭为原则，行为人出庭为例外”。[5] 这显然对法官通过当事人出庭形成自由心证造成阻碍，也难以防止在目前法官水平、素质参差不齐的情况下，出现随意行使自由裁量权，认为其“可以出庭”或者“不可以出庭”的状况。这显然也与法治发达国家立法规定的行为人原则上出庭，只有在不适宜出庭的情况下才不出庭的规定存在一定差距。笔者认为，在对强制医疗程序予以进一步完善的过程中，应当明确规定：在强制医疗诉讼中，被申请人应当出庭。法院经审查认为被申请人的身体和精神状态不适宜出庭的，由其法定代理人代为出庭参与诉讼。

(二) 强制医疗案件的缺席审理

在强制医疗的庭审过程中，被申请人(被告人)原则上应当出庭参与法庭审理。但实践中，由于被申请人(被告人)可能是丧失辨认或控制自己行为能力的精神病人，一方面，其无法像精神健全的人一样有效地参与诉讼，并行使和维护自己的诉讼权利。另一方面，被申请人(被告人)可能因为精神疾病的影响在庭审中出现异常反应，不利于庭审的顺利进行。为了维护法庭秩序，保证庭审活动的顺利进行，同时也为了保障精神病人的健康，避免其因庭审而搁置治疗，应当建立缺席审理制度。法庭根据情况可以在精神病人不到庭的情况下，实行缺席审判。在被申请人(被告人)不适宜或无法参与法庭审理的情况下，为使其诉讼权益得以维护，就需要能真正为精神病人考虑的主体代其出庭，法定代理人无疑是不二人选。法定代理人既可以在被申请方出庭时在场，为后者提供心理及情感上的支持，帮助其正确地应对庭审，在被申请人(被告人)缺席时，应当承担起维护其诉讼权利和各项合法权益的责任。因此，在完善强制医疗程序时，应对缺席审判制度予以规定，并准许被申请人(被告人)的法定代理人代替无法出席的涉案精神病人参与庭审，确保在法庭审理过程中控辩双方实现平等对抗。

二、诉讼代理律师的帮助

有学者指出，无指控便无辩护是诉讼的一个基本原理。《刑事诉讼法》规定法律帮助而没有采用辩护，不仅因为指派的律师是诉讼代理人，更为重要的是强制医疗不是基于纠纷而引起的，因而没有指控存在。[6] 但在强制医疗诉讼中，被申请人(被告人)作为“辩方”当事人，面临检察机关提出的强制医疗申请，为了法庭审理的公正性，应当确保其具有和作为“控方”主体的检察机关进行平等对抗的能力。在法庭审理中，作为“辩方”当事人的被申请人或被告人可能患有精神疾病而丧失辨认或控制能力。为了更好地维护精神病人的合法权利，我国《刑事诉讼法》规定，法院审理强制医疗案件，应当通知被申请人或者被告人的法定代理人到场。被申请人或者被告人没有

---

〔5〕 参见朱晋峰、宫雪：《强制医疗程序的诉讼化建构——基于强制医疗程序行政化色彩的分析》，载《证据科学》2013年第2期。

〔6〕 郭华：《程序转换与权利保障：刑事诉讼中精神病强制医疗程序的反思》，载《浙江工商大学学报》2013年第5期。

委托诉讼代理人的，法院应当通知法律援助机构指派律师担任其诉讼代理人，为其提供法律帮助。

（一）法律援助制度的理论依据

首先，我国普通诉讼程序立法中对于尚未完全丧失刑事责任能力的精神病人予以强制辩护的规定为强制医疗诉讼中引入类同于强制辩护的法律援助制度提供了制度基础。《最高人民法院关于适用〈中华人民共和国刑事诉讼法〉的解释》第 42 条规定："对下列没有委托辩护人的被告人，人民法院应当通知法律援助机构指派律师为其提供辩护：（一）盲、聋、哑人；（二）尚未完全丧失辨认或者控制自己行为能力的精神病人；（三）可能被判处无期徒刑、死刑的人。"从上述规定中可以看出，我国的刑事诉讼立法通过指定辩护的方式对限制行为能力的精神病人的辩护权行使予以保护。相比于限制刑事责任能力的精神病人，无刑事责任能力的精神病人的防御权更应当予以保护。因此，在强制医疗诉讼中实行法律援助制度，具有一定的制度基础。强制医疗法律援助作为对涉案精神病人的特殊保护制度，一方面有助于维护涉案精神病人在诉讼过程中的权利，另一方面能够体现刑事诉讼的文明、公正、民主程度。

其次，为精神病人参与强制医疗诉讼提供法律援助的规定符合国际通行做法。根据《公民权利和政治权利国际公约》第 14 条第 3 项的规定，"如果他（被指控的人）没有法律援助，要通知他享有这种权利；在司法利益有此需要的案件中，为他指定法律援助，而在他没有足够能力偿付法律援助的案件中，不要他自己付费"。《德国刑事诉讼法典》第 140 条规定：不管如何，被告必须由一辩护人代理之。《加拿大刑事法典》规定，被告人或其他任何当事人都有权聘请律师代理。如果被告人因特殊情况无能力聘请律师进行代理，但其本人的实际情况又影响听审活动的顺利进行，法庭或审查委员会应当为其指定律师。被告人有权出席听审的整个过程，可以口头或书面的形式提供证据，发表意见，有权与对方当事人进行辩论。

（二）强制医疗律师帮助制度的完善

首先，应当提高参与强制医疗案件的律师的职业素质。相对于普通刑事案件而言，为强制医疗案件的被申请人（被告人）提供法律帮助的复杂性、重要性以及所面临的社会压力对于诉讼代理律师的职业素质提出了更高的要求。由于强制医疗涉及复杂的医学专业知识，超出了普通人的知识领域，因此律师应当了解和掌握一些基本的精神医学知识。此外，强制医疗案件的律师往往面临着巨大的社会压力。在强制医疗案件中，被申请人或被告人往往实施了故意杀人等重大犯罪。在司法实践中，那些为重大犯罪案件的被告人进行辩护的律师往往会被认为是在为那些罪大恶极的人说话，因而需要确保参与案件律师的专业性和业务水平。其次，律师介入强制医疗诉讼的时间不应局限在法庭审判阶段，应当提前到司法精神病鉴定做出之时。同时，应当尽可能保障强制医疗案件的开庭审理，以利于律师在公开的法庭上充分发表自己的意见，有效影响法院的司法裁判。最后，为保障强制医疗法律援助制度得到严格遵守，需要设置相应的程序法律后果，明确规定在强制医疗程序中，未为被申请人或被告人提供律师的,相应的诉讼行为无效。

三、鉴定人出庭作证

鉴定人应当出庭并接受控辩双方的质证和法官询问,此为多数法治发达国家立法所认同。然而,现行《刑事诉讼法》并未在强制医疗程序中对鉴定人出庭的问题予以规定,而只能适用《刑事诉讼法》第 187 条第 3 款对普通程序鉴定人出庭的规定。基于强制医疗程序的特殊性,鉴定人出庭在强制医疗案件中具有更为重要的意义。因而有必要对该问题进行进一步研究。

(一)鉴定人出庭的意义

根据《刑事诉讼法》的规定,只有经过法定程序鉴定为依法不负刑事责任能力的精神病人,才可以予以强制医疗。鉴定人所作的精神病鉴定意见对于强制医疗程序的启动具有决定意义,对于强制医疗的审理而言是一种重要的证据,对法院的裁决起着关键性的影响。这种重要性和关键性表现在"强制医疗诉讼的核心和关键问题即是确认行为人在实施危害社会行为时和过后的精神状态,即行为人是否有精神病,是否具备刑事责任能力,这对于是否对行为人采用强制医疗措施具有重大的意义。因此,对这种鉴定结论必须当庭进行核实,以确认其真伪"。[7] 此外,精神病鉴定具有复杂性和专门性的特点,仅靠一纸书面的鉴定书难以做出判断,只有通过鉴定人出庭,接受质证才能对相关的问题做出说明和解释,进而保证鉴定意见的科学性和准确性。鉴定人在法庭之上向检察机关、被申请人等诉讼参与人以及法官陈述其作出鉴定意见的依据、方法及其他相关问题,可以使得各方对鉴定人的资质、鉴定程序的合法性等内容有充分的了解,能够进行充分的质证。即使法庭最终作出不利于其的裁判,相对于因鉴定人不出庭而致使其无法对不利己的鉴定意见进行质证的情况,当事人更愿意接受前者。[8] 然而,也有学者指出,"鉴定人出庭接受质证可能引起重复鉴定,造成诉讼效率低下"。[9] 但事实恰好相反。如果鉴定人不出庭而仅出具书面的鉴定意见,对于当事人而言,如果对鉴定意见不服,只能申请重新鉴定,造成重复鉴定和多头鉴定,使得案件久拖不决。对于法官而言,则无法对鉴定人进行询问,对鉴定意见提出质疑。特别是在有不同鉴定意见的情况下,鉴定人不出庭而无法展开辩论,法官难以进行审查判断。对此,有些法官就以鉴定机构的级别来决定鉴定意见的取舍;有的法院则采取自行指定鉴定机构重新鉴定的做法,并以法院指定的鉴定机构的鉴定意见为法院采纳的意见。这些做法既缺乏科学性,也容易产生司法腐败,影响案件的正确审理。而鉴定人出庭接受质证则可以解决目前鉴定制度中存在的多头鉴定、重复鉴定的弊端。当案件中出现两份不同结论的鉴定意见,法官可以邀请两份鉴定意见的鉴定人出庭质证,

---

〔7〕 胡锡庆:《刑事诉讼热点问题探究》,中国人民公安大学出版社 2001 年版,第 85 页。

〔8〕 参见朱晋峰、宫雪:《强制医疗程序的诉讼化建构——基于强制医疗程序行政化色彩的分析》,载《证据科学》2013 年第 2 期。

〔9〕 詹建红:《司法精神鉴定的证明风险防范》,载《法学》2012 年第 8 期。

通过控辩双方和鉴定人之间的质证、辩论以及法官对鉴定人的讯问，便于法官对鉴定意见的采信。实践中曾有关于鉴定人出庭质证的成功案例。在该案中，鉴定人出庭向控辩双方以及合议庭解释了鉴定意见的得出过程、相关疾病的病理等事项，使得该案毫无争议地得以审结，当事人对此亦心服口服。[10]

(二)鉴定人出庭作证的规范分析

在我国的司法实践中，鉴定人几乎不出庭作证。在《刑事诉讼法》修改前，法律没有强制规定鉴定人出庭以及不出庭的法律后果。根据修改前的《最高人民法院关于适用〈中华人民共和国刑事诉讼法〉的解释》第138、140条的规定，经审判长准许，控辩双方可以提请传唤鉴定人出庭作证，也可以经审判长准许可以宣读未到庭的鉴定人的鉴定结论。即鉴定人不出庭作证的，宣读的"鉴定结论"在未经质证的情况下也可以作为证据被法院采信。此外，法律也缺乏鼓励鉴定人出庭的积极措施，如鉴定人出庭的经济补贴等；对于鉴定人出庭作证的保护等问题，法律也未予规定。多方面的原因导致了在我国的刑事诉讼中，鉴定人出庭作证成为例外。[11]

在《刑事诉讼法》修改前，法律对于鉴定人出庭没有设置强制性规定及相应的配套性制度。这也成为实践中鉴定人出庭率极低的主要原因。为了促使鉴定人出庭作证，维护当事人对鉴定意见的质证权，《刑事诉讼法》及司法解释增加了鉴定人出庭作证的制度。其中，《刑事诉讼法》第187条第3款规定了鉴定人应当出庭的条件和不出庭的法律后果："公诉人、当事人或者辩护人、诉讼代理人对鉴定意见有异议，人民法院认为鉴定人有必要出庭的，鉴定人应当出庭作证。经人民法院通知，鉴定人拒不出庭作证的，鉴定意见不得作为定案的根据。"

尽管鉴定人出庭的问题被规定在普通刑事诉讼程序中，但根据司法解释，该条内容无疑也适用于强制医疗程序。根据该条规定，鉴定人在同时具备两个条件的前提下，应当出庭作证：一是控辩双方对鉴定意见有异议；二是人民法院认为鉴定人有必要出庭。可以看出，为了提高诉讼效率，降低诉讼成本，节约诉讼资源，并非所有案件中鉴定人都要出庭。对于控辩双方没有争议的鉴定意见，法律并不强制鉴定人出庭。毫无疑问，上述规定不仅对于促进强制医疗诉讼中鉴定人出庭作证，保障控辩双方尤其是被申请人一方的质证权具有积极意义；而且可以通过质证提高鉴定意见的科学性和准确性，从而保障强制医疗措施的准确适用。但值得注意的是，上述制度设计仍存在缺陷，给强制医疗实践中鉴定人出庭作证制度的落实留下了隐患。以下分述之。

1. 鉴定人出庭的条件设置

在2011年8月公布的《刑事诉讼法》修正案草案中，"公诉人、当事人或者辩护人、诉讼代理人对鉴定意见有异议""人民法院认为鉴定人有必要出庭作证"是分别可以成立的、构成鉴定人应当出庭的充分条件。而在《刑事诉讼法》中，"人民法院认为

---

〔10〕 参见陈卫东、程雷等：《刑事案件精神病鉴定实施情况调研报告》，载《证据科学》2011年第2期。

〔11〕 关于鉴定人出庭率及原因的实证分析，参见汪建成：《中国刑事司法鉴定制度实证调研报告》，载《中外法学》2010年第2期。

鉴定人有必要出庭作证”却成为鉴定人应当出庭作证的必要条件,而不是与“公诉人、当事人或者辩护人、诉讼代理人对鉴定意见有异议”相并列的选择条件。且无论是《刑事诉讼法》还是司法解释均未对何种情形下法院应当认为“有必要出庭”或法院可以认为“鉴定人没有必要出庭作证”进行规定。《刑事诉讼法》对于鉴定人出庭作证的条件设置实际上将是否强制鉴定人出庭作证的决定权交给了法官行使。如果控辩双方对鉴定意见有异议,且一方向法院申请鉴定人出庭,而法院却认为鉴定人没有必要出庭时,缺乏相应的救济途径。这对于规范法官的职权行使极为不利。

笔者认为,有以下两种方案。一是对《刑事诉讼法》第 187 条进行解释。针对结合《刑事诉讼法》第 59 条规定的“鉴定意见必须在法庭上经过公诉人、被害人和被告人、辩护人双方质证并且查实以后,才能作为定案的根据”的要求,司法解释可以将“人民法院认为鉴定人有必要出庭作证”这一条件解释为程序性条件,即“公诉人、当事人或者辩护人、诉讼代理人对鉴定意见有异议,且该鉴定意见对案件定罪量刑有重大影响的”,人民法院就应“认为鉴定人有必要出庭作证”。〔12〕 二是在强制医疗程序中明确规定精神病鉴定的鉴定人应当出庭作证。且无论是《刑事诉讼法》还是司法解释均未对法院应当认为“有必要出庭”的情形以及法院可以认为“鉴定人没有必要出庭作证”的情形进行规定。

2. 鉴定人出庭的制度保障

鉴定人出庭作证,除了法律责任。《刑事诉讼法》虽规定鉴定人拒不出庭作证的,鉴定意见不得作为定案的根据。但并未规定鉴定人其拒不出庭的法律责任。在法律没有明文规定的情形下,法院不能参照对于证人不出庭时的处罚规定对鉴定人进行处罚。在此情形下,鉴定人出庭规定的强制执行力难以保证。因此,立法应当明确鉴定人不出庭的法律责任。《刑事诉讼法》第 188 条规定,证人没有正当理由拒绝出庭或者出庭后拒绝作证的,予以训诫,情节严重的,经院长批准,处以 10 日以下的拘留。被处罚人对拘留决定不服的,可以向上一级人民法院申请复议。复议期间不停止执行。明确鉴定人不出庭接受质证的法律责任,应从基本法可操作性的角度而不应该只是通过行业的内部规定,明确鉴定人不出庭的惩戒措施,如罚款、吊销执业证等,以督促鉴定人依法出庭。在司法实践中,鉴定人往往因出庭作证而受有损失,这是导致鉴定人不愿意出庭作证的重要原因。鉴定人出庭作证所支出的交通、住宿、就餐等费用,人民法院应当给予补助。明确鉴定人出庭的收费依据,根据“谁申请,谁付费”的原则,并结合当地的经济发展水平,确定收费标准。

3. 鉴定人出庭作证的人身保护

实践中,鉴定人的人身安全得不到保证也是鉴定人出庭积极性不高的原因之一。对此,《最高人民法院关于适用〈中华人民共和国刑事诉讼法〉的解释》予以了规定:鉴定人因出庭作证,本人或者其近亲属的人身安全面临危险的,经人民法院审查核实认为确有必要保护的,应当及时决定采取不公开其真实姓名、住址和工作单位等个人信

〔12〕 参见王敏远:《论我国刑事证据法的转变》,载《法学家》2012 年第 3 期。

息，或者不暴露其外貌、真实声音等保护措施；对鉴定人如实作证的保证书不得公开，在判决书、裁定书等法律文书中可以使用化名等代替其个人信息。但该条规定将保护的范围限定在审判危害国家安全犯罪、恐怖活动犯罪、黑社会性质的组织犯罪、毒品犯罪等案件。但事实上，当事人威胁、恐吓甚至伤害鉴定人的情况不仅在上述犯罪中可能存在，在强制医疗案件中亦可能发生。强制医疗案件的审理结果关系到被告人是否承担刑事责任以及是否对其适用强制医疗措施，与被申请人、被告人的人身自由息息相关。因此，加强对鉴定人的人身安全保障实有必要。如果鉴定人人身安全都无法保障，鉴定人就难以毫无顾忌、心甘情愿地出庭并接受法庭质询。

四、专家辅助人出庭协助质证

为了弥补参与诉讼的各方在专业知识上的不足，我国《刑事诉讼法》借鉴了法治发达国家的先进经验，引入了专家辅助人制度。《刑事诉讼法》第 192 条第 2 款规定："公诉人、当事人和辩护人、诉讼代理人可以申请法庭通知有专门知识的人出庭，就鉴定人作出的鉴定意见提出意见。""有专门知识的人"即所谓的专家辅助人。《刑事诉讼法》允许控辩双方在诉讼中聘请专家辅助人协助其参与对鉴定意见的质证，不仅有助于解决双方对鉴定意见这一关键证据提出异议的能力不足问题，而且也有利于法官根据法庭质证的情况理性地选择作为定案根据的鉴定意见，使被采信的鉴定意见具有可靠性和可接受性。在强制医疗庭审中，由于精神病鉴定意见涉及大量专业性问题，而控辩双方及法官大多缺乏专业的精神医学知识，为了实现对精神病鉴定意见的有效质证和审查，应当在鉴定人出庭的基础上赋予控辩双方申请专家辅助人出庭的权利。但是，《刑事诉讼法》及司法解释对专家辅助人制度规定得过于原则，没有形成体系化的程序保障机制作为保障，难以增强审判中的控辩对抗，有必要予以进一步的研究。

（一）专家辅助人出庭的意义

在强制医疗程序中，专家辅助人出庭参与诉讼对于强制医疗案件的审理而言，有助于对鉴定意见进行有效质证和审查。在强制医疗案件的审理中，鉴定人作出的鉴定意见是最为核心的证据材料，也往往是控辩双方的争议的焦点。但是无论对于被申请人一方、提出强制医疗申请的检察机关还是审理案件的法官而言，精神病鉴定意见"无论是形成的技术手段还是其所蕴含的原理，都属于某一科学领域的专业知识和技能，只为该领域的专业人士所理解或知悉，而超出了同时代普通公众的知识范畴——常识"。[13] 精神鉴定意见书中不可避免地会出现生僻的专业术语或一般人不了解的科学理论知识，即便鉴定人出庭接受控辩双方的质证以及法官的询问，在形式上有助于诉讼各方对鉴定意见进行审查，但法官和控辩双方作为非专业人士，如果没有具备精神医学专业知识的人协助，很难发现鉴定意见中存在的问题，也很难在实质上对专

---

〔13〕 徐静村、颜飞：《通过程序弥合知识的鸿沟——论科学证据对刑事审判的挑战及其应对》，载《中国司法鉴定》2009 年第 2 期。

业性的鉴定意见进行有效质证。在强制医疗诉讼过程中，鉴定人可以运用自己掌握的专业知识，帮助法官理解证据或确定争议事实。但也可能误用科学原理和技术方法而形成错误的判断，误导法官作出错误的决定。[14] 被申请人一方以及检察人员由于不具备精神医学知识，即使对鉴定意见不服，也很难从专业的角度提出质疑意见，法官无法听到与鉴定意见相对抗的专业意见。[15] 而法官对于司法精神鉴定专门知识的缺乏使其难以对司法鉴定意见进行有效的审查。即使鉴定人出庭，对于鉴定人所陈述的有关精神疾病的专业知识，在没有专门的辅助人的帮助下，法官往往无法理解也无法提出实质性的、有针对性的审查意见，因而对于当事人没有异议的鉴定意见，法官通常不予审查，直接采纳为定案证据。因此，赋予控辩双方聘请专家辅助人的权利，专家辅助人可以通过向鉴定人发问等方式辅助各方对鉴定意见进行质询，特别是对其医学判断标准、过程、检验手段等专业性问题提出质询意见，从而使被申请人真正参与到诉讼活动中来。因此，从案件事实的审查认定以及权利保障两方面的角度来看，都有必要保障控辩双方尤其是辩方在案件审理过程中能够获得鉴定人之外的其他专家，帮助其对鉴定意见进行有效质证。通过庭审质证不仅能使法官或者合议庭对鉴定意见的采信根植于坚实的科学基础之上，也是司法公正、公开的必然要求。专家辅助人的任务是专门就对方的鉴定意见挑毛病、提问题，用以指出对方鉴定意见在科学性方面的破绽和问题，或者就对方提出的专门性问题进行回答，以此加强庭审质证，使鉴定意见作为证据的一种，法官采信与否建立在公开、公正的庭审程序基础之上，当然，由此作出的判决也会更加令人信服。

（二）专家辅助人出庭的程序完善

1. 法院聘请专家辅助人的权力

目前，我国只规定公诉人、当事人和辩护人、诉讼代理人有权聘请专家辅助人。但有学者指出，专家辅助人不仅可以由控辩双方申请法院通知出庭，也可以由法院聘请出庭帮助法官理解鉴定意见，还可以由法院通过庭后咨询的方式帮助法官解答疑问。[16] 此外，立法既然规定被告人有权聘请自己的专家辅助人，帮助其或其辩护人理解司法精神鉴定中的专门性问题和检验鉴定意见的准确性，就还应进一步明确被告人在符合法律援助的条件下，应该有权获得由法律援助机构指派的专家辅助人的协助，以保证辩护方能对司法精神鉴定意见进行有效的质证。

还有学者指出，为防止聘请过程中产生不公以及控辩双方对法官聘请的专家辅助人提出异议，应当赋予当事人参与聘请的权利。[17] 当事人参与聘请的主要方式是提

---

〔14〕 参见常林：《谁是司法鉴定的“守门人”？——〈关于司法鉴定管理问题的决定〉实施五周年成效评析》，载《证据科学》2010年第5期。

〔15〕 参见左宁：《我国刑事专家辅助人制度基本问题论略》，载《法学杂志》2012年第12期。

〔16〕 参见詹建红：《司法精神鉴定的证明风险防范》，载《法学》2012年第8期。

〔17〕 参见邵劭：《论专家证人制度的构建——以专家证人制度与鉴定制度的交叉共存为视角》，载《法商研究》2011年第4期。

出候选人。如果双方当事人一致同意某一候选人,那么法官应尊重当事人的选择。如果当事人对专家的人选不能达成一致意见,那么可以由当事人一致同意挑选出某个个人或机构,再由这个个人或机构来选择合格的专家。如果当事人根本不能达成一致,那么只能由法官决定专家的人选。为了挑选合适的专家,法官可以向学术权威或合适的学会寻求选择候选人的建议,以避免因缺乏相关知识而导致出现盲目选任的结果。对于挑选出来的候选人,法官应赋予当事人充分的参与、反驳的权利。当事人可以"可能存有偏见"或不合格为理由提出反对意见。对于"可能存有偏见"的理由可以参照回避制度的规定执行。

2. 专家辅助人意见的效力

专家辅助人对鉴定意见提出的意见不是证据,更不能作为定案的根据,但不能因此否定其对鉴定意见能否作为证据所发表的意见。具有专门知识的人提出的意见如被采纳,则可能带来相关的鉴定意见不能被采信的后果。一旦鉴定人对专家辅助人提出的意见不能给予合理解释,法庭结合其他证据又不能确定鉴定意见的证明力时,必然会否定鉴定意见的证明效力,从而根据案件情况决定是否进行重新鉴定。当无法进行重新鉴定或者重新鉴定仍存在一些不能合理解释的问题时,法庭应当按照有利于被告原则对存在异议的鉴定意见作出选择。但是,专家辅助人提出的意见不足以否定鉴定意见,也并不代表鉴定意见一定能够作为定案根据。对鉴定意见能否作为定案根据还应结合全案的其他证据进行综合考虑,不能仅仅依靠专家辅助人提出的意见作为判断的唯一依据,以免从过去完全依赖鉴定人转而过分依赖专家辅助人。

五、结语

在当前的刑事司法改革中,推进以审判为中心的诉讼制度改革无疑是最受关注的焦点问题。在刑事诉讼中,庭审实质化是"以审判为中心的诉讼制度改革"的基本要求。当前,学界在探讨"庭审实质化"问题时,仅着眼于刑事普通程序。[18] 但笔者认为,庭审实质化的理念也应当适用于包括强制医疗程序在内的刑事特别程序。"以审判为中心的诉讼制度改革"提出了将实现刑事司法公正和加强人权司法保障作为改革的目标。[19] 这契合了强制医疗程序的立法宗旨。作为一种非刑罚处置方式,尽管强制医疗的目的在于实现对精神病人的有效监管和治疗,但强制医疗案件的处理过程和结果会对被申请人的名誉权、健康权以及人身自由权等基本权利产生直接或间接的影响。因此,应努力推进强制医疗诉讼庭审的实质化,在当事人以及相关诉讼参与人的有效参与下,由法院对强制医疗的适用条件进行审查,确保强制医疗措施的准确适用,实现实体公正与程序公正、规范职权与人权保障的有机统一。

---

〔18〕 参见陈光中:《推进"以审判为中心"改革的几个问题》,载《人民法院报》2015 年 1 月 21 日,第 5 版;王敏远:《以审判为中心的诉讼制度改革问题初步研究》,载《法律适用》2015 年第 6 期等。

〔19〕 参见沈德咏:《论以审判为中心的诉讼制度改革》,载《中国法学》2015 年第 3 期。

新闻侵权问题研究

杨红卫* 唐新伟**

内容摘要:近年来,新闻侵权纠纷已成为新闻界和法学界共同关注的热点问题。新闻机构在新闻传播过程中由于过错而使报道不实或评论不客观以致侵害当事人的合法权益,依法应承担民事责任。新闻侵权与一般民事侵权在构成要件和责任承担方式上相比较有其特殊性。新闻行业在面对新闻侵权时由于其特殊性而享有特定的豁免权。如何在充分发挥媒体监督权的同时保障公民的私人权益成为新闻侵权纠纷案件中的关键。

关键词:新闻侵权　表现形式　新闻自由　责任豁免

近年来,随着新闻媒介的多样化和新闻行业的飞速发展,新闻侵权案件数量不断攀升,侵权的类型和形式也更加多样,新闻侵权案件之所以复杂,是因为它同时涉及社会公益和个人利益。其复杂性与特殊性使其具有较高的研究价值,在新闻学界和法学界均引起了广泛关注。产生于公民权的新闻自由权,[1]在为公民行使知情权和社会监督权的同时,有可能侵害到公民的隐私权、名誉权。新闻自由与人格权的冲突,是世界各国普遍面临的一种"价值冲突"。[2] 与一般侵权行为相比,新闻侵权由于其传播速度快,传播范围广等特点,所造成的侵害后果往往比一般民事侵权行为更重。我国每年都会发生大量的新闻侵权案件,其中较突出的是对名誉权的侵害,这类案件数量也在逐年累加,例如在2013年新闻侵害名誉权的案件在整个新闻侵权案件领域占比超过1/5。[3] 在司法实践中如何在保障公民言论自由权,舆论监督权和新闻发表权的同时,更好地维护公民名誉权、人格权、隐私权等个人合法权益,已经成为摆在法律实务工作者面前的一道难题。新闻行业有其公益性,在面对侵权诉讼时,有自己的救济途径和抗辩理由。同时新闻行业应着重从自身角度进行行业规制,避免引起侵权诉讼。本文将从新闻侵权概述,新闻侵权表现形式,新闻侵权的认定,新闻侵权责任豁免及其抗辩理由这四个方面详细阐述这一问题,并从自身角度提出解决新闻侵权问题的对策。

---

* 杨红卫,上海市普陀区人民检察院民行科科长,检察官。

** 唐新伟,上海市普陀区人民检察院民行科检察官助理。

[1] 《宪法》第35条:中华人民共和国公民有言论、出版、集会、结社、游行、示威的自由。

[2] 蒋宏:《新闻侵权责任构成的理论分析》,昆明理工大学2015年硕士学位论文,第19页。

[3] 中国法律年鉴编辑:《中国法律年鉴(2013)》,法律年鉴出版社2013年版,第20页。

一、新闻侵权的基础理论

（一）新闻侵权的定性

新闻侵权这一概念从新中国成立至20世纪80年代初，无论在法学界还是在新闻界都是一个还未深入研究的领域。关于新闻侵权的概念，在新闻学界和法律界也各自有不同的定义。魏永征认为："新闻侵权行为就是在新闻采集和传播中侵害他人人格权的一种行为。"〔4〕王利明则认为，新闻侵权是指因为新闻作品所报道的事实不真实，或评论依据的事实不客观而发生的侵权。〔5〕他认为新闻侵权行为是指新闻单位或个人利用大众传播媒介，以故意捏造事实或过失报道等形式向公众传播内容不当或法律禁止的内容，从而伤害了公民和法人的人格权的行为。〔6〕黄瑚则将新闻侵权行为等同于一般侵权行为，是指行为人由于过错侵害他人的合法权益，依法应当承担民事责任的行为。〔7〕孙旭培认为："所谓新闻侵权，一般是指通过新闻手段，对公民、法人和其他组织的名誉权、荣誉权、名称权及其他合法权益造成不法侵害。"〔8〕

在司法实践中，司法机关据以裁判新闻侵权纠纷的法律依据主要有：《宪法》《民法通则》《侵权责任法》、最高人民法院分别于1993年、1998年公布的司法解答及司法解释以及新闻出版署1999年公布的《关于报刊刊载虚假、失实报道处理办法》。总体来说，我国目前尚未有关于新闻侵权的专门立法。

（二）新闻侵权的特征分析

新闻侵权与一般的民事侵权相比，固然有其共同点，均是对法律所保护的合法权益造成不法侵害，并造成了一定的损害后果。但是，新闻侵权有其特殊性，它涉及社会公共利益和个体利益，正是因为这两种利益在新闻侵权案件中的冲突和对抗，决定了新闻侵权民事责任与普通侵权民事责任的不同构成要件。具体来说，有以下特点：

1. 侵权主体

新闻侵权的行为人主要是通过合法程序成立的新闻机构，例如新闻报社、通讯社、杂志社、新闻期刊社、广播电台、电视台、互联网站等造成新闻侵权，非法成立的机构的侵权行为只能视为一般的民事侵权行为，而不能视为新闻侵权行为。在《最高人民法院关于审理名誉侵权案件若干问题的解释》的规定，新闻侵权的行为人还包括自发地向新闻媒体投稿的作者以及向新闻媒体提供资料和线索的相关人员。如果是从事业余创作的普通公民，如果其发表的新闻作品侵犯了他人的合法权益，也会构成新闻侵权的主体。总的来说，新闻侵权的主体包括新闻媒体和新闻作者两大类，根据两者之间隶属关系的不同，又可分为新闻发布单位与记者，新闻发布单位与一般来稿者两类，

---

〔4〕 魏永征：《中国新闻传播法纲要》，上海社会科学出版社1999年版，第195页。

〔5〕 王利明：《民商法研究》，法律出版社1999年版，第208页。

〔6〕 王利明、杨立新：《人格权与新闻侵权》，中国方正出版社2010年版，第447页。

〔7〕 黄瑚：《新闻法规和职业道德》，四川人民出版社1998年版，第92页。

〔8〕 孙旭培：《新闻侵权与诉讼》，人民日报出版社1994年版，第1页。

另外,由于新闻具有可转载性的特征,新闻侵权作品的转载媒体也有成为侵权责任主体的可能性。[9]《最高人民法院关于审理名誉权案件若干问题的解释》第3条规定:"新闻媒体和出版机构转载作品,当事人以转载者侵害其名誉权,向人民法院提起诉讼的,人民法院应当受理。"

2. 侵权方式

侵权行为发生在新闻传播过程中。实际生活中,新闻机构除了传播新闻性信息以外,还担负着传播大量非新闻性信息的任务。比如采编部门从事广告宣传活动、记者从事商业活动等。在这些非传播新闻过程中,如果发生侵害他人合法权益的行为,因其活动不属于新闻活动,故不构成新闻侵权。认定新闻侵权民事责任的前提是侵权行为发生在传播新闻的过程中,包括新闻采访、新闻写作、新闻发布、新闻传播等具体环节。

3. 侵害对象

新闻传播活动的直接对象是人格权,包括名誉权、姓名权、名称权、肖像权、荣誉权和隐私权。从司法实践上看,主要是指名誉权。就侵害名誉权而言,新闻媒体若在报道过程中出现陈述失实、使用特定的具有侮辱性言辞,或者出于博关注等目的转载其他可能涉及侵犯名誉权的内容,使得社会公众对报道中涉及对象的评价降低,则会构成名誉权的损害。另外,在新闻报道中泄露他人隐私或者为追求宣传效果,以营利为目的非法使用他人头像的行为均会造成他人隐私权或者肖像权损害。

二、新闻侵权的数种衍化类型

(一)新闻内容失实

近年来发生的新闻侵权案件,多是由于新闻报道失实而引起的,它是新闻传播中侵害公民、法人权益最为常见的一种情况。它通常表现为新闻作品主要内容或基本事实失实、新闻作品关键情节失实等造成新闻侵权。《民法通则》中规定:"公民和法人享有名誉权,公民的人格尊严受法律保护,禁止用侮辱、诽谤等方式损害公民、法人的名誉。"《最高人民法院关于审理名誉权若干问题的解答》中规定:"因新闻报道严重失实,致他人名誉受到损害的,应该按照侵害他人名誉权处理。"名誉,是指人们对公民或者法人的品德、才能及其他素质的社会综合评价。[10] 2005年实施的《报纸出版管理条例》第26条明确规定:"报纸开展新闻报道必须坚持真实、全面、客观、公正的原则,不得刊载虚假、失实报道。报纸刊载虚假、失实报道,致使公民、法人和其他组织的合法权益受到侵害的,其出版单位应当公开更正,消除影响,并依法承担相应民事责任。"褒奖性新闻失实也有可能造成对他人名誉权的侵害。

新闻失实造成名誉权损害的典型案例有:《知音》杂志未经女作家毕淑敏允许,以

---

〔9〕 吕庆闯:《新闻侵权责任研究》,吉林大学2011年硕士学位论文,第9页。

〔10〕 杨立新主编:《类型侵权行为法研究》,人民法院出版社2006年版,第130页。

她的名义发表了一篇名为《毕淑敏母子环游世界114天:眺望更高远的人生》的文章,毕淑敏认为,这篇文章里不仅多处事实描述,以她的口吻负面评价其儿子,严重影响了她与家人的正常生活。后法院经审理后认定杂志社构成侵权。毕淑敏的儿子也再次起诉,认为文章存在大量歪曲事实和杜撰的情节描述,且未经许可擅自披露了他的单位等个人信息,最终胜诉。[11]

(二)披露他人隐私

隐私权作为一种基本人格权利,是指自然人享有的私人生活安宁与私人信息秘密依法受到保护,不被他人非法侵扰、知悉、收集、利用和公开的一种人格权。《最高人民法院关于贯彻执行中华人民共和国民法通则若干问题的意见(试行)》第140条规定:"以书面、口头等形式宣扬他人隐私、造成一定影响的,应当认定为侵害公民名誉权的行为。"一般而言,未经采访者同意,采取非法手段接近被采访者获取新闻,很可能构成对他人的隐私权的侵害。如某报刊为揭露不法行为,对当地发生的一起强奸犯罪进行了详细的报道,但未注意对受害人信息的保密,导致受害人身份泄露,对受害人造成困扰,身心受到双重折磨,这样的情形就可能构成新闻侵权。

(三)新闻侮辱

1993年《最高人民法院关于审理名誉权案件若干问题的解答》中规定:"批评文章反映的问题虽基本属实,但有侮辱他人人格的内容,应认定侵害他人名誉权。"新闻侵权中的侮辱,也因媒介的不同而有不同。在电台、电视台,表现为播音员或主持人的口头语言侮辱;而在报纸、杂志等,则表现为文字侮辱。[12] 新闻侮辱,主要是指新闻作者在新闻作品中,以有损名誉的不实之词,对报道对象进行定性和评论。比如王发英诉刘真及《女子文学》等四家杂志侵害名誉权纠纷案,河北女作家刘真在文章中把原抚宁县农机公司统计员王发英称为"小妖精""流氓""造反派""南方怪味鸡"等,对其进行了丑化、辱骂、嘲讽等,因文字侮辱而被法院判决构成名誉侵权。

(四)新闻诽谤

所谓新闻诽谤就是通过发布虚假事实或发布基本内容虚假的报道以损害他人名誉权的行为。认定诽谤的关键就是认定新闻真实性,而我国目前并没有明确规定新闻真实的标准,在《最高人民法院关于审理名誉权案件若干问题的解答》第8条中规定:文章反映的内容基本真实,没有侮辱他人人格内容的,不应认定侵害他人名誉权;文章反映的问题虽基本真实,使他人名誉受到损害的,应当认定侵害他人名誉权。由此可见,在审判实践中由于缺乏"基本属实的"的标准而加大了审理难度。新闻真实并不等同于一般的客观真实,它有其特殊的行业规律,对于新闻工作者来说,在最短时间内通过自己的亲身感知将某一现象公开向公众发布,对记者来说采写一篇新闻报道,依赖的无非是现场调查、采访当事人或目击证人、记者亲身感知等,在此基础上写出的报

---

〔11〕 参见《毕淑敏母子分别告〈知音〉胜诉儿子获赔两万元》,载北大法律信息网:http://www.chinalawinfo.com,最后访问日期:2017年6月20日。

〔12〕 李成连:《新闻官司防范与应对》,新华出版社2002年版,第41页。

道难免会与客观现实有差距，再加上新闻的时效性也使新闻工作者无法对每个事件进行严格细致的审查，并一一考证，因此在司法实践审查新闻真实性的过程中，应当偏重于与审查其拟制意义上的真实，而不能强求其与客观事实完全符合。

三、新闻侵权的认定

我国关于侵权责任构成要件适用“四要素说”。《最高人民法院关于审理名誉权案件若干问题的解答》第7条第1款：是否构成侵害名誉权的责任，应当根据受害人确有名誉被损害的事实、行为人行为违法、违法行为与损害后果之间有因果关系、行为人主观上有过错来认定。结合新闻侵权的特殊性，笔者认为新闻侵权的认定应当包含以下四个方面：

（一）侵权行为发生在传播过程中

认定新闻侵权民事责任的前提是侵权行为发生在传播新闻的过程中，包括新闻采访、新闻写作、新闻编辑、新闻发布、新闻传播等具体环节。[13] 在实际生活中，新闻机构的活动并不都是在传播新闻，比如记者从事商业活动，采编部门从事广告宣传活动等。在这些非传播新闻过程中，如果发生侵害他人合法权益的行为，不构成新闻侵权。此外，新闻机构内部的一些职能部门从事经营活动构成对他人合法权益的侵害，同样不构成新闻侵权。

（二）被报道的公民或者法人确实有人格权利遭受损失的客观事实

这是任何侵权行为的民事责任所必须具备的要件。新闻侵权的对象是人格权，包括名誉权、姓名权、名称权、肖像权、荣誉权、隐私权等。但在有些情况下，由于受害人的人格权受到损害而致其财产权受到损害。由于新闻传播范围之广，速度之快，往往对相对人造成的损失也十分严重。与一般民事侵权责任相同，这里的遭受损失的客观事实必须是已经发生并真实存在的。区别在于，新闻侵权造成的受损事实可能具有不确定性。刚开始可能只是小范围内的影响，之后随着新闻报道的持续传播，当事人所受到的人格权益方面的损害范围会不断扩大，后果会不断加重。法院在判断侵权责任承担形式时，损害后果成为重要的参考依据。《最高人民法院关于确定民事侵权精神损害赔偿责任若干问题的解释》第8条规定了侵权致人精神损害的责任承担形式，后果是否严重决定了能否支持其精神损害赔偿请求；第10条规定了确定精神损害赔偿数额的考虑因素，其中就包括了侵权行为造成的后果。对于什么是损害后果、损害后果是否严重的判断直接影响到侵权责任人的责任承担形式及轻重。[14]

（三）侵权行为与人格权利损失之间有一定的因果关系

因果关系是追究行为人民事责任的必要条件，由于新闻侵权行为所引起的损害后果不同，因果关系的表现形式也不相同。新闻侵权与人格损害之间往往表现为一种间

---

〔13〕 姜淑明：《新闻机构新闻侵权的民事责任及其豁免》，载《河北法学》2000年第4期。
〔14〕 何晓斌：《新闻侵权案件中的权利类型及其保护》，山东大学2017年硕士学位论文，第8页。

接的因果关系。因为新闻侵权首先造成了相对人评价的降低,然后才导致了其人格损害,这两者之间存在社会评价这一中介。新闻侵权所造成的财产损失也是由于当事人人格权受损而导致的损失,并不是新闻侵权行为直接导致的。但是,对于新闻侵权给当事人带来的精神上的损失则是直接的因果关系。

(四)新闻媒体存在主观上的过错

从新闻侵权的主观要件方面来说,确定新闻侵权的作者、新闻单位的主观故意,适用主观标准,应当证明作者或新闻单位追求或放任侵权后果发生的主观心态。故意侵权的,确定赔偿责任时应当加重责任。确定新闻侵权的作者,新闻单位的过失,应采客观标准,即以其承担的法定义务为标准,确定其是否违背其注意义务。作者的注意义务为真实报道和不得侵害他人人格权,新闻单位的注意义务是对新闻审查核实的义务。违背上述注意义务,撰写不真实的报道,撰写侮辱、诽谤他人的报道,以及审查核实不周而导致侵权新闻报道发表,均为过失。过失导致侵权,确定赔偿责任应当轻于故意所为。这里需要注意的是,新闻出版单位发表侵权作品之后,应当及时履行更正或答辩义务,尽量减少当事人的损失。[15]

四、新闻侵权责任豁免及其抗辩理由

(一)新闻侵权责任豁免

正如前文所述,新闻侵权是一种特殊类型的民事侵权,它涉及两种不同的利益——个体利益和社会公共利益。作为传播新闻、知识与信息的媒介与载体,新闻媒体权利的法理基础是新闻自由。世界各国宪法中几乎都确认了新闻自由原则,有的将新闻自由概括在言论出版自由当中,有的则专门制定宪法性质的新闻法明确予以确认。[16] 传统的新闻自由理论主要包括三方面内容:首先,是让各种不同的观点进入媒体信息市场,使之进行充分的竞争,通过竞争实现自我纠正,以期公众可以用自己的理性辨明真理和谬误;其次,尽量减少政府对媒体的干预,强调非行政化的控制手段;最后,以经济上的独立寻求传媒在政治上的独立,充分发挥传媒监督政府的职能。[17] 我国在《宪法》中规定的言论、出版自由即为新闻自由的宪法依据。在我国,新闻自由是新闻业为实现其为社会服务的目的,依法进行采访、写作、发表、出版新闻作品,不受非法控制、约束的权利。新闻自由是《宪法》规定的言论、出版自由在新闻活动中的体现,但权利与义务是相互制约而存在的。如果滥用言论自由和新闻自由或不当行使这项权利,就可能构成新闻侵权。新闻侵权纠纷的本质是言论自由权、新闻自由权与人格权的冲突。新闻自由是一种公权力,它基于社会的公共利益进行监督,它的自由是

---

〔15〕《出版管理条例》第 28 条:"报纸、期刊发表的作品内容不真实或者不公正,致使公民、法人或其他组织的合法权益受到侵害的,当事人有权要求出版单位更正或答辩,有关出版单位应当在其近期的报纸、期刊上予以发表;拒绝发表的,当事人可以向人民法院提起诉讼。"

〔16〕参见胡红萍、周荣、张翔:《新闻自由与新闻侵权研究》,载《内江师范学院学报》第 2006 年第 S1 期。

〔17〕于为民:《舆论监督与新闻法治》,河南大学出版社 2005 年版,368~378 页。

相对的。而人格权是私权利,它是绝对的权利,没有法定事由不得侵犯。[18] 这种冲突性就决定了新闻侵权存在一定的豁免事由,可用来减轻或者免除新闻侵权者所需承担的法律责任。

新闻自由与人格权之间的利益平衡,应当更倾向于保护新闻自由。在当今的司法实践中,为更好地发挥舆论监督的作用,更好地保护言论自由,也应当确立新闻自由优先保护原则。为实现公众通过媒体间接地实现监督政府行为的权利,法律应该给予新闻媒体更加广阔的空间和更加充分的自由。[19]

（二）新闻侵权民事责任的抗辩事由

新闻侵权抗辩事由的构成要件是对抗性、客观性和正当性。[20] 张民安认为需要首先将新闻侵权的对象分为新闻侵害名誉权、隐私权、肖像权、其他无形人格权,然后以此区分出不同的抗辩事由。[21] 笔者认为综合司法实践来看,如此区分固然可以更加有针对性,但是总体来说并无较大的必要性,大部分的抗辩事由可适用于一般的新闻侵权案件。

1. 报道属实

《最高人民法院在关于审理名誉权若干问题的解答》中有对于因撰写、发表文章引起的名誉权纠纷应如何认定的规定。文章反映的问题基本真实,没有侮辱他人人格的内容的,不应认定为侵害他人名誉权。由此看出,如果新闻机构所报道的内容完全符合事实真相,并非捏造或歪曲,则不构成对名誉权的侵害。这里符合事实的认定,要区分新闻真实、法律真实、客观真实。不能以法律真实的标准来要求新闻报道,也不能要求新闻报道与客观情况完全相符。[22] 此外,在新闻报道部分失实的情形下,如果被报道对象的名誉损失并不是来自失实的部分,也不当认定为侵权。

2. 当事人同意

当事人同意一般有直接故意和意思同意。直接同意是指当事人直接表示对新闻报道的同意。这一般表现为接受采访、提供材料,主动协助新闻作品的完成。涉及特定人的新闻作品,创作时往往依靠采访特定人本人或由其提供材料。根据特定人自己的陈述或提供的材料写成的文章发表,应视为特定人同意。即使文章中有损害名誉、侵犯隐私权的内容,也不能主张侵权。直接同意情况下引起的诉讼,事实较易认定,引起纠纷的概率较小。意思同意是指当事人有同意的意思,这种情况下一般不易分辨是否为侵权。需要特别注意的是,当事人的同意内容必须是符合法律规定并且不能有损于他人合法权益,同时当事人需具备完全民事行为能力,才符合能做出有效承诺的主

---

〔18〕 杨立新:《新闻侵权问题的再思考》,载《法商研究》1994年第1期。

〔19〕 张玲娟:《论新闻侵权抗辩事由的完善》,吉林大学2013年硕士学位论文,第10~11页。

〔20〕 杨立新:《论中国新闻侵权抗辩及体系与具体规则》,载《河南省政法管理干部学报》2008年第5期。

〔21〕 参见张民安:《无形人格侵权责任研究》,北京大学出版社2012年版,第284~286页。

〔22〕 参见宋识径:《新闻侵权能否入法?如何入法?》,载《检察日报》2009年10月26日,第6版。

体身份。[23] 基于此,一般认为,如果某当事人将涉及其个人隐私的日记或信件公之于众,则等于放弃了其私密性。此时新闻作品中涉及这一隐私时不构成侵犯隐私权。

3. 权威的消息来源

所谓权威消息来源,是指消息由权威机构或者权威人士提供,新闻机构客观无误的报道了这些即使是不真实的消息也可以要求免责。一般是指党和国家机关,政府部门公开发布的正式文件、通知,布告,或者其他允许公开发表、引用的材料。具体包括以下几种:各级国家机关供新闻单位发表的材料;执政党各级组织供新闻单位发表的材料;各政党、社会团体、企事业单位就其职责范围的情况供新闻单位发表的材料等;此外,具有法律效力的判决,裁定,一些准法律文书如公证机关的公证书,仲裁机关的仲裁裁定书等均应视为权威的消息来源。我国的新华通讯社作为唯一的国家通讯社,同时承担着对各级新闻媒介的宣传引导任务,其消息在很多情况下都是其他新闻媒介必须转载的,所以新华社的新闻和评论也属于权威的消息来源。但即使是新华社,如果实施了新闻侵权行为,又无正当免责事由时,也应依法承担民事责任。当新闻侵权行为人有抗辩事由时,可依法免责;但当其行为构成侵权又无正当免责事由时,应当依法承担法律责任。

4. 善意批评与公正评论

舆论监督是新闻媒体的一项重要职能,是指新闻工作者以及其他人依法通过新闻媒介发表评论,对社会的政治生活、经济生活、文化生活等方面进行批评,实行监督。[24] 国家法律保护正当的舆论监督,保护正当的公正评论与善意批评。在《最高人民法院关于审理名誉权案件若干问题的解释》第 9 条中规定:“新闻单位对生产者、经营者、销售者的产品质量或服务质量进行批评、评论,内容基本属实,没有侮辱内容的不应当认定为侵害其名誉权。”对于社会现象,某些事件或他人作品,应当允许正常的、善意的批评与评论,但评论必须是公正的,评论所依据的事实应当真实可靠。这对于促进社会进步,维护公众利益有着重要意义。如果新闻机构因为可能在过程中触及个别人的利益而放弃自身的舆论监督权,那么新闻媒体的社会价值无从体现,对于社会的发展也是极为不利的。

5. 公众人物和公众兴趣

因为公众人物和公众兴趣与公民的知情权相关,公众对国家、社会、他人都有一种获知信息的权利,即知情权。公众人物由于其特殊身份对社会产生的作用和影响不同于常人,因此对非公众人物的许多隐私事项,对公众人物则不再是隐私。[25] 因此,新闻机构在受到公众人物的侵害隐私权、肖像权等指控时,可以原告是公众人物予以抗辩。同时,为满足公共兴趣而将他人的隐私或者肖像等公之于众,新闻机构可以免责。继“范志毅案”首次将公众人物理论作为裁判文书中的重要依据之后,该理论在司法

〔23〕 参见王泽鉴:《侵权行为法》(第 1 册),中国政法大学出版社 2001 年版,第 239 ~ 241 页。

〔24〕 王利明、杨立新:《人格权与新闻侵权》,中国方正出版社 2000 年版,第 388 页。

〔25〕 孙立:《新闻机构在新闻侵权中的责任豁免》,载《山东法学》1998 年第 1 期。

实践中成为众多案件的辩护理由和裁判依据。通过对中国裁判文书网数据的统计发现,人格权纠纷中以“公众人物”为关键词进行全文搜索,共得到217个结果,其中半数以上涉及明星与医院的肖像权纠纷,涉及公众人物与新闻媒体纠纷的共41件,其中包括涉及娱乐明星的有29件,涉及文化学术名人的有11件,涉及官员的1件。[26]

我国当前可借鉴美国沙利文归责原则认定新闻侵权责任,同时适当扩大“公众人物”的范畴,公务员、非公务员的其他重要职位人士、文艺界名人和其他被社会公众广为知晓的人士、在特定时空内涉及公共利益的人士等,这些均属于“公众人物”的范畴,对“公众人物”进行的履行监督职能的报道并不构成对报道对象隐私权的侵害。[27]

五、新闻侵权的对策性建议

(一)严格新闻采用核查及用稿制度

建立严格的采用核查制度,明确责任,使新闻工作者加强法律意识,从而在较大程度上预防侵权行为的发生。另外,也可制定用稿制度。新闻机构在采用稿件前同作者订立“文责自负”的约定,也可在一定程度上减少侵权行为的发生概率。关于“文责自负”,就是对文章的事实内容是否属实由作者也就是文章的撰稿人承担责任,而媒体只把守政策关。这一点比较强调作者与新闻机构的隶属关系。[28] 这种做法在一定程度上约束了作者的创作自由,但是增强了其责任感。在其创作过程中使其加强注意义务以及新闻机构对作品的审查义务,有助于减少侵权行为的产生。

(二)准确的“角色定位”

约瑟夫·普利策曾经这样说:“倘若一个国家是一条航行在大海上的船,新闻记者就是船头的了望者。”新闻工作者应时刻注意自己的角色定位,应当将自身定位于社会现象的观察者,而不是决策者,切忌主观意识过强,而法律意识过弱,应当正确冷静地摆正自己的位置,切不可“越俎代庖”。在涉及司法问题时,应学会尊重司法独立原则,学会掌握好报道评论的“度”,尤其是对涉诉案件的报道,应在全面掌握原始客观的事实材料的基础之上,在中立的立场上发表自身的意见,不可断章取义,干涉司法,给司法机关造成困扰。同时,在发表评论时,应谨言慎行,措辞得当,不能使用攻击性、煽动性、揣测性、虚假性等语言,尽量发挥好自身作为舆论监督者的作用。明确新闻媒体监督的合理界限,不仅是从监督范围上界定,还要注意监督方式:一是对司法机关正在审理的案件不得随意预测司法机关的审理结果、不得对诉讼双方当事人随意评论,造成公众对诉讼双方当事人产生不同的偏向,可能侵害双方得到公正审判的权利;二是对报道政府以及政府工作人员的行为的新闻报道措辞要谨慎,不得发表带有个人好恶的词句,避免发表具有个人情绪色彩的言论。[29]

---

〔26〕 参见魏永征:《公众人物权益“克减”论可以休矣》,载《新闻记者》2015年第3期。

〔27〕 岳万青:《“无冕之王”的新闻自由与新闻侵权的法律边界》,云南大学2015年硕士学位论文,第25页。

〔28〕 刘君英:《新闻侵权主体及其责任形态研究》,西北大学2010年硕士学位论文,第11页。

〔29〕 陈莉:《论新闻侵权的界定》,郑州大学2013年硕士学位论文,第48页。

（三）加强新闻工作者法律意识

由于新闻工作者法律意识欠缺，使得新闻侵权屡禁不止。新闻工作者应当努力学好法律知识，提高自身法律素养，熟悉并掌握与新闻侵权相关的法律知识，在形成新闻报道的过程中关注可能涉及的法律问题，从而在新闻报道发表之前的审查核实过程中主动形成防止侵权的意识，只有这样才能充分正确的发挥新闻工作者舆论监督的正面作用，引导整个社会形成正确的价值观。

（四）完善新闻侵权立法

目前实务中对新闻侵权一般都是将其作为民事侵权案件处理，但是显然新闻侵权由于其侵权主体、侵权方式以及影响应当体现出其特殊性。有学者提出制定专门的新闻侵权法律规范。关于此，在2009年由中国政法大学传播法研究中心举办的就《侵权责任法（草案）》如何规制新闻侵权进行研讨的会议上有学者提出了不同的意见。有人认为没有必要对新闻侵权做出特别规定。因为无论是发生在出版物、电视或广播节目中的侵害名誉权、隐私权等的案件，还是媒体或者从业人员作为侵害名誉权、隐私权等案件之加害人的案件，在构成要件、归责原则甚至抗辩事由等方面均没有特殊性。中国人民大学法学院教授杨立新则认为，侵权责任法应该规定新闻侵权，他提出了三点理由："一是实践需要。司法审判实践一定要有这个规则，这也是新闻事业发展的必然要求。规定网络侵权确实是急需的，但网络侵权和新闻侵权相比数量上差很多。二是符合立法宗旨，侵权法立法就是要平衡各方面的利益关系，规制新闻侵权正是对言论自由与人格权保护的平衡。三是体现中国侵权法特色，别的国家没有规定，不是我们不能规定的理由。这就是中国特色，是我国实践的需要。"〔30〕

笔者认为，有必要结合新闻侵权的特殊性在立法层面进行特别规定。无论是在侵权责任法中专设章节还是制定专门的新闻法律，均需明确新闻侵权的概念、表现形式、归责原则和免责事由。其中不仅要规范传统媒体行为规范，更要结合当前新媒体的发展特点做出针对性规定，确定新闻媒体行使权利的法律界限。在保护新闻自由的同时，为更好地实现新闻真实，规范新闻出版机构、新闻作者的行为，平衡新闻自由与人格权的利益冲突提供法律依据。

（五）提高新闻工作者行业素质

新闻工作者应当在思想上要牢固树立责任意识、权利意识和证据意识，必须具有强烈的社会责任感和使命感。在这个层面，不可仅靠新闻工作者的自觉，更要通过新闻行业内部职业规范进行约束。例如《南方日报报业集团预防新闻侵权的若干规定》中就提出：新闻工作者要有高度的社会责任感。并且对于新闻报道的采编工作提出相关要求，对新闻侵权纠纷诉讼责任制等作出了相关规定。新闻工作者在行使舆论监督权、追求和维护社会公平和正义职责的同时，应当履行相应的义务，即必须在法律法

〔30〕 李国民、王丽丽：《业界学界建议将新闻侵权写入〈侵权责任法（草案）〉》，载中国经济网：http://finance.ce.cn/law/home/scroll/200902/23/t20090223_14250166.shtml，最后访问日期：2017年11月26日。

规、政策允许的范围内进行监督，切不可为博人眼球，制造社会轰动效应而随意炒作，揭露他人隐私、毁坏他人名誉。“以正确的舆论引导人”，要求新闻工作者不仅要善于褒奖社会上的美好事物，同时还要认真履行社会赋予的职责，对于社会上的不良风气加以批评，引导整个社会形成正确的价值观，切实担负起舆论监督的社会职责。

六、结语

社会公共利益的终极目的应当是为社会集体中每个人的私人利益服务，如何在两者之间达到利益之间的平衡是妥善处理新闻侵权纠纷的关键。新闻舆论监督体现着《宪法》赋予公民的言论自由权，舆论监督权，但若对这些权利使用不当，就容易造成对公民名誉权、隐私权、荣誉权等人格权益的侵犯。伴随公众法律意识的不断增强，因新闻报道的内容、方式等各种原因引发的矛盾层出不穷，有必要完善新闻侵权立法，在结合中国实际情况的基础上，借鉴其他国家成熟的立法经验，从新闻侵权的认定、责任承担、豁免理由等各个方面对其进行全面而详细的规制。只有这样才能在充分发挥媒体监督职能的同时，保障公民的合法权益，从而在社会公益和个人私益中达到平衡，促进社会协调发展。

论专利标准化过程中垄断行为的法律规制

马　荣*

内容摘要：美国高通公司因滥用无线通信标准必要专利许可市场支配地位，在欧盟、美国、韩国、中国等全球范围内相继遭受反垄断调查并受到行政处罚，专利标准化的合法性问题继2013年华为诉IDC公司之后再一次受到审视。专利标准化由于标准与专利结合的特殊性，加之现行《专利法》对此并无规定，导致利用标准必要专利实施垄断行为问题频发。通过分析国内外一系列典型案例，总结出在专利标准化过程中，技术标准的制定、必要专利的实施许可以及必要专利权人申请禁令救济三个阶段均存在一定程度上的垄断行为。本文提出对专利标准化过程进行合理法律规制的具体建议，以期为解决专利标准化过程中出现的各类垄断行为提供切实可行的法律依据。

关键词：技术标准　必要专利　FRAND 承诺　专利信息披露　禁令救济

2013年11月，国家发改委立案调查美国高通公司滥用无线通信标准必要专利许可市场的支配地位实施垄断行为，并于2015年2月做出行政处罚决定：高通公司在3G-CDMA、3G-WCDMA和4G-LTE无线通信标准必要专利许可市场具有市场支配地位，并滥用该市场支配地位收取不公平的高价专利许可费（其中包括对过期无线标准必要专利收取许可费与要求被许可人将专利进行免费反向许可）、没有正当理由搭售非无线标准必要专利及附加其他不合理交易条件等垄断行为。高通公司作为全球通信行业技术端的领跑者，自移动通信2G时代开始就一直独占鳌头，有数据显示仅3G无线通信标准（CDMA、WCDMA、TD-SCDMA）中高通公司就拥有其中3000个必要专利权，在移动互联时代终端设备制造使用人数急剧增加的背景下，高通公司在全球通信行业的垄断性话语权不言而喻。与此同时，长久以来高通公司也因滥用其在全球通信市场的支配地位，相继遭到了韩国、欧盟、美国等反垄断调查并被处以巨额罚款。

在知识经济的大环境下，标准成为一流企业的"必争之地"，专利与标准的结合，普通专利权被纳入统一的技术标准之后，必要专利权人的许可与支配范畴极度扩张，专利标准化成为大势所趋，进而引发标准垄断化。[1] 其中以高科技产业纠纷频发最为典型与明显，通信行业最甚。从美国微软诉摩托罗拉、中国华为诉IDC、日本东京裁判所三星诉苹果到高通遭受全球反垄断调查，在更换并启用新一代通讯标准之际，全球技术标准化进程加快，有关标准必要专利之争已是愈演愈烈。与此同时，在全球范

---

* 马荣，西安市临潼区人民法院法官助理。

〔1〕 参见王先林：《知识产权滥用及其法律规制》，中国法制出版社2008年版，第205页。

围内各行业均追求“技术专利化,专利标准化”的情境下,由于各国缺乏对专利标准化过程的系统规制,使技术标准在制定、实施许可、禁令救济三方面均存在不同程度的垄断行为,极易造成“标准垄断化”的情形,高通公司只是全球众多必要专利权人的一个缩影。如此一来,不仅损害了全球行业良性竞争秩序,更是在利益驱使下置消费者利益于不顾,损害了公共利益。因此,完善现有《专利法》中有关标准制定、必要专利许可实施和申请禁令救济等法律法规,遏制滥用标准必要专利市场支配地位的垄断行为,迫在眉睫。

我国现行的《专利法》尚未界定标准与专利的关系,在《专利法修改草案(送审稿)》(以下简称《送审稿》)针对专利标准化过程增加了相应规定,[2]其第85条包含了标准制定与必要专利许可实施两个阶段的原则性规定,但是尚且不具备切实可行的可操作性;另外《送审稿》新增的第85条仍缺乏对标准必要专利禁令救济阶段的相应规定,因此该新增法条仍存在不足部分。2015年4月7日国家工商总局公布了《关于禁止滥用知识产权排除、限制竞争行为的规定》(以下简称《工商总局规定》),并于2015年8月1日起正式施行,其中第13条[3]规定了经营者不得利用标准的制定和实施从事排除、限制竞争的行为。上述《工商总局规定》作为部门规章,其毫无疑问地指导着工商行政部门的执法过程,但是有关标准必要专利之争,涉案标的复杂并且影响范围巨大,作为部门规章位阶略低,在一定程度上不能直接大范围适用于司法实践中;就其具体内容而言,依然缺乏可操作性,只是笼统地表明制定与许可实施二阶段相应的法律规则,尚且不具备切实可行性。因此,整合现行有关标准必要专利的规定,并且针对其制定、许可实施、禁令救济三方面做切实可行的规定,势在必行。

本文通过对“高通受罚案”、华为诉IDC、微软诉摩托罗拉、摩托罗拉诉苹果等一系列典型案例的深入剖析,从而发现专利标准化过程中有关技术标准的制定、必要专利的实施许可以及必要专利权人申请禁令救济三个阶段均存在一定程度上的垄断行为。在《专利法》第4次修改之际,完善标准制定中必要专利的审查机关及标准,FRAND原则入法指导必要专利许可实施,确定必要专利FRAND许可费率的考量因素,建立签发禁令救济的法定要件体系,以期为解决专利标准化过程中出现的各类垄断行为提供切实可行的法律依据。知识经济背景下创新驱动发展战略的实施,使得高科技产业将会成为我国的经济支柱,因此,应意识到标准的重要性并完善必要专利法

---

[2] 《专利法修改草案(送审稿)》第85条:参与国家标准制定的专利权人在标准制定过程中不披露其拥有的标准必要专利的,视为其许可该标准的实施者适用其专利技术。许可使用费由双方协商;双方不能达成协议的,可以请求国务院专利行政部门裁决。当事人对裁决不服的,可以自收到通知之日内向人民法院起诉。

[3] 《关于禁止滥用知识产权排除、限制竞争行为的规定》第13条:经营者不得在行使知识产权的过程中,利用标准(含国家技术规范的强制性要求)的制定和实施从事排除、限制竞争的行为。具有市场支配地位的经营者没有正当理由,不得在标准的制定和实施过程中实施下列排除、限制竞争行为:(一)在参与标准制定的过程中,故意不向标准制定组织披露其权利信息,或者明确放弃其权利,但是在某项标准涉及该专利后却对该标准的实施者主张其专利权。(二)在其专利成为标准必要专利后,违背公平、合理和无歧视原则,实施拒绝许可、搭售商品或者在交易时附加其他的不合理条件等排除、限制竞争的行为。

律法规，给予我国高新技术企业在未来标准必要专利之争中强有力的国内法支持。

一、标准制定阶段的垄断行为分析

必要专利权人利用技术标准的普适性实施市场垄断行为，始于标准的制定过程。这里所指的标准，仅仅指由国际或国内官方的标准组织制定的法定标准，市场自发形成的事实标准不在讨论之列。[4] 事实上，在高新技术企业越发重视技术专利化的背景下，现阶段全球性技术标准的制定是无法绕开专利技术独自完成的，想要在技术层面上避开已申请专利的技术方案几乎没有可能。而行业内拥有专利技术的竞争企业，在标准的制定之时率先并尽可能广泛地申报专利，使其专利技术成为技术标准必不可少的一部分，即标准“必要”专利，此时在接下来的实施许可阶段中便拥有了绝对话语权：普通专利权因为被纳入技术标准具有了实施标准的“不可避免性”，不仅急剧扩大了该“必要”专利的实施许可范围，并且具备了一定程度上操控市场的支配权。技术标准的制定，是由国际或者国内的标准化组织领衔主持的，综观各国标准化组织有所差异的规定，其主要存在两处缺陷：一是缺少对“必要”专利的认定体系；二是尚未明确违反专利信息披露义务的法律责任，引发专利劫持的现象。以上缺陷使必要性与非必要性从根源上难以区分，同时增加了实施许可阶段的难度。

（一）缺乏“必要”专利的认定机关、标准及程序

在“高通受罚案”中，国家发改委认定高通公司没有正当理由搭售非无线标准必要专利许可；高通也援引“具体的实施许可中很难区分无线标准必要专利和非准必要专利”来抗辩。事实上，在无线通信 3G-CDMA 的三个标准中并没有相对确定的“必要”专利数量，也没有任何官方机构或组织认证其“必要性”。在现阶段技术标准制定过程中，标准化组织认为其没有义务和责任承担对申报技术标准的专利“必要性”的审查，也没有专门的“必要”专利认定标准及认定程序。但是值得关注的是，认定“必要性”也恰恰是标准必要专利得以实施与许可的逻辑起点，司法实践中必要专利权人维权的基础便在于其“必要性”，而被控侵权方的抗辩理由恰恰是对其专利技术“必要性”的质疑。因而，确定“必要性”审查制度是标准必要专利得以广泛实施许可的出发点。要确认申报专利的“必要性”，首先应回答哪个部门或组织应当承担申报技术标准专利的“必要性”审查义务？是标准化组织，还是法院？在确定了审查必要性的机构之后，接下来就应确定“必要性”的认定标准和程序。

首先，本文要重申为什么要构建标准化组织？为什么要构建统一的技术标准？标准化组织存在的意义，是以期可以通过技术标准这个媒介，整合行业的技术资源，在现阶段以先进引领行业发展，节约生产成本和资源。以通信行业为例，各代通信技术之

---

〔4〕 美国学者根据标准制定人的不同将标准分为两大类：法定标准和事实标准。事实标准的形成并不是由某官方组织制定而来，其形成更多依托的是市场竞争中的优胜劣汰，故很少存在人为操控的因素或是受标准制定制度漏洞的影响。“高通受罚案”中的无线通信标准，是由产业界以合作方式共同制定的标准化技术方案，其存在制定过程，不是在市场竞争中自发形成的事实标准。

间并不完全兼容以致必须采取统一的代际标准以保证即时通话的效果，但是假如欧洲坚持使用2G-GSM技术，美国使用3G-CDMA技术，而GSM与CDMA之间不能连接进同一蜂窝信号系统，则欧洲地区的通信工具与美国地区的通信工具相互之间无法实现通话与联络。而当全球国家或选择GSM或选择CDMA，不仅耗费了巨大的通信资源，而且也失去了即时联系的特点，此时通信的目的便不复存在。所以标准化组织承担着制定标准也就是整个专利标准化过程起点的义务，理应由其在标准制定、必要专利实施许可中承担更多的责任。

欧美国家的标准制定与管理组织是私人性质的自发组织，例如国际电信联盟(ITU)、欧洲电信标准组织(ETSI)等，均是类似于行业协会性质的自治机构。与这些国家不同的是，在中国相对重要的技术标准都是在政府机关的主导下制定的。1988年修订的《标准化法》中规定国家标准统一由国务院领导的相关政府部门制定，主管机关是国家质检总局下属的国家标准化管理委员会(以下简称国家标准委)。也就是说，所有的国家标准都必须得到国家标准委批准并登记备案，具有更多的行政主管色彩。而与国际社会在标准制定阶段的薄弱点相同的是，在我国有关技术标准的管理制度当中，也同样没有对标准必要专利的“必要性”认定体系。如此一来，包含在技术标准中的必要专利便失去了其存在的合法基础，倘若某专利技术从根本上就不存在“必要性”，何谈全球大范围内的实施与许可？

因此，应当发挥我国国家标准委的行政主导权，在国家标准委的主持下，由各行业协会联合技术专家在申报技术标准中的专利当中判断哪些专利可以实现特定技术效果、达到特定技术标准，真正做到“必不可少”和“不可避免”。标准化组织作为相关的技术领域中技术专家的“集中地”，并不是绝对权威与不可挑战；与此同时赋予各专利权人相应的诉权，在其认为自己的专利技术应该被纳入标准时能够诉诸法律；在被控侵权人对涉案专利权的必要性存疑时可以申请法院“鉴定”，这既是对国家标准委行政权力的监督，同时符合基础权利与救济权的相互对应的法律原则。故应在国家标准委判断审查“必要性”的同时，赋予法院对标准必要专利“必要性”的司法审查权。

其次，在确定了国家标准委应当承担申报技术标准专利的“必要性”审查义务之后，接下来应当确定必要性因素的判定标准。国际社会上将纳入技术标准中的专利称之为标准必要专利，而当一个专利技术顺利被纳入技术标准之后，当其他生产制造商的产品想要实现标准要求的技术状态，则不可避免地必须使用该专利。[5] 所谓“必不可少”，即“不可替代”、具有“唯一性”，业界有关不可替代性的判断却没有具体的判定标准：是仅考量技术上的不可替代，还是仅考量商业上的不可替代，或是二者兼具？正是由于国内外对标准必要专利的定义模糊，导致缺乏明确的判定标准，这也是在标准制定过程中如何判定申报“必要性”专利信息的难点。

---

〔5〕　工商总局《关于禁止滥用知识产权排除、限制竞争行为的规定》第13条：本规定所称标准必要专利，是指实施该项标准所必不可少的专利。

从技术层面上讲,假如A专利的必不可少、唯一性,必须体现其在技术上的不可替代效力和缺一不可。换言之,想要达到技术标准规定的技术状态、产品性能,制造商只能实施该A专利技术以满足标准要求才能进入市场。本文理解的技术上的不可替代性,是指客观上根本不存在其他技术可以达到标准要求。从商业层面上讲,假如B专利的必不可少、唯一性,体现在商业上的不可替代性效力,也就是说在客观上仍存在除B专利之外的C技术足以实现标准要求,但是由于B专利相较于C技术成本更为低廉,则想要进入该产品市场的制造商都会不约而同地使用B专利。"高通受罚案"的行政处罚决定书显示,发改委在认定高通公司拥有CDMA、WCDMA和LTE技术标准中的必要专利的前提下,认定其在无线标准必要专利市场具有市场支配地位。这里存在一个悖论:是谁认定了高通公司拥有如此多的必不可少的必要专利技术?是技术因素的无法逾越还是商业因素的得天独厚?事实上,在一定范围内这两个因素是难以区分的。以高通公司为例,在独一无二的商业运营模式〔6〕下,其技术端的优势通过专利组合的运营方式得到最大程度上的发挥,也就是说,即使市场上仍有可替代性的技术以达到技术标准的要求,但是由于高通公司通过专利重组、优势互补的许可模式,不仅达到了满足技术标准的要求,并且进一步避免了制造商的专利侵权风险或者间接提供了其他技术服务。在这种情况下,即使存在其他可替代技术也被迫失去了技术因素上的必不可少性。因此,确定了必要性的判定标准,就在逻辑起点上确定了标准必要专利制度的方向。

(二)必要专利权人违反专利信息披露义务,实施专利劫持

专利信息披露机制,是指在制定某一技术标准时,标准化组织成员对其所享有的或是其所知晓的有关该标准的所有必要专利向标准化组织或社会公众尽权利披露的制度,该制度包括何时披露、披露的范围、披露的对象、不披露的后果等内容。〔7〕为了防止出现专利劫持标准导致标准难以实施的状况,让标准制定参与者及未来的标准实施者掌握相关专利信息从而进行后续操作,各标准组织都会制定其相应的专利信息披露制度,以此明确各个参与标准制定的会员都能够在申报专利时尽可能早地、详尽地披露其专利信息。但是国外各标准组织均属于自治性组织,在标准制定的早期也并未详尽地规定了违反该义务应承担的法律责任。

2005年10月,高通公司认为博通公司通过制造含有联合视频组H.264技术标准〔8〕的产品侵犯了其104号和767号专利,将博通公司诉至美国加州南区法院。该案经历了漫长的起诉、被起诉、上诉等过程,直至2008年12月由美国联邦巡回上诉法院做出最终裁决认为:尽管标准制定组织没有明确规定各成员有专利信息披露的义

---

〔6〕高通公司自1985年成立以来,在发展中逐渐形成了以先进技术开发为基础,实施专利运营战略为关键,并以企业经营战略方案为保障的独特的高通模式。

〔7〕参见张平:《冲突与共赢:技术标准中的私权保护》,北京大学出版社2011年版,第31页。

〔8〕联合视频组(JVT)H.264标准:是由国际电信联盟(ITU)和国际标准化组织(ISO)、国际电工委员会(IEC)的视频解码、移动图像专家组联合制定的一种视频压缩技术标准,于2003年5月被定为H.264标准。

务,但是各成员在标准制定过程中应当提供没有知识产权瑕疵的专利信息。也就是说,无论标准化组织是否有专利信息披露机制,凡是参与标准制定的成员均有披露其专利信息的义务,否则构成主动对其专利权利的放弃,使标准中涵盖的专利不具备有后续的可实施性;也就是说,在标准实施之后,专利权人不能以标准中含有其专利技术而主张必要专利权。因此,美国联邦巡回上诉法院支持了地区法院的原判决,认为高通公司违反披露义务,其没有披露其专利信息而构成对其专利权利的放弃,而该专利权不具有下一阶段的可实施性。该案件在缺乏相应专利信息披露机制的情形下,由法院直接认定不披露专利信息会造成了“主动放弃权利”后果的判例,这类似于“默认许可”的效果。

我国的《国家标准涉及专利的管理规定(暂行)》〔9〕规定了标准在制定过程中的专利信息披露规定,其第5条〔10〕显示:凡是参与标准制定的必要专利权人必须披露其拥有或知悉的专利权,但是对于违反事前专利披露的必要专利权人,其只是笼统地表述为“应当承担相应的法律责任”,并未十分明确地规定何种法律责任。《工商总局规定》第13条当中规定了“专利挟持”属于利用标准的制定和实施从事排除、限制竞争的行为:即禁止在标准制定的过程中,具有市场支配地位的经营者故意不向标准制定组织披露其权利信息或者出尔反尔,即在其明确表示放弃其权利之后但是又向标准的实施者主张其专利权。但是违反该《工商总局规定》的法律责任依旧不明确,标准制定过程中必要专利权人不遵守以上专利信息披露规定,此时会受到《反垄断法》的处罚,但是这样的处罚对于标准必要专利许可实施市场,仍属隔靴搔痒。在本次《专利法》修改过程中,《送审稿》第82条规定:在标准制定过程中,凡是参与标准制定的专利权人,不得违反应诚实信用原则,应当尽早、努力披露自己所拥有的标准必要专利。但是仍然会出现类似情形:在标准制定过程中专利权人不仅不履行披露义务,反而在其拥有的专利技术被纳入技术标准之后,又通过其专利“挟持”标准实施者,向标准实施者收取专利许可费用,在一定程度上损害标准实施者和消费者利益。〔11〕为了规制这种行为,《送审稿》规定了标准必要专利默示许可制度:在标准的制定阶段,专利权人假如不披露其拥有的标准必要专利,则视为其对该标准的所有潜在的实施者许可其专利技术,在此情形下标准实施者使用该专利技术不构成侵权,专利权人只能收取专利许可使用费用而无权起诉。

---

〔9〕《国家标准涉及专利的管理规定(暂行)》:由国家标准化管理委员会、国家知识产权局于2013年12月19日联合发布,并于2014年1月1日实施。

〔10〕《国家标准涉及专利的管理规定(暂行)》第5条:在国家标注今年制修订的任何阶段,参与标准制修订的组织和个人应当尽早向相关全国专业标准化技术委员会或者回扣单位披露其拥有和知悉的专利,同时提供有关专利信息及相应证明材料,并对所提供证明材料的真实性负责。参与标准制定的组织或者个人未按要求披露其拥有的专利,违反诚实信用原则的,应当承担相应的法律责任。

〔11〕参见吴广海:《专利权行使的反垄断法规制》,知识产权出版社2012年版,第327页。

二、标准必要专利实施许可中的垄断行为分析

专利权本质上的私权属性，决定了专利制度要站在“以公开换合法垄断”的角度侧重保护专利权人的合法权益。但是随着高新技术的不断推行，标准中逐渐融入了大量的专利，这使得专利权人的专有权利一定程度上得到扩张。然而，没有无义务的权利，必要专利权人在行使了扩张性的权利时就应当受到相应的约束。[12] 为了防止必要专利的专利权人滥用其专利权阻碍市场竞争，标准化组织通常要求专利权人基于公平、合理、非歧视原则（Fair，Reasonable and Nondiscriminatory，以下简称 FRAND 原则）对他人进行许可。为了保障标准的顺利实施，标准化组织将专利权人做出 FRAND 承诺作为其专利纳入标准的前提条件：同意全球所有无限量潜在的制造商均可以实施自己的专利技术。也就是说，专利权人遵守 FRAND 原则，同意在公平、合理、无歧视的基础上向任何申请人许可其专利，同时表明该承诺不得撤销。FRAND 原则在一定程度上能够平衡技术标准制定和实施过程中各方的利益，并且基于 FRAND 原则对必要专利进行许可实施，现在已经被世界各主要标准制定组织所普遍接受，作为其处理专利标准化问题的基本原则。[13] 然而，几乎没有一个标准制定组织对符合 FRAND 原则的许可条件做出明确具体的规定，这使必要专利权人和标准实施者对 FRAND 原则的理解常常会产生分歧，并因此引发相关法律问题：主要是在必要专利的许可实施过程中，必要专利权人违反 FRAND 承诺实施的各类垄断性的行为：如拒绝或歧视性许可、许可费不公平定价以及附加搭售、免费交叉许可等其他限制性交易条件。

（一）违反 FRAND 承诺，拒绝许可行为

专利制度的核心是“以公开技术为代价换取合法垄断权”，专利权人获得许可或者拒绝许可他人实施其专利技术的权利，这属于专利权正常行使范畴。但是正如上文提到的，在标准中纳入专利技术无形中扩大了其专利权范畴这一前提下，该专利权人必须作出 FRAND 承诺：同意在公平、合理、无歧视的基础上向任何标准实施者许可其专利技术。也就是说，专利权人丧失了其拒绝许可他人实施的权利，这属于必要专利权行使的限制。然而在具体的实践中，必要专利权人往往和其他标准实施者是相关市场上的竞争关系，出于占领市场份额考虑则不可避免地出现拒绝许可他人实施该必要专利技术。

在我国尚未制定有关标准和专利相关法律法规之时，就曾发生必要专利权人拒绝许可其专利技术的案件。2008 年 7 月，朝阳兴诺公司因按照建设部颁发的行业标准《复合载体夯扩桩规程》而实施标准中的专利技术被诉至法院，辽宁省高级人民法院就关于其是否侵犯必要专利权一案咨询最高人民法院。在当时，中国尚且没有制定有关标准与专利的法律法规，最高人民法院的司法答复如下：如果专利权人参与了国家、

---

〔12〕 参见冯晓青：《知识产权利益平衡理论》，中国政法大学出版社 2006 年版，第 135 页。

〔13〕 参见［美］丹尼 – 索克儿（D. Daniel Sokol）：《中国实行的 FRAND 原则》，郑文通、邱天乙译，载张伟君、张韬略主编：《知识产权与竞争法研究》（第 2 卷），知识产权出版社 2014 年版，第 334 页。

行业或者地方标准的制定活动或者同意将其专利技术纳入国家、行业或者地方标准，该专利权人将被视为同意他人使用其专利权以用来实施该标准，这种使用行为不会构成侵权。[14] 在之后的标准和专利立法中，也纷纷遵照以上司法答复，在专利技术成为标准必要专利后，必要专利权人不得违背公平、合理和无歧视原则实施拒绝许可行为，否则将被认定为排除、限制竞争的行为，该规定也同样符合国际上对于FRAND承诺的认识。

必要专利权人拒绝许可的行为受到规制，符合民法上权利不得滥用的基本原则，[15]同时符合知识产权法上的利益均衡原则。知识产权本质上是私权属性，但是与其他民事单行法不同的是其同时侧重保护公共利益。由于知识产品在传承上的公知性，使得知识产权制度具有更多的公共利益属性，其通过产权的设定确立权利人的私权，与此同时设置类似合理使用、强制许可等制度赋予公众更多的公共使用权益，从而达到保护研发投入、满足私人权利和刺激技术创新、增加社会公共利益的合理平衡。[16] 因此利益均衡原则是知识产权制度的基石之一，其作为知识产权法中的一项基本原则在TRIPs协议中也得到了确认。[17] 知识产权制度标准必要专利许可中的FRAND原则也是如此，制定标准的目的是同一行业技术以提高生产效率、节约资源成本，最终促进经济、社会的进步。所以要求必要专利权人在标准的制定过程中做出FRAND承诺，是对其专利私权扩大的必要限制，不仅是为保证标准顺利实施的初衷，也是促进技术创新、维护消费者权益的有力保障。因此，违反FRAND承诺实施拒绝许可的垄断行为必须受到相应的法律规制。

（二）违反FRAND承诺，不公平定价许可费行为

FRAND承诺的核心在于必要专利权人向标准实施者收取公平、合理、无歧视的专利许可费。但是综观全球范围内有关必要专利的纠纷，绝大多数均是由于必要专利权人收取歧视性、不合理的高价许可费引起的："高通受罚案"中高通公司将其拥有的专利整合之后对终端制造商进行"一揽子"许可，并且以无线通讯终端的整机批发净售价作为计算专利许可费的基础；华为诉IDC(标准必要专利许可费率)案"中IDC公司拥有3G-CDMA通信标准中数项标准必要专利，向华为公司收取不合理的高价许可费；[18]"微软诉摩托罗拉案"中摩托罗拉公司违反RAND授权承诺要求微软按照最终产品价格的2.25%收取许可费率；诸如此类案件，不胜枚举。

---

〔14〕 参见《(2008)民三他自第4号答复函》：2008年最高人民法院针对辽宁省高级人民法院就(2007)辽民四终字第126号专利侵权纠纷一案的司法回复。

〔15〕 参见张伟君：《知识产权与反垄断法的关系》，载苏平主编：《知识产权论丛》，法律出版社2015年版，第25页。

〔16〕 参见王先林：《知识产权滥用及其法律规制》，中国法制出版社2008年版，第7页。

〔17〕 参见WTO《与贸易有关的协议》(TRIPs协议)第7条确立的目的是：知识产权的保护和实施应有利于促进技术革新。技术转让和技术传播，有利于生产者和技术知识使用者的相互利益，保护和实施的方式应有利于社会和经济福利，并有利于权利和义务的平衡。

〔18〕 参见祝建军：《标准必要专利使用费条款：保密抑或公开——华为诉IDC标准必要专利案引发的思考》，载《知识产权》2015年第5期。

交互数字技术公司(InterDigital Technology Corporation. Inc)与华为公司均是欧洲电信标准化协会(ETSI)的成员,其中IDC公司拥有无线通信2G-GSM/CDMA、3G-CDMA2000/WCDMA/TD-SCDMA、4G-LTE技术标准中大量必要专利。其在加入ETSI时做出FRAND承诺:将其所拥有的所有标准必要专利以公平、合理、无歧视的原则面向ETSI所有成员方进行授权许可。2008年11月,IDC公司与华为公司就标准必要专利许可费率问题进行磋商,IDC公司向华为公司发函要求履行"支付许可费并提供免费交叉许可":其中要求支付的许可使用费远远超过同属被许可方的苹果、三星公司。华为公司认为IDC公司违反FRAND承诺向华为公司收取过高的专利许可使用费,将其诉至深圳市中级人民法院请求法院判定IDC公司按照公平、合理、无歧视条件确定许可费率或许可费率范围。[19] 深圳中院经审理查明:将IDC公司给予苹果、三星等公司的标准必要专利许可费用相比,IDC公司在磋商的要约中对华为公司存在过高定价的歧视性差别待遇,经综合考量IDC公司公司标准必要专利数量、质量、价值,业内相关许可情况以及其在无线通信技术标准中所占份额等因素,判决确定IDC公司给予华为公司合适的许可费率。此后IDC公司不服深圳中院的一审判决上诉至广东省高级人民法院,后二审终审判决维持原判。在本案中,深圳市中级人民法院明确了标准必要专利使用费率具有司法可诉性,并且确立了司法裁决确定符合FRAND原则的标准必要专利使用费率的考量因素:一是与IDC公司给予苹果公司、三星公司的许可费率进行横向比较;二是考虑专利许可费占使用该专利的产品的利润比例;三是技术标中的有效专利量;四是考虑涉案标准必要专利的数量、质量、研发投入等情况。[20]

"微软诉摩托罗拉"一案中,涉案的两个标准:一是由国际电信联盟(ITU)制定的H.264数字视频编解码标准;二是由美国电气和电子工程师协会(IEEE)制定的802.11无线标准,摩托罗拉公司拥有以上两个标准中若干必要专利,并许可微软公司实施其专利技术,其授权的许可费率为微软公司生产的最终产品价格的2.25%。微软公司认为摩托罗拉公司违反了合理且无歧视许可的合同义务,就其拥有的标准必要专利收取不合理的许可费用,向美国华盛顿地区法院提起诉讼,要求摩托罗拉公司以RAND条件进行授权。本案的判决中首先确定了摩托罗拉公司在H.264标准和802.11无线标准中拥有必要专利,在确定802.11无线标准的许可费率时的考量因素有:一是FRAND许可费率应该与实施该专利所获的利润有关,即必要专利对产品的贡献;二是专利权人仅就其必要专利的专利权本身获得利益,不能引起被纳入技术标准而获得额外收益;三是应当与技术标准中有效专利技术的数量有关;四是应当与技术标准中该必要专利的法律状态有关,例如该必要专利的保护期限、稳定性等;五是限制最高的专利许可费,避免专利费累家产生高额许可费用。

---

〔19〕参见孔祥俊、王岚涛:《知识产权经典案例评析》,中国法制出版社2015年版,第3页。

〔20〕参见李扬、刘影:《FRAND标准必要专利许可费的计算——以中美相关案件比较为视角》,载《科技与法律》2014年第5期。

从以上两起典型案例不难发现,有关标准必要专利的纠纷,大多都是由必要专利权人违反 FRAND 承诺收取高额许可费而引起,不仅导致诉讼频发,并且专利权人可能通过申请禁令救济使标准实施者不得不接受其高定价,从而导致在专利标准化中的另外一种垄断行为——滥用禁令实施垄断行为。故而,FRAND 原则入法指导必要专利的许可实施,并且制定具体的 FRAND 许可费率的计算方法,势在必行。

(三)附加其他限制性交易条件的行为

在标准的许可实施中,除以上两种违反 FRAND 原则的垄断行为外,还存在其他垄断行为,即必要专利权人利用其在标准实施市场上的支配地位,在实施许可时附加其他限制性交易条件,如搭售、免费交叉许可等,迫使标准的实施者为谋求必要专利许可的同时不得不接受其他不合理的交易条件。

在"高通受罚案"中,国家发改委在认定高通公司在无线标准必要专利市场具有市场支配地位的基础上,对其处于巨额罚款的主要原因除了收取不公平的高价专利许可费(包含对过期无线标准必要专利收取许可费、要求被许可人将专利进行免费反向许可的行为),另一个原因是因为高通公司在无线标准必要专利许可中,没有正当理由搭售非无线标准必要专利许可。[21] 在发改委对高通进行反垄断调查时,其持有的无线标准必要专利中有一定数量的重要必要专利已经过期,并且将过期必要专利和其他有效必要专利作为专利组合进行"一揽子"许可,由于其不向标准实施则提供专利清单,致使标准实施者无法判断专利组合中必要专利的数量和各自发挥的有效价值,从而无法判断必要专利权人要求的许可费定价合理与否。另外,高通独特的许可费收取模式,即按照无线通信终端的整机批发零售价作为定价基础一直被业界诟病。高通的必要专利仅限于无线通信技术,而并不涉及通信终端产品的外观、摄像头、显示屏等硬件与操作软件系统,按照终端产品的整机批发零售价按比例收取许可费,超出了其持有必要专利的权利覆盖范围,从而致使专利许可费过高,实属显失公平的情形,也违反了公平、合理和无歧视的许可原则。

在"华为诉 IDC 公司(滥用市场支配地位)案"中,IDC 公司拥有无线通信 2G-GSM/CDMA、3G-CDMA2000/WCDMA/TD-SCDMA、4G-LTE 技术标准中大量必要专利,具有市场支配地位。华为公司认为 IDC 公司滥用其在以上标准实施市场的支配地位的理由有:一是对其收取的许可费存在过高、歧视性定价行为;二是附加无偿交叉许可专利的不合理交易条件;三是将以上标准的必要专利和非必要专利进行打包许可,构成搭售。故华为公司诉至深圳中院请求法院判令 IDC 公司停止过高、差别定价、搭售等以上垄断侵权行为,并赔偿损失。[22] 本案中深圳中院认为在上述技术标准中,每一项必要专利均具有不可替代性,因此 IDC 公司在每一项必要专利市场均具有市场支配地位,这与"高通受罚案"的认定方法相同。IDC 公司在许可其必要专利时

---

〔21〕 发改办价监处罚〔2015〕1号行政处罚决定书。

〔22〕 参见孔祥俊、王岚涛:《知识产权经典案例评析》,中国法制出版社2015年版,第8页。

基于其市场支配地位,附加其他不合理的限制性交易条件的行为,违反了我国《反垄断法》第三章对“滥用市场支配地位”的明确规定:比如第17条第3款拒绝交易、第5款搭售和附加其他不合理的交易条件、第6款对条件相同的交易相对人实行差别待遇,[23] 故而毫无疑问应当受到我国《反垄断法》的规制。

三、必要专利权人申请禁令救济中的垄断行为分析

行为保全,即临时禁令,是指人民法院依据申请,对相关主体的侵害或者有侵害的行为采取强制措施,以避免当事人的利益受到不应有的损害,包括诉前保全与诉讼中的保全,被广泛用于各类民事诉讼案件。

我国《专利法》第66条[24] 规定了在专利侵权发生后,提起民事侵权诉讼之前,权利人可以申请诉前禁令保护自身权益,其申请要件有:(1)有确切证据证明存在专利侵权行为,即侵权是显而易见的;(2)如果不立即申请会使其合法权益受到难以弥补的损害;(3)必须提供担保。现行《专利法》规定申请诉前禁令救济适用于普通专利侵权案件,自然也同样适用于侵犯必要专利权案件。在必要专利许可费纠纷中,必要专利权人往往会采取申请诉前禁令以确保其能够收取一笔可观的专利许可费用。以通信行业为例,当移动终端制造商与必要专利权人因许可费陷入诉讼后,一旦法院同意核准禁令申请,移动终端制造商就必须停止有关侵权产品的制造、销售、许诺销售等行为,在移动终端设备更新换代十分迅速的背景下,终端制造商为了使产品顺利进入市场往往会顺从必要专利权人的要求并支付一笔不菲的许可费用。此时便会存在利用禁令救济达到垄断性收益的行为:必要专利权人挟实施标准的不可避免之势,以申请禁令救济为威胁,迫使标准实施者接受其不合理的交易条件,如高额专利许可费用,搭售等。即使必要专利权人在标准的制定过程中做出的FRAND承诺,保证向所有标准的实施者都合理、公平、无歧视地许可其必要专利,但是从字面上看FRAND承诺貌似没有对必要专利权人申请禁令救济做出限制。故而全球范围内的侵犯必要专利权以及许可费纠纷中,必要专利权人往往会申请禁令救济,此时极易造成反竞争的垄断效果,破坏了竞争秩序,且损害了消费者的利益。

(一)摩托罗拉诉苹果、三星诉苹果的启示

摩托罗拉公司拥有由欧洲电信标准协会(ETSI)制定的GSM-GPRS移动终端无线通讯标准中某些必要专利,该标准在制定时,摩托罗拉公司披露了其专利信息并做

---

[23] 参见《反垄断法》第17条:禁止具有市场支配地位的经营者从事下列滥用市场支配地位的行为:(一)以不公平的高价销售商品或者不公平的地价购买商品;(二)没有正当理由,以低于成本的价格销售商品;(三)没有正当理由,拒绝与交易相对人进行交易;(四)没有正当理由,限定交易相对人只能与其进行交易或者只能与其制定的经营者进行交易;(五)没有正当理由搭售商品,或者在交易时附加其他不合理的交易条件;(六)没有正当理由,对条件相同的交易相对人在交易价格等交易条件上施行差别待遇。

[24] 参见《专利法》第66条:专利权人或者利害关系人有证据证明他人正在实施或者即将实施秦发专利权的行为,如不及时制止会使其合法权益收到难以弥补的损害的,可以在起诉前向人民法院申请采取责令停止有关行为的措施。

出FRAND承诺对该标准实施者进行公平、合理和无歧视许可。2011年年底，摩托罗拉公司与苹果公司就以上标准必要专利许可费率进行谈判无果后，向德国某地区法院提出禁令请求，该地区法院同意了该禁令请求。此时苹果公司已经作出明确表示其愿意接受其FRAND费率，可是摩托罗拉公司仍要求法院禁止iPhone和iPad在德国销售。但是在2012年年初德国某高等地方法院就撤销了以上禁令。此后，苹果公司以摩托罗拉公司滥用其必要专利市场支配地位向欧盟委员会投诉，欧盟委员会经调查后发布了"禁止决定"：摩托罗拉公司因FRAND许可费率对苹果公司寻求专利侵权方面的禁令救济，是滥用市场支配地位的行为，要求其消除负面影响。欧盟委员会认为苹果公司作为GSM-GPRS标准的实施者，有权质疑或诉请法院确认摩托罗拉公司标准必要专利的"有效性"和"必要性"，但是摩托罗拉公司以禁令救济相威胁，迫使苹果公司放弃了以上质疑和诉请法院确认的权利，认定该行为属于滥用市场支配地位构成垄断，造成了反竞争的市场的市场效应。

三星公司拥有由欧洲电信标准协会（ETSI）制定的3G-UMTS移动终端无线通信标准中的大量必要专利，并就欧洲市场的必要专利许可费率与苹果公司进行谈判。自2011年开始，三星公司以侵犯其必要专利在欧盟各成员国市场上对苹果公司发起专利侵权系列诉讼，同时寻求禁令救济。〔25〕与上述摩托罗拉公司的经历十分类似，欧盟委员会就三星公司上述行为展开反垄断调查，三星公司为避免遭受欧盟委员会的反垄断处罚，申请撤销了针对苹果公司发起的专利侵权诉讼与禁令救济，并于2013年和2014年先后3次向欧盟委员会做出承诺，其最终的承诺内容使得欧盟委员会停止了对其的调查。在本案中，欧盟委员会依然认定苹果公司属于善意被许可人，对善意被许可人适用禁令制度，使其产品难以在市场上继续销售，有反竞争的垄断之嫌。

以上两起案件同样发生在欧洲市场，可以看出标准必要专利权人往往会通过标准实施者的禁令救济以达到反竞争的垄断效果，欧盟委员会也通过了十分积极的反垄断执法以保证标准实施者的合法权益，维护了正常的市场竞争机制，从而保护了标准实施下的消费者的利益。〔26〕标准必要专利许可费率的确定，实属必要专利权人和标准实施者双方的利益博弈，在谈判中必要专利权人本就占据有利地位，其运用申请禁令救济以迫使标准实施者接受其不合理高价的许可费，而真正的许可费率协商过程由于话语权的差异已完全被扭曲，使许可协议变为实施反竞争垄断行为的可行手段。在以上案例中，苹果公司实际上已经接受了摩托罗拉公司提出的FRAND许可费率，此类被称为善意被许可人，适用禁令就极容易使其产品完全被排挤出某一市场，不仅无法达到统一行业标准的初衷，并且使得标准被挟持成为破坏市场竞争秩序的温床。

（二）缺乏对必要专利权人申请禁令救济的合理限制

在《工商总局规定》和《送审稿》中，均没有专门对必要专利权人申请禁令救济做

〔25〕参见王先林：《涉及专利的标准制定和实施中的反垄断问题》，载《法学家》2015年第4期。

〔26〕参见韩伟：《标准必要专利行使的反垄断规制——以欧盟2014年摩托罗拉、三星案为视角》，载《专利法研究2013》，知识产权出版社2013年版，第220页。

以专门规定；也就是说，针对必要专利权人的禁令申请，仍然适用《专利法》和《民事诉讼法》中对于申请普通专利权人禁令救济的规定。现如今我国有关申请禁令救济的法律规定，散见于《民事诉讼法》与各单行法当中，其规定、法院适用并颁布禁令的要件和《民事诉讼法》中规定的"三要件"基本相同，即存在显而易见的侵权事实或危险，不适用禁令会造成难以弥补的损失，以提供担保为前提。

第一，本文认为应当针对普通专利权和必要专利权在使用禁令制度上应该有所区分。在专利侵权案件中适用禁令制度，也并未区分普通专利权与必要专利权，这不符合权利义务相对等的法理逻辑。向法院申请禁令救济是所有专利权人的诉讼权利，普通专利权人基于侵权事实或危险申请法院禁止制造、销售、许诺销售等侵权行为，但是必要专利权人能否像普通专利权人一样，无限制的适用禁令制度？根据前文所述，制定统一的行业标准是基于公共利益的考量，由于技术的不可避免性，必要专利应运而生。换言之，相较于普通专利，标准必要专利的权利范围基于标准的普适性得到扩张；相应地，标准必要专利的权利行使也应当基于标准的公益性得到限制，这一点与必要专利权人基于 FRAND 承诺不得拒绝许可的逻辑推理相类似。也正是由于其不可避免性，必要专利权人无限制的禁令救济会导致技术标准中某一个必要专利挟持整个标准，不仅破坏竞争同时也损害消费者和公共利益。[27] 因此，做出 FRAND 承诺的必要专利权人不能像普通专利权人一样，可以不受限制地实施禁令救济，应该适用更加严格的禁令救济申请要件。

学界在讨论关于 FRAND 承诺对禁令救济的影响问题之时，发展出一种"禁令救济放弃论"，也就是说在标准的制定阶段，必要专利权人做出对所有标准实施者以公平、合理、不歧视进行许可的承诺，就认定该 FRAND 承诺内容包括放弃申请禁令救济的诉讼权利。本文认为将必要专利权人与普通专利权人适用禁令救济的要件有所区分是十分必要的，但是基于 FRAND 承诺直接规定必要专利权人没有申请禁令救济的权利是本末倒置，极易造成"反向劫持"。换言之，如果剥夺了必要专利权人申请救济的权利，在许可费率的谈判过程中，针对标准实施者的恶意磋商，必要专利权人便失去了保护自身研发投入、维护自身合法权益的有力手段。故而，不论是法律规定还是法院适用禁令制度，都应该有所区分，有所限制。

第二，针对不同的标准实施者，适用禁令的要件也应当有所区分。由于在制定标准时必要专利权人做出了 FRAND 承诺，所以基于未经许可引发的专利侵权纠纷很少发生，必要专利权人会申请禁令救济的情形，往往出现在与标准实施者针对许可费率的纠纷中，因此讨论如何适用禁令制度应当放置在许可费率纠纷的诉讼背景下。在必要专利权人与标准实施者就许可费率进行磋商的过程中，必要专利权人所追求的满意结果是一笔可观的专利许可费用，而标准的实施者追求的满意结果是在合理的专利许

---

〔27〕 参见张永忠、王绎凌：《标准必要专利诉讼的国际比较：诉讼类型与裁判经验》，载《知识产权》2015 年第 3 期。

可费用的前提下，自己生产的商品得以顺利进入市场并赚取利润。简言之：一方要专利许可费一方要产品市场。谈判期间可能会出现的两种情况：一是标准实施者诚心诚意进行谈判以期取得双赢的磋商结果，也就是标准实施者是善意被许可方；二是标准实施者非正常地故意压低许可费进行恶意磋商。如果法院对标准实施者不加区分地适用禁令制度，当标准实施者进行恶意磋商时适用禁止销售等禁令，自然是合理的；但是一旦标准实施者是善意被许可方时，即类似于上述案件中的苹果公司，其已经接受了谈判中FRAND条款下的许可费率，但是摩托罗拉和三星仍坚持申请法院进行禁令救济，此时便很难达到双方谈判的初衷，实现双赢。此时不仅必要专利权人在漫长的诉讼过程中无法得到那笔可观的许可费用，而且容易遭到类似欧盟委员会等反垄断执法机构的反垄断调查，得不偿失，与此同时因为实施禁令直接导致标准实施者的产品因为权利瑕疵被禁止销售无法进入市场，间接造成了“拒绝许可”的市场后果。故而，针对不同的标准实施者在适用禁令的要件上也应当有所区分。

综上所述，在专利标准化过程中，申请禁令救济有可能沦为必要专利权人实施垄断行为的手段，披着合法维权的外衣以获取垄断性收益，理应受到合理的限制。[28]

四、专利标准化过程中垄断行为的法律规制

前文就专利标准化过程中可能会出现的垄断行为，分析了其在制定、许可实施和禁令纠纷三阶段中出现的垄断行为表现、产生的原因，本文针对以上垄断问题的解决思路为：在对标准必要专利进行专利法规制的基础上，将反垄断法作为兜底规制，其核心是建立一套标准必要专利制定、许可实施和禁令救济的适用规则。这样既符合特别法优于一般法适用的法理逻辑，又在完善专利标准化过程适用规则的基础上减少反垄断法的适用难度。具体步骤为：第一，应当完善现有有关专利标准化法律法规的梳理，其中包括《专利法》《标准化法》《暂行规定》、工商总局《规定》等法律法规；第二，在完善上述法律法规的基础上，将专利标准化分制定、许可实施和禁令救济三部分，分别“查漏补缺”并制定具体适用规则：一是在制定标准的阶段，以标准委员会为核心建立必要专利的认定体系与专利信息披露制度；二是在必要专利的许可实施阶段，以FRAND为核心建立影响许可费率计算的不同因素，指导具体的许可费率磋商过程与司法实践；三是在必要专利权人申请禁令救济阶段，以不签发禁令为原则对恶意和善意被许可人予以区别对待。

（一）从形式上梳理现有专利标准化法律法规

目前我国有关专利标准化的法律法规并不多，经过整理本文认为应当分为四部分：第一部分是《标准化法》及其配套规定；第二部分是《专利法》及其配套规定；第三部分是国家标准化管理委员会制定的两份行政规章；第四部分是《反垄断法》《反不正当竞争法》及其配套规定。《标准化法》于1988年12月29日通过，并于1989年4月

---

〔28〕 参见吕明瑜：《知识产权垄断的法律控制》，法律出版社2013年版，第389页。

1日起施行,这是我国针对标准化的一项专门立法;与其相配套的是国务院于1990年4月26日发布的《标准化法实施条例》、国家技术监督局于1990年7月23日发布了《标准化法条文解释》。以上规制标准化过程的规定,集中界定并解释了"标准"和"标准化"的内涵,规定了标准的分类以及企业违反标准化的责任。我国现行的《专利法》是2008年第三次修改之后的文本,其中并没有明确规定专利标准化行为的规范。在《专利法》第四次修改中,国务院发布的《送审稿》第82条明确规定了标准必要专利权人在标准的制定与必要专利许可实施应当履行的义务。现行的《关于审理侵犯专利权纠纷案件应用法律若干问题的解释》于2009年12月21日发布,并于2010年1月1日起开始施行,现在适用的文本删除了其征求意见稿第20条有关专利标准化的规定,因此现行文本并无专利标准化的规定。国家标准化管理委员会于2004年颁布了《设计专利的国家标准制修订管理规定》(暂行)(征求意见稿)、于2013年12月19日出台了《国家标准涉及专利的管理规定》(暂行),这两份部门规章规定了专利标准化过程中的部分问题。我国的《反垄断法》中并没有标准必要专利权人实施垄断行为的明确规定,只是将滥用知识产权看作构成垄断协议、经营者集中、滥用市场支配地位和行政垄断四种垄断行为的众多手段之一进行规制。国家工商总局颁布实施的《关于禁止滥用知识产权排除、限制竞争行为的规定》,其中规定了标准制定、标准必要专利许可实施两个阶段。

从以上法律法规可以看出,目前我国关于专利标准化的规定在形式上既少且位阶庞杂,囊括了法律、行政法规、部门规章等;内容上没有关于专利标准化的统一专门规定。[29] 位阶高的《标准化法》和《专利法》并没有对专利标准化具体过程做出规定,对专利标准化内容有规定的例如《工商总局规定》,其作为部门规章位阶较低,其相较于法律来讲适用范围窄且和效力较弱。因此,想要对专利标准化过程进行合理规范,本文认为应首先从形式上梳理现有规定,将有关标准的行政管理规定作为基础,核心内容应纳入《专利法》及其配套规定当中,具有重复内容的行政法规或部门规章应当删除甚至废除,《反垄断法》作为一般法做兜底规制。其中,最为重要的是,要针对专利标准化的三个阶段制定切实可行、可操作性较强的法律适用规则。

(二)对标准制定阶段垄断行为的法律规制

如前文所述,在专利标准化的过程中,制定标准首当其冲。前文分析了在标准制定中存在的垄断行为,主要有:缺乏必要专利的认定机关、标准和程序;必要专利权人违反专利信息披露规定,实施专利劫持。本文在剖析出现上述垄断行为的原因的基础上,提出规制标准制定阶段垄断行为的解决思路。首先,应确立我国标准化委员会具有制定标准、认定必要专利的职责,使其在合理运用行政主导权的基础上领衔整个专利标准化过程。其次,建立我国标准必要专利"必要性"的认定体系:形式上实行行政确认和司法审查两种方式;内容上确定"以技术因素为主,商业因素为辅"的判定标准。

[29] 参见顾金焰:《专利标准化的法律规制》,知识产权出版社2014年版,第48页。

最后,完善我国的必要专利信息披露制度,将《暂行规定》《规定》中有关内容全部纳入《专利法》或者实施条例、司法解释中,确定《专利法》(送审稿)中规定的默示许可制度。

1. 确定我国标准化管理委员会为制定标准、认定必要专利的机关

合理运用我国标准化管理委员会的行政主导权,明确其具有标准制定权与认定必要专利的职责。本文第二部分指出,造成标准制定阶段难以认定必要专利的部分原因在于标准化组织的不作为和回避法律责任,国外标准化组织在出现必要专利纠纷时能置身事外的最大原因在于其自治性,其自身没有认定必要专利的义务,在必要专利不具备必要性或者丧失必要性时,也无须承担责任。要解决必要专利的认定问题,首先应当确定标准化组织为判定机关。根据我国《标准化法》的规定,国家标准化管理委员会对我国标准化工作进行统一管理,其具有标准的制定权。[30] 与国外的标准化组织的自治性不同的是,其作为行政机关的性质决定了我国的标准化管理委员会在标准的制定方面具有更多的行政主导权。而我国标准化组织应该合理运用其行政管理的主导权,负担起标准发布与实施、认定必要专利的义务。

本文认为标准化组织应该作为必要专利的判定机关,是由标准化组织的职责所决定的:其主要职责在于制定标准,即为标准选择最适宜、最合理的组成技术,在这个过程中难以避免地判定技术因素,故而标准化组织应该是技术专家的组合体,对标准的技术内容和许可实施具有独特和深入的认识,而专家团队的存在决定了标准化组织具有认定某专利能否成为标准的必要专利具有得天独厚的条件。[31] 另外,在判定是否具备必要性之时,可以要求申报进入标准的专利权人提供其技术的唯一性、不可避免性等认定必要性的证明材料。在我国的标准化管理体制下,可以赋予标准化管理委员会确认某必要专利必要性的权利,由标准化管理委员会对某专利被纳入技术标准的"必要性",如果确实具备唯一性和不可避免性,则予以确定认可其必要专利的属性,这样一来就将非必要专利排除在许可实施的专利清单之外,免去标准实施者难以辨认必要与非必要专利的疑惑。如果标准的实施者或者其他的申报专利权人不认可标准化管理委员会的认定结果,可以在专利侵权诉讼中,以"该专利技术不具备必要性"进行抗辩,请求法院进行司法审查。

2. 建立我国标准必要专利"必要性"的认定体系

建立我国标准必要专利"必要性"的认定体系:形式上实行标准化管理委员会认定和司法审查两种方式,内容上确定"以技术因素为主,商业因素为辅"的判定标准。上文提到标准化组织被赋予制定标准、认定必要专利的职责,其负责制定技术标准的技术团队对必要专利的必要性进行确认,并且该确认并不具有最终的法律效力。在必要专利引发的诉讼中,如许可费率纠纷,如果标准的实施者对该必要专利的必要性有所质疑,可以将"该必要专利不具备或已经丧失必要性"作为抗辩理由,负责审理该案

---

〔30〕 参见《标准化法》第5条:国务院标准化行政主管部门统一管理本行政区域的标准化工作。省、自治区、直辖市政府有关行政主管部门分工管理本行政区域内本部门、本行业的标准化工作。

〔31〕 参见马海生:《技术标准中的"必要专利"问题研究》,载《知识产权》2009年第3期。

件的合议庭则必须对该必要专利的必要性进行附带性审查,而不能提起单独的确认之诉以请求法院审查其必要性。采取附带性审查模式的原因在于,诉讼请求只能就法律问题(须经法律规范确认的事实)而提出,不能就单纯事实问题提出,也就是说,"必要专利是否具备必要性"是一个事实问题,该必要性并不因为法律规定的不同而发生变化,实施技术标准的必要专利能够成为司法审查的对象,只能作为是否构成专利侵权的事实进行认定,故而法院并不对纯粹的事实问题进行裁判。并且,实践中也已经有对必要专利的必要性进行司法审查的先例。2005 年 7 月,英特尔公司认为诺基亚公司侵犯其属于 2G-UMTS 标准(欧洲电信标准协会制定,ETSI)的必要专利,向英国伦敦高等法院提起诉讼。诉讼期间,诺基亚公司就英特尔公司拥有的某几件电信技术专利向法院提出司法审查,请求确认以上专利对 2G-UMTS 标准并不具备必要性。经审查,伦敦高等法院裁决英特尔公司拥有的其中 4 件涉案专利对实施 2G-UMTS 标准并不具备唯一性和不可避免性。[32] 对必要专利的必要性的判定,标准化管理委员会可以进行确认,在具体案件中法院也可以作出司法审查,也就奠定了技术标准实施的基础,为接下来的必要专利的公平、合理、无歧视许可实施提供了前提条件。

在确定了标准必要专利的认定机关之后,应建立认定必要性的标准:本文认为应该确立"以技术因素为主,商业因素为辅"的判定标准。必要专利必须满足不可避免性和无法替代性,这一点毋庸置疑。如果仅考虑技术因素,就必须要求该技术上具有独一性,即客观上想要满足标准的要求就有且只有一个选择。欧洲电信标准协会(European Telecommunications Standards Institute,ETSI)认定必要性的依据就是如此:只考虑技术因素。这样一来就忽略了另外一种情况:客观上存在其他可替代性的技术,但是该技术相较于某必要专利需要付出的成本太高,导致该技术无法实施。故而美国电气和电子工程师协会(Institute of Electrical and Electronics Engineers,IEEE)认定必要性是基于是没有任何技术和商业上可行的替代技术。本文认为,必要性的判定标准必须二者兼具,但是应有主次之分。一份专利技术能够被纳入统一标准,首要因素一定是其技术性足够先进才能实现行业对产品的统一要求,一个低端且被多数人掌握的技术则无须行业标准统一其产品性能。另外,随着类似高通这样只研发不从事生产的知识产权运营公司的兴起,会通过多个途径控制行业多项领先技术,故而应当将商业因素也考虑在内。如果实现某标准必须使用高通公司的 A、B 两项专利技术,并且使用高通公司的 B 专利会实现使用 A 专利的便利,生产成本极小;即使市场上存在能够替代 B 专利的 C 技术,在实现与 A 专利相互匹配的成本十分巨大,则此时 B 专利极容易存在商业上的不可避免性。故而,技术因素和商业因素都必须作为必要专利的认定因素,技术上的不可避免居主要地位,商业上的不可避免属于相对考量的因素。

3. 建立必要专利信息披露体系,明确默认许可制度

必要专利信息披露、按照 FRAND 原则许可、禁令救济是专利标准化中的三大核

---

[32] 参见文希凯:《"专利蟑螂"的反垄断法规制》,载《知识产权》2014 年第 6 期。

心问题,其中必要专利信息披露是基础,是必要专利权人做出FRAND承诺按照公平、合理、无歧视原则进行许可实施的前提条件,故而必须在标准的制定阶段保证参与标准制定的所有人向标准化组织披露拟纳入标准的专利技术信息。大多数发生专利劫持的情况,都与标准化组织在选择确定纳入标准的技术时不知道有专利权或者正在申请中的专利权存在的因素有关,标准设立之后专利权人突然主张其拥有专利权,则标准实施者很难在此时选择其他可替代技术。与之相反,如果参与标准制定的所有成员都被要求披露自己拟被纳入标准的专利技术信息,将在很大程度上减少劫持问题,以保障技术标准的顺利实施,实现统一技术标准的初衷。因此,建立必要信息披露体系,明确专利信息披露的主体、时间、范围,将默认许可和禁止反悔作为不履行专利信息披露义务的法律责任,至关重要。

专利信息披露体系是一个十分复杂的问题,主要涉及披露的主体、时间和范围。负担披露义务的自然是所有参与标准制定的成员,不仅仅局限于希望自己专利技术被纳入标准的成员,这一点毋庸置疑。关于披露的时间,应当是标准制定的整个期间,鼓励尽早披露。对于披露范围,不同的标准组织宽紧程度均不同,本文认为应当采取较为严格的方式:即所有的标准化组织成员都要披露其专利信息,无论该公开的专利最终是否被纳入标准,也无论专利权人是否希望其专利被纳入标准之中,并且不仅要公开已经被授权的专利技术信息,也包括处在申请阶段尚未被授权的专利技术信息。另外,《送审稿》第82条也规定了必要专利默示许可制度,参与标准制定的专利权人在制定标准的过程中不披露其拥有的标准必要专利的,视为其许可该标准的实施者使用其专利技术,在此情形下专利权人无权起诉标准实施者侵犯其标准必要专利。建立较为严格的专利信息披露体系,虽然对各专利权人不可避免地会产生一定负面影响,但是为了保障标准的顺利实施、保护其他标准实施者以及维护标准制定下的公共利益,十分必要。

（三）对必要专利许可实施中垄断行为的法律规制

如前文所述,专利标准化过程的核心是必要专利的许可实施。前文分析了在必要专利许可实施过程中存在的垄断行为,主要有:违反FRAND承诺的拒绝许可行为和不公平、合理的许可费定价行为,[33]滥用其必要专利的市场支配地位,在许可中附加其他不合理的限制性交易条件。本文在剖析出现上述垄断行为的原因的基础上,提出规制必要专利许可实施阶段垄断行为的解决思路:首先,FRAND原则应正式入法,在明确FRAND承诺的法律属性的基础上,运用竞争法意义上的“关键设施”理论指导必要专利的许可实施。其次,借鉴华为诉IDC、微软诉摩托罗拉等案例,确立许可费率计算的方法,确定影响许可费率的因素以供法院参考。

---

〔33〕 参见罗娇:《论标准必要专利诉讼的“公平、合理、无歧视”许可——内涵、费率与适用》,载《法学家》2015年第3期。

1. FRAND 原则正式入法,指导必要专利许可实施

FRAND 原则正式入法,指导必要专利许可实施;明确 FRAND 承诺的法律属性,拒绝许可与附加其他不合理交易条件的问题迎刃而解。国际上各标准组织均援引 FRAND 原则作为标准必要专利许可实施的指导性原则,但是都没有成文的具体适用规则,只能不断地通过司法案例总结 FRAND 原则的具体使用规则与许可费率的计算方法。FRAND 承诺的法律属性,是具体适用 FRAND 原则的基础,目前尚存争议:有三种不同的看法:一是基于 FRAND 承诺形成标准实施者的信赖利益保护,必要专利权人与标准实施者处于许可合同的缔约阶段;二是必要专利权人的单方面 FRAND 承诺构成为第三人利益的合同;三是竞争法意义上的关键设施,标准必要专利构成一个市场提供商品或服务的必要设施,无特殊情形不得拒绝许可。本文赞同援引竞争法上的关键设施理论,是因为:必要专利权人做出 FRAND 承诺同意以公平、合理、无歧视的原则许可实施其必要专利,这不能看作一种要约,因为要约是向特定的相对人发出的,而标准实施者却是不特定的多数人。没有要约,也就没有合同的缔约过程,就更谈不上缔约阶段的信赖利益。另外,第三人利益合同又叫作利他合同,基于 FRAND 承诺而形成的必要专利许可关系不符合利他的特征,因为标准的实施者负有支付专利使用费的义务,不是第三利益实施者。

竞争法意义上的关键设施理论,指出当独占者控制了关键设施,即其竞争对手进入该市场所必须使用而又无法经合理的努力复制的资源时,独占者就负有必须和竞争对手交易的义务;[34] 该理论有效防止独占者凭借其对稀有资源的控制,将自己的独占力量向其他市场延伸。从理论祈愿上看,传统意义上的关键设施一般指的是有形设施,在美国和欧盟的相关案例中可以看出其并不排除将标准必要专利看作关键设施,以杜绝拒绝许可和其他滥用该市场支配地位的垄断行为。

2. 确立影响许可费率的参考因素和计算方法

确立许可费率计算的方法,借鉴华为诉 IDC、微软诉摩托罗拉等案例,确定影响许可费率的因素以供法院参考。为防止必要专利权人利用其专利技术的不可避免性实施垄断行为,标准组织往往会在标准的制定阶段就要求必要专利权人做出 FRAND 承诺:向所有标准的实施者收取公平、合理、无歧视的必要专利使用费。在司法实践中有关 FRAND 原则的专利许可费用的多与少,是必要专利权人与标准实施者的矛盾集中地:例如华为诉 IDC,微软诉摩托罗拉等案例,均是由于专利许可费率引发的诉讼。因此,确立一个切实可行的许可费率计算方法,即确定一系列会影响许可费率的因素以供法院参考,对统一司法裁量标准至关重要。

在华为诉 IDC 一案中,法院主要是将 IDC 公司给予其他标准实施者和华为公司的许可费率或费率范围进行了比较;在微软摩托罗拉公司一案中,法院主要考量因素是必要专利对标准的贡献,贡献程度的大小和专利许可费用成正比;而在日本苹果诉

---

〔34〕 参见彭志刚:《知识产权拒绝许可反垄断法律问题研究》,法律出版社 2011 年版,第 41 页。

三星一案中，法院主要考量了产品当中包含必要专利的部分对整个产品销售的贡献。以上个案在判定许可费率之时均具有其不同的考量，其实美国的司法实践早在Georgia-Pacific Corp. v. U. S. Plywood中运用了“虚拟谈判法”计算出合理的专利许可费，即法院在事后基于在必要专利权人和侵权人之间进行的“虚拟谈判的结果”来判决赔偿额，该案判定许可费率主要考量了以下15个因素：(1)专利权人许可专利获得的许可使用费；(2)其他被许可人实施该专利支付的许可使用费；(3)该专利许可的性质和使用范围；(4)专利权人的专利战略和市场计划；(5)专利权人与被许可人之间的商业关系或商业往来；(6)专利产品的销售对于被许可人其他商品的促销作用；(7)专利权的有效期限和许可条款；(8)专利产品的商业价值，获利能力以及市场欢迎度；(9)对比相似产品、专利产品的优势之处；(10)专利的性质、商业化程度以及该专利为专利权人带来的收益；(11)被许可人实施专利的程度以及实施专利获得的利益的多少；(12)依据怪力，特定行业或类似行业中实施该专利或类似专利所获收益在行业利润或售价中所占的部分；(13)归功于专利部分的获利，排除非专利部分、制造工艺、商业风险或其他复加特的或者改进所产生的利润；(14)合格的专家证人的意见；(15)假如被许可人在开始实施侵权时，与专利权人自愿、合理地磋商所可能达成一致的许可费。[35]

以上15个因素后来被称为Georgia因素，被之后的司法实践广泛应用，最为典型的是微软诉摩托罗拉公司一案。本文认为，微软诉摩托罗拉公司一案中对Georgia因素的改进，值得我国立法借鉴。在接下来的有关专利标准化的立法中，需要将决定以上各考量因素分别具象化，即法律法规应当提供一种可供合同谈判或司法实践参考的具体的考量标准：(1)只有专利权人和被许可人基于FRAND原则协议达成的许可授权协议，才能作为标准必要专利授权许可虚拟谈判的参考；[36] (2)必要专利的持有人须基于FRAND原则授予所有的标准实施者以许可；(3)该专利技术对标准在技术层面的贡献以及对标准实施者技术和产品的贡献；(4)该专利的授权许可期间和范围；(5)该专利技术在纳入标准前的替代技术，以及相比而言该专利技术的优势；(6)该专利技术自身的价值，并不包含该专利技术在纳入标准后所带来的额外价值；(7)在商业活动中，使用该必要专利所能够带来的利润或者销售额；(8)虚拟谈判中，专利权人和被许可人基于FRAND原则在理性、自愿达成协议的基础上，双方均认可的专利许可使用费。[37]

所谓“公平、合理”，其价值在于平衡必要专利人与标准实施者之间的利益，各标准化组织并没有界定其内涵，本文认为认定某必要专利许可费是否公平合理应该考量以下因素：一是标准制定之前其他替代技术的可行性和成本，替代技术的成本越低、可

---

〔35〕 参见张平：《论涉及技术标准专利侵权救济的限制》，载《科技与法律》2013年第5期。

〔36〕 参见张吉豫：《标准必要专利“合理无歧视”许可费计算的原则与方法》，载《知识产权》2013年第8期。

〔37〕 参见张小丽、全宇军：《如何确定标准基本专利的RAND许可费——浅析Microsoft v. Motorola案的裁决及影响》，载《中国发明与专利》2013年第9期。

行性越强,则该必要专利的许可费用就越低;二是必要专利对最终产品的贡献,贡献越高其许可费用就越高;三是专利许可双方的商业往来,如果必要专利权人和标准实施者之间具有交叉许可或者其他互惠条款约定,则较低的许可费或者免费许可均属于合理的范畴。所谓无歧视,即必要专利权人对条件相同的标准实施者要求相同的许可条件,对于有差异的标准实施者可以要求不同的许可条件,本文认为应该针对不同的标准实施在不同领域、不同地理范围或者不同期限等予以区别对待。

(四)对必要专利权人申请禁令救济中垄断行为的法律规制

如前文所述,在专利标准化的过程中,必要专利权人申请禁令救济的威慑力和影响力最大。前文分析了在申请禁令救济中存在的垄断行为,即存在必要专利权人利用禁令救济达到垄断性收益的行为:必要专利权人挟实施标准的不可避免之势,以申请禁令救济为威胁,迫使标准实施者接受其不合理的交易条件,如高额专利许可费用,搭售等。本文在剖析出现上述垄断行为原因的基础上,提出规制申请禁令救济阶段垄断行为的解决思路:一是应明确必要专利权人申请禁令救济的适用原则——以不签发禁令为原则;二是增加一项签发禁令的要件——恶意被许可人(标准实施者)。

1. 以不签发禁令为原则

在必要专利权人申请禁令救济的情况下,法院应以不签发禁令为原则。禁令救济是保护专利权的有力主张,对保障研发投资、鼓励创新有重要意义;必要专利权人做出FRAND承诺也不代表其放弃了申请禁令救济的权利。[38] 正如前文所述,必要专利权人基于其专利技术的唯一性和不可避免性拥有了整个行业的市场支配地位,这种垄断性收益并不是由于其专利技术本身就具备的,而是因为行业标准和统一实施,因此必要专利权人的专利因被纳入标准而获取了"额外"的收益,故而在其申请禁令救济之时,就应该和普通专利权人有所区分。禁令一旦签发,标准实施者将面临停止销售全部产品的制裁,此时在市场上已经具有一定影响力的产品被迫退出市场,因为必要专利使用费用的分歧造成必要专利权人、标准实施者和市场"三输"的结果,得不偿失。因此,在普通的专利侵权诉讼中申请禁令救济只需要满足《专利法》规定的"四要件"即可;但是在必要专利侵权禁令救济司法适用中,基于利益均衡的角度应该对其有一定的限制,尤其在终端产品更新换代速度极快的领域,法院签发禁令应该更加慎重——以不签发禁令为原则,以签发禁令为例外。

2. 确定签发禁令的构成要件——恶意被许可人

以不签发禁令为原则并不代表绝对地不适用禁令,而是要在签发禁令的构成要件中增加一项:标准的实施者是恶意被许可人。在普通的专利侵权诉讼中,我国《专利法》中规定的签发禁令的构成要件是四项:一是有确切证据证明存在专利侵权行为,即侵权是显而易见的;二是如果不立即申请会使其合法权益受到难以弥补

[38] 参见马海生:《专利许可的原则:公平、合理、无歧视许可研究》,法律出版社2010年版,第142页。

的损害;三是必须提供担保;[39]四是对社会公共利益的影响。类似于上文列举的摩托罗拉诉苹果、三星诉苹果案件中,申请禁令的必要专利权人额举证完全符合以上四要件,也完全具备签发禁令的要件,但是欧盟委员会却依然对必要专利权人进行了反垄断调查,原因何在?就是因为以上四要件并不能排除对善意被许可人(标准实施者)的适用,善意被许可人的利益得不到合法保护。在eBay Inc. v. MercExchange LLC一案中,美国最高法院认为永久禁令不应当是一种一般规则,不能自动地适用于每一个专利侵权案件,并确立了判定是否签发禁令的"eBay案四要素测试法"。[40] 本文认为"eBay案四要素测试法"其本质上与我国的四要件相似,无法排除对善意被许可人的适用,因而侵害了善意被许可人的合法利益。因此,本文认为在签发禁令的四要件中应该增加一项——被许可人是恶意的标准实施者,即必要专利权人就专利许可费用和该标准实施者进行谈判的过程中,该标准实施者存在恶意磋商行为,如低于市场平均水平的报价、故意拖延谈判进程等。而作为善意被许可人,如果潜在的被许可人愿意获得许可或者本着积极磋商的态度获取许可授权,必要专利权人就不应该再以禁令威胁作为达成许可协议的手段。因此,法院在签发禁令的时候,应当查看和考量必要专利权人和标准实施方的磋商阶段,认定标准实施者属于恶意磋商还是善意谋取许可授权。

五、结语

在全球通信行业专利标准化进程加快的大背景下,其过程中三个阶段出现的涉嫌垄断的经营行为理应受到法律的合理规制。本文以通信行业为切入点,通过对"高通受罚案"、华为诉IDC、微软诉摩托罗拉、摩托罗拉诉苹果等一系列典型案例的深入分析,总结出了在专利标准化过程中有关技术标准的制定、必要专利的实施许可以及必要专利权人申请禁令救济三个阶段存在不同的垄断行为:例如违反专利信息披露义务,实施专利挟持;违反FRAND承诺拒绝许可、收取歧视性高价许可费、搭售、附加其他不合理的交易条件;无限制地申请禁令救济等行为。本文针对以上垄断问题的解决思路为:在对标准必要专利进行专利法规制的基础上,将反垄断法作为兜底规制,其核心是建立一套标准必要专利制定、许可实施和禁令救济的适用规则。这样既符合特别法优于一般法适用的法理逻辑,又在完善专利标准化过程适用规则的基础上减少反垄断法的适用难度。具体步骤为:第一,应当完善现有有关专利标准化法律法规的梳理,其中包括《专利法》《标准化法》《暂行规定》、工商总局《规定》等法律法规;第二,在完善上述法律法规的基础上,将专利标准化分制定、许可实施和禁令救济三部分,分别"查漏补缺"并制定具体适用规则:一是在制定标准的阶段,以标准委员会为核心建立

[39] 参见王先林:《知识产权滥用及其法律规制》,中国法制出版社2008年版,第45页。

[40] 即一方将遭受不可修复性的损失;不具有可替代性的救济措施(如赔偿金等)用以替代永久禁令的实施;综合平衡各方的利益,其他救济措施的不可实施性;不违反公共利益;在同时符合这四种要件的情况下才适用永久禁令。

必要专利的认定体系与专利信息披露制度;二是在必要专利的许可实施阶段,以FRAND为核心建立影响许可费率计算的不同因素,指导具体的许可费率磋商过程与司法实践;三是在必要专利权人申请禁令救济阶段,以不签发禁令为原则对恶意和善意被许可人予以区别对待。

行政机关负责人出庭应诉助推法治政府建设

——以黑龙江省法院系统推进行政机关负责人出庭应诉工作为参照

公丕潜*

内容摘要：行政机关负责人出庭应诉制度是彰显中国司法智慧的制度创举。行政机关负责人出庭应诉是行政机关积极主动参与行政诉讼的法定义务，是行政机关树立自身良好形象的必要之举，又是司法机关参与社会治理的有益尝试，更是治理能力现代化的题中应有之义。因此，行政机关负责人出庭应诉是建设法治政府，打造诚信政府，型构行政法治秩序的制度创新之产物。当前行政机关出庭应诉制度在实际运行过程中，存在运动化、形式化、数字化的程序空转问题，欲完善行政机关负责人出庭应诉制度，唯有从建构行政机关负责人出庭应诉实施细则、明确行政机关负责人出庭应诉范围、提升行政机关负责人出庭应诉质量、对出庭应诉的行政机关负责人进法治思维锤炼等方面着手，才能将行政机关负责人出庭应诉制度的红利予以充分释放。质言之，行政机关负责人出庭应诉是建设法治政府的内在驱动力。

关键词：行政机关负责人　出庭应诉　法治政府　诚信政府

行政负责人出庭应诉是深具中国特色的行政诉讼法律制度，其发端于个别基层法院的自发实践，成型于浙江、湖南等省份的地方政法实验，定型于2015年修订并施行的《行政诉讼法》第3条关于被诉行政机关负责人出庭应诉的相关规定，作为一项政法制度创新产物，其在中国推进法治政府建设进程中发挥了内在驱动作用，累积了建设法治政府的宝贵经验。从制度变迁的角度来看，行政首长出庭应诉制度经历了一个从地方政策试验到中央立法吸纳的过程。[1] 行政机关负责人出庭应诉是“执政为民的试金石”“法治政府建设的风向标”“社会矛盾化解和社会管理创新的大智慧”“政府自身建设的好抓手”。[2] 近年来黑龙江省法院系统为推进被诉行政机关负责人出庭应诉工作而展开的司法竞争有力地助推了法治黑龙江、法治政府的建设进程。因此，从黑龙江省法院系统推进行政机关负责人出庭应诉工作的视角考察法治政府建设，以小见大，问题意识突出，实践指向明确，彰显出行政机关负责人出庭应诉制度的中国智慧与实践理性。

一、行政机关负责人出庭应诉制度的法治意义

改革开放以来，打造法治政府成为历届政府的既定施政目标。2014年中共十八

---

* 公丕潜，哈尔滨市南岗区人民法院行政庭法官助理。

〔1〕 卢超：《行政诉讼行政首长出庭应诉制度：司法政治学的视角》，载《北方法学》2015年第4期。

〔2〕 杨临萍：《行政审判在“三项重点工作”中的职能与创新》，载《法制日报》2010年11月10日，第4版。

届四中全会通过的《中共中央关于全面推进依法治国若干重大问题的决定》更是因应了历史发展的必然逻辑，适时地提出并详细描绘了我国法治建设的蓝图。[3] 行政机关负责人出庭应诉制度不仅是行政诉讼法课予被诉行政机关的法定义务，更是现代服务行政与合作行政所内蕴的行政伦理之应然要求。从根本上来说，我国宪法所确立的“行政首长负责制”是行政首长出庭应诉制度的理论基础。[4] 行政机关负责人出庭应诉制度是打造法治政府的内在驱动力量。简言之，行政机关负责人出庭应诉具有但并不限于如下法治意义。

（一）行政机关负责人出庭应诉制度是立法为公、执政为民的试金石

行政机关负责人出庭应诉是实现“民告官能见官”的立法为公、执政为民的必然要求，也是提升与规训公民政治参与能力的必要途径。行政立案难、审理难、执行难“三难”问题是长期困扰行政审判的顽疾，当事人在跨越了行政立案难的鸿沟后，往往会陷于“民告官不见官”“法官审案不见官”的双重困境。“民告官不见官”的行政审判乱象，一方面造成原告的心理失望情绪加剧，原告往往会认为“民告官不见官”是被诉行政机关对其权益的二次伤害，另一方面作为居中裁判者的法官也会感觉被诉行政机关负责人的缺席是对司法权威的蔑视，法官的职业尊荣感也会蒙羞。因此，“民告官不见官”“法官审案不见官”的行政审判困境是对原告与法官的双重伤害。行政机关负责人出庭应诉不仅是对作为诉讼对手的原告的尊重，也是对作为审理者、裁判者的法官的敬意，更是显示行政机关自信的一种有益形式，这对原告的被被诉行政行为所扭曲或伤害的心理是一种抚慰。质言之，行政机关负责人出庭应诉制度是立法为公、执政为民的试金石。

（二）行政机关负责人出庭应诉制度是实质性化解行政争议的撒手锏

实质性化解行政争议作为现行行政诉讼制度的基础功能，在社会矛盾化解和社会管理创新方面发挥着越来越重要的作用。“良法善治从根本上体现为实质法治，而非形式法治；是解决问题，而非程序空转。”[5] 因此，行政诉讼虽然以审查被诉行政行为的合法性为旨归，但审查行政行为合法性的最终目的是走出因行政行为而招致的权益失衡状态，修复受损的权益关系，建构和谐的行政法治秩序。而作为被诉行政机关的最终决策者的行政机关负责人出庭应诉是实质性化解行政争议的撒手锏，因为行政机关负责人的积极出庭应诉，不仅是对涉案行政管理事项的重视，也是对该行政机关自身管理方面存在问题的自我审视，更是显示出了实质性解决行政争议的诚意，司法实践表明，被诉行政机关负责人出庭应诉的行政案件，和解与撤诉率会很高，这就是“老大难、老大重视就不难”的组织社会学真谛。[6]

---

〔3〕 参见黄学贤：《法治政府的内在特征及其实现——〈中共中央关于全面推进依法治国若干重大问题的决定〉解读》，载《江苏社会科学》2015 年第 1 期。

〔4〕 参见章志远：《行政首长出庭应诉制度的理论基础探析》，载《人民法院报》2012 年 4 月 25 日，第 6 版。

〔5〕 江必新：《积极推进行政机关负责人行政诉讼出庭应诉工作》，载《人民法院报》2011 年 7 月 13 日，第 5 版。

〔6〕 章志远：《行政诉讼中的行政首长出庭应诉制度研究》，载《法学杂志》2013 年第 3 期。

（三）行政机关负责人出庭应诉制度是法治政府建设的风向标

法治国家、法治政府、法治社会一体建设是全面推进依法治国的重要内涵。法治国家、法治政府、法治社会建设的相互关系是：建设法治国家是建设法治政府的前提，建设法治政府是建设法治国家的关键；建设法治国家是建设法治社会的基础，建设法治社会是建设法治国家的条件；建设法治政府是建设法治社会的保障，建设法治社会是建设法治政府的目标。〔7〕法治政府作为承接法治国家和法治社会的中间性制度架构，其重要性比以往任何一个时期都显得更为迫切。近年来，因政府旧城区改造、征地拆迁、大项目建设等政府重点工程而引发的行政诉讼乃至信访案件呈井喷之势，这反映出政府在进行影响公共利益的重大决策过程中，忽视甚至漠视利益受损群体知情权、参与权、监督权的行政违法行为大量存在。作为行政机关负责人出庭应诉，一方面是对政府科学决策政策宣讲，另一方面也是对行政违法行为的自我剖析。行政机关负责人出庭应诉彰显出我国建设法治政府的勇气与决心，行政机关负责人出庭应诉以自我剖析、自揭家丑、壮士断腕的形式对法治政府的生动诠释，行政机关勇于承认其在履行法定职权过程中存在问题是负责政府的应有之义，也是打造诚信政府的必要举措，法治政府必然是诚信政府。因此，行政机关负责人出庭应诉制度是法治政府建设的风向标。

（四）行政机关负责人出庭应诉制度是治理能力和治理体系现代化的指示器

法治是治国理政的基本形式。〔8〕加快法治建设对于全面推进依法治国、促进国家治理体系和治理能力现代化具有决定性意义。〔9〕治理体系和治理能力现代化是全面深化改革的总目标之一，司法作为现代社会治理体系的重要组成部分，其在现代社会中发挥着解决社会纠纷、实现权利救济、维护社会秩序、型构法治政府等功能。当前我国正处于社会转型期，因社会转型而引发的社会纠纷矛盾以诉讼的形式涌入法院，我国已然进入诉讼社会，〔10〕案多人少的矛盾在法院系统尤其是基层法院日渐凸显。〔11〕司法在治理体系中的地位从来没有像今天这样重要，同样，司法解纷止争的能力低下与现代法治秩序建构之间的矛盾日益显现。行政机关负责人出庭应诉不仅是行政权接受司法权审查的宪政架构使然，更是司法权对行政权的尊让。行政机关负责人出庭应诉，一方面是行政机关提升自身治理能力，健全治理体系的重要形式；另一方面是司法机关提升自身参与社会治理与社会管理创新的有益尝试。因此，被诉行政机关负责人出庭应诉频次与质量是治理能力和治理体系现代化的指示器。

---

〔7〕参见姜明安：《论法治国家、法治政府、法治社会建设的相互关系》，载《法学杂志》2013年第6期。

〔8〕参见习近平：《习近平谈治国理政》，外文出版社2015年版，第138页。

〔9〕参见应松年：《加快法治建设促进国家治理体系和治理能力现代化》，载《中国法学》2014年第6期。

〔10〕参见张文显：《现代性与后现代性之间的中国司法——诉讼社会的中国法院》，载《现代法学》2014年第1期。

〔11〕参见公丕潜：《论法官员额制的构建逻辑——以基层法院“案多人少”矛盾之化解为切入点》，载《知与行》2015年第4期。

二、行政机关负责人出庭应诉的黑龙江法院实践

浙江、湖南、江苏等省份在落实行政机关负责人出庭应诉工作方面走在全国前列，为行政机关负责人出庭应诉工作积累了宝贵经验。作为后发赶超的省份的黑龙江省，全省法院系统为落实党的十八届四中全会“健全行政机关依法出庭应诉、支持法院受理行政案件、尊重并执行法院生效裁判的制度”，根据《行政诉讼法》关于被诉行政机关负责人应当出庭应诉的规定和国务院、最高人民法院相关意见，黑龙江省人民代表大会常务委员会《关于进一步加强行政审判工作的决定》，下发黑龙江省高级人民法院《关于对被诉行政机关负责人出庭应诉情况进行通报的通知》，全省法院全面推进行政机关负责人履行出庭应诉的法定义务。经过近一年的行政机关负责人出庭应诉实践，已经取得了较好的社会效果。[12]

(一)行政机关负责人出庭应诉规范性文件的制定

表1　黑龙江省关于规范行政机关负责人出庭应诉工作的规范性文件

序号	文件名称	主要内容	制定机关	制定时间	备注
1	《关于进一步加强行政审判工作的决定》	第十二条规定：“各级行政机关负责人应当履行行政应诉法定义务。”第十三条规定：“涉及公共利益等四种行政案件，被诉行政机关正职负责人或者副职负责人以及其他参与分管的负责人必须出庭应诉。”	黑龙江省人民代表大会常务委员会	2016.8.19	
2	《关于对被诉行政机关负责人出庭应诉情况进行通报的通知》	省高院结合黑龙江省人民代表大会常务委员会《关于进一步加强行政审判工作的决定》，向全省各级人民法院下发通知，严格落实被诉行政机关负责人出庭应诉工作，建立出庭应诉考核通报制度	黑龙江省高级人民法院	2017.4.5	
3	《黑龙江省行政机关负责人出庭应诉规定》	明确规定涉及重大公共利益等八类行政诉讼案件，行政机关负责人必须出庭应诉；县级以上人民政府应当将行政机关负责人出庭应诉工作纳入本级政府法治政府建设考核，支持司法机关依法履职，深入推进依法行政	黑龙江省人民政府办公厅	2017.6.24	

〔12〕　参见刘曼：《黑龙江十大举措强化行政审判》，载《人民法院报》2016年12月25日，第1版。

(二)全省各中级法院针对行政机关负责人出庭应诉司法竞争

表2 全省中级法院落实行政机关负责人出庭应诉工作的各项举措[13]

序号	法院名称	法院级别	落实行政机关负责人出庭应诉形式	成果形式	时间
1	大庆市中级人民法院	中级	召开新闻发布会与当地政府联合发文	《大庆市行政机关负责人出庭应诉工作暂行规定(试行)》	2017.4.13
2	牡丹江市中级人民法院	中级	召开新闻发布会与市政府联合发文	《牡丹江市行政机关负责人出庭应诉工作暂行办法》	2017.4.18
3	鸡西市中级人民法院	中级	召开行政审判工作新闻发布会	—	2017.4.6
4	双鸭山市中级人民法院	中级	与市政府联合发文	《双鸭山市行政机关负责人出庭应诉工作暂行规定(试行)》	2017.4.15
5	黑龙江省林区中级人民法院	中级	与森工总局联合召开新闻发布会、联合发文	《黑龙江省森工系统行政机关负责人出庭应诉暂行规定》	2017.4.27
6	大兴安岭地区中级人民法院	中级	黑龙江高院行政庭在大兴安岭地区中级人民法院公开开庭审理一起因征地行为引发的行政二审案件。被诉行政机关负责人加格达奇区人民政府副区长出庭应诉	—	2017.3.22
7	绥化市中级人民法院	中级	绥化市中级人民法院公开开庭审理了四起治安行政处罚上诉案件,被上诉人肇东市人民政府副市长、肇东市公安局副局长出庭应诉	—	2017.4.17

[13] 表2 中的相关信息来源于黑龙江省高级人民法院网站,具体内容可登录 http://136.0.56.100/hljgf/static/ttxw/20170427/25367.html。

续表

序号	法院名称	法院级别	落实行政机关负责人出庭应诉形式	成果形式	时间
8	哈尔滨市中级人民法院	中级	4月5日以来,哈中院办理的10起行政案件中,被诉行政机关负责人全部出庭应诉,并均当庭陈述意见。4月11日,哈尔滨中院向市政府发出《关于商请行政机关负责人出庭应诉工作的函》	《关于商请行政机关负责人出庭应诉工作的函》《哈尔滨市中级人民法院落实行政机关负责人出庭应诉工作的情况通报》	2017.4.11
9	佳木斯市中级人民法院	中级	佳木斯市中级人民法院到各基层人民法院专题调研,与各区县主要领导就行政应诉工作交换意见,达成共识,促进各区县主要领导重视和督导辖区行政机关行政应诉工作。中级人民法院积极寻求市政府支持,市委市政府高度重视行政应诉工作,要求切实做好行政应诉各项工作	—	—
10	七台河市中级人民法院	中级	七台河市中级法院调研组深入到基层法院就行政诉讼案件行政机关负责人出庭应诉情况进行调研。调研组强调,各级行政机关负责人应当履行行政应诉法定义务,积极出庭应诉	—	2017.4.10
11	鹤岗市向阳区人民法院	基层	4月21日,鹤岗市向阳区人民法院公开开庭审理原告丁某诉被告鹤岗市公安局向阳分局不服治安处罚决定一案。向阳分局负责人出庭应诉,也是新《行政诉讼法》修改实施以来,向阳区法院审理的首例行政机关负责人出庭应诉案件	—	2017.4.21
12	黑河市爱辉区人民法院	基层	4月20日,爱辉区人大常委会协调召开由区政协、政法委、区法院、法制办等十个部门参加的“行政机关负责人出庭应诉工作”联席推进会议	—	2017.4.20

续表

序号	法院名称	法院级别	落实行政机关负责人出庭应诉形式	成果形式	时间
13	哈尔滨市南岗区人民法院	基层	向区委、区人大、区政府、区委政法委发出《关于落实被诉行政机关负责人出庭应诉工作的情况报告》	区委、区人大、区政府、区委政法委、区法院共同研究制定《南岗区关于规范被诉行政机关负责人出庭应诉工作的通知》	2017.4.17

竞争是中国地方法院重要的行为方式。体现出发展目标、审判质效、服务地方、制度创新、司法知识等五类竞争样态。[14] 法院之间为创新而竞争是推动中国法治事业的重要驱动力量。法院之间良性的竞争会促进制度创新,进而创生出具有中国适应性的法律制度。但任何制度竞争都可能具有外部性,或者说任何制度竞争都会衍生出非预期的"意外后果"。[15] 全省各级法院在推进行政机关负责人出庭应诉制度过程中,每一个法院作为理性的主体,必然会趋利避害,力求自身利益最大化。在竞争中往往会沉迷于"数字游戏",只关注被诉行政机关负责人出庭应诉频次,而忽视出庭应诉的实际效果,致使行政机关负责人出庭应诉制度面临理念迷失、程序空转、功能失调、宗旨悬置的困境。

三、行政机关负责人出庭应诉制度实际运行存在的问题

尽管行政机关负责人出庭应诉制度取得了法律上的符号权威,但是并不意味着该制度在司法实践中得到了实际的遵守,获致合法性与正当性。行政机关负责人出庭应诉制度在实际运行中存在但并不限于以下问题。

(一)出庭应诉的运动化导致法治动员泛滥

从各地关于行政首长出庭应诉制度的政策文本出发,不难发现社会稳定压力与地方法制竞争的外部因素影响,而且行政首长出庭应诉制度的实践运作,也主要依赖于数字考核的指标控制而非行政法治的自我拘束。[16] 当常规司法资源不足以应对高发的社会矛盾时,司法政策就会从法治化偏向治理化,而在治理化逻辑主导下,地方司法实践就很容易出现"运动化"现象。[17] 行政机关负责人出庭应诉制度作为一项新近正式建构的制度,在该制度建立初期,采取运动化的形式在全国法院系统全面推行具有

〔14〕 参见高翔:《中国地方法院竞争的实践与逻辑》,载《法制与社会发展》2015年第1期。

〔15〕 [英]安东尼·吉登斯:《社会的构成》,生活·读书·新知三联书店1998年版,第91页。

〔16〕 参见卢超:《行政诉讼行政首长出庭应诉制度:司法政治学的视角》,载《北方法学》2015年第4期。

〔17〕 参见钱大军、薛爱昌:《司法政策的治理化与地方实践的"运动化"——以2007~2012年的司法改革为例》,载《学习与探索》2015年第2期。

目的上的正确性,但目的上的正确性证明手段上的合法性。因为运动化的治理模式恰恰反映出该制度存在极大的不确定性,其不能按部就班地按照制度的原初功能设定自行运行,而是需要外力不断地施加推力,其才能运转。在我国的治理体系和治理能力现代化过程中,运动化的治理模式曾经发挥着难以替代的作用。但运动化的治理内含着治理体系不完备与治理能力低下的前提预设。反观我国行政机关负责人出庭应诉制度的演进历程,运动化的推进路径折射出该制度的发展极具随意性,相关领导注意力转移、中心工作的转换、治理模式的更迭都会引发该制度的急刹车乃至猝死,而这种运动化的治理模式最终的结果是造成法治动员的泛滥,侵蚀着公众对法律确定性的追寻与信仰。

(二)出庭应诉的形式化源于应诉能力不足

与行政机关负责人出庭应诉采取的运动化模式导致法治动员泛滥相伴生的是出庭应诉的形式化,而出庭应诉形式化的背后则隐含着行政机关负责人应诉能力不足。经验研究显示,行政机关正职负责人极少出庭,即使出庭也限于部分类型案件,副职负责人出庭应诉已成常态,且副职负责人与委托代理人在诉讼中多为一人。[18] 之所以会出现行政机关负责人出庭应诉的形式化,一方面是因为行政机关负责人确非法律专业人士,对出庭应诉工作确实不熟悉,致使其不敢发声,不会发声;另一方面则是行政机关负责人碍于人情面子,觉得自己坐在被告席上很无辜,不愿发声,害怕自己的发言会招致不利于自己的流言。无论是行政机关负责人不会发声、不愿发声、还是不敢发声,无法隐藏的则是其自身应诉能力不足,其法律素养和法治思维还难以胜任法治政府的参与者、建设者、见证者的历史重任。因为行政机关负责人出庭应诉或依法行政的能力低下已然成为制约法治政府建设的主体困境。

(三)出庭应诉的数字化导致合法性危机

行政机关负责人出庭应诉的文本规定与出庭实践之间背离与解构集中表现为出庭应诉的数字统计看上去很美,而该制度的实际运作则是与表面的光鲜数字形成鲜明反差。这种文本表达与司法实践的悖论蕴含着该制度所面临的合法性危机。行政机关负责人出庭应诉的数字化并不必然导致该制度的合法性危机,只有抛弃制度实质功能而片面追求数字好看时,该制度面临被数字化遮蔽的风险。法院作为一个具有自身利益追求的组织体,其在追求自身利益最大化的过程中,会作出一些偏离其组织功能的外溢性行为,如果没有外部监督力量的介入,其会持续延续这种外溢行为直至外部权力介入,由于目前我国各级法院在考核该制度时没有设计出科学合理的考核体系,仅以出庭应诉率作为该制度的考核指标,难免会陷入数字化的野蛮生长境地。出庭应诉的数字化生存导致行政机关负责人出庭应诉制度面临制度原初功能难以发挥、现行制度功能背离的合法性危机。

---

〔18〕 参见李淮:《行政机关负责人出庭应诉:现状与展望———兼对新《行政诉讼法》第3条第3款之检讨》,载《甘肃行政学院学报》2016年第4期。

四、完善行政机关负责人出庭应诉制度的相应配套措施

对于法院来说,行政机关负责人出庭应诉有利于优化司法外部环境、弘扬法治精神、提高司法权威、解决行政诉讼诸多难题,尤其是信访难、执行难问题。对行政机关而言,行政机关负责人出庭应诉可以展示本机关的良好形象,规训本机关工作人员执法行为,纠正本机关行政违法行为。对当事人而言,行政机关负责人出庭应诉可以抚慰其受伤的心灵,满足其参与行政诉讼"民告官能见官"的夙愿,实现实质性解决行政争议之目的。因此,对于行政机关负责人出庭应诉制度,不仅要坚持并保持制度自信,更要不断完善与该制度相配套的制度措施。

(一)明确行政机关负责人出庭应诉范围

我国《行政诉讼法》及相应司法解释对被诉行政机关负责人出庭应诉制度规定得较为原则、模糊。这为行政法官在审理行政案件过程中留下较大的自由裁量空间,但是同时也给该制度的实际运行内含了很大的不确定性,致使该制度面临被虚置的危险。因此,明确被诉行政机关负责人在哪类案件必须出庭应诉当属必要之举。黑龙江省政府办公厅出台《黑龙江省行政机关负责人出庭应诉规定》中对涉及重大公共利益案件、社会高度关注案件、原告10人以上案件或者其他可能引发群体性事件案件、涉及面较广的农村集体土地或者城市房屋征收补偿案件、人民政府就自然资源权属争议作出处理决定的行政裁决案件、行政机关一审败诉进入二审程序的上诉案件、人民法院书面建议行政机关负责人出庭应诉案件等八类案件,行政机关负责人必须出庭应诉。该规定虽然也相对宽泛地规定了行政机关负责人必须出庭应诉的案件类型,这种不完全列举方式并不能涵盖所有客观上需要被诉行政机关负责人出庭应诉案件类型,但这种列举方式无疑为深处自由裁量之海的中国行政法官以指路明灯之功效。

(二)提升行政机关负责人出庭应诉质量

行政机关负责人出庭应诉制度虽然取得了形式上的合法性,但是考察该制度的实际运行状态,大量的经验事实表明,与行政机关负责人出庭应诉率屡创新高的数字统计形成鲜明对照的是,实际出庭应诉的行政机关负责人应诉能力低下,仅出庭不发声的行政机关负责人占很高的比重,有些负责人虽出庭发声,但是由于其并非法律专业人士,其发声质量、参与程度并不理想。相对理想的行政机关负责人出庭应诉制度不仅要求行政负责人"不仅出庭,而且要理性发声",而不是违反法律规定滥发言、乱承诺。因为行政机关负责人的言谈举止代表着这个行政机关的外在形象与内在气质。因此,提升行政机关负责人出庭应诉质量已经成为完善行政机关负责人出庭应诉制度的当务之急。

(三)对出庭应诉的行政机关负责人进行法治培训

行政机关负责人并非法律专业人士,对出庭应诉工作并不一定熟悉,在短时期内,唯有加强对行政机关负责人进行法治思维的锤炼,培训其运用法治思维和法治方式进行思考能力。对行政机关负责人进行法治培训,首先需要让他们树立对法治的信仰与

法律的信任,因为信仰是法治的精神意蕴。[19] "法律的权威源自人民的内心拥护和真诚信仰。"其次需要通过研习诉讼实战案例,来提升出庭应诉能力。复次可以邀请行政机关负责人现场观摩庭审。现场观摩行政诉讼案件庭审过程是提升行政机关负责人出庭应诉能力的最有效方式。最后可以安排法官与行政机关负责人进行座谈,针对依法行政及出庭应诉工作进行交流,增进双方的互信与了解,能够有效地沟通,共同营造和谐的行政法治生态环境。

五、结语

行政机关负责人出庭应诉制度作为一项深具中国特色的政法制度,其深深地根植于法治中国的生态环境中。对本土的司法制度,我们应该秉持同情地理解态度,对其制度功能应该放置于中国语境下进行情景式关注。行政机关负责人出庭应诉制度在法律层面的确立为司法实践中实际施行该制度提供了合法性依据,该制度在实际运行过程中存在的诸多问题并不能否定该制度的合法性与正当性。对新生的制度,我们应该秉持开放包容的态度,正如培根所言:"对于一切事物,尤其是最艰难的事物,人们不应期望播种与收获同时进行,为了使它们逐渐成熟,必须有一个培育的过程。"[20] 如果行政机关负责人出庭应诉制度日臻完善了,法治政府还会远吗?

---

〔19〕 参见姚建宗:《信仰:法治的精神意蕴》,载《吉林大学社会科学学报》1997 年第 2 期。

〔20〕 转引自[意]切萨雷·贝卡里亚:《论犯罪与刑罚》,黄风译,中国方正出版社 2004 年版,卷首引语。

预查封与商品房买卖合同解除相关问题研究

王昌来*

内容摘要：预查封是相对于正式查封而言的。预查封的效力等同于正式查封，但预查封不能等同于正式查封。预查封对商品房买卖合同解除的影响是有限的，预查封在先，协议解除在后应禁止合同的解除，其他情形下合同的解除包括法定解除、约定解除以及解除协议先于预查封均不受预查封的影响。立法应完善商品房买卖合同解除后解除预查封的法律程序，妥善处理好贷款合同的解除。购房款应全部返还买受人而非贷款银行，预查封债权不能优先于开发商向买受人主张的违约金或利息、诉讼成本等损失。

关键词：预查封　合同解除　商品房买卖合同

商品房买卖合同纠纷案件中常常遇到合同项下的商品房被法院采取预查封的情况，法院对于预查封状态下商品房买卖合同能否解除、解除后有关问题的处理，做法不一。根源在于立法上对于预查封这项制度的设计尚未形成科学、完整的规则体系，其概念、功能、定位还不够明确，预查封对各种情形下商品房买卖合同解除的影响还不够明晰，合同解除后相关问题的处理还不够统一。本文从预查封制度的由来、概念和存在的问题入手，对商品房买卖合同解除的不同情形分别进行剖析，对预查封与各种情形下商品房买卖合同解除的关系进行了系统分析，提出合同解除后相关问题的处理思路和方法。

一、预查封的由来、效力和存在的问题

预查封是相对于正式查封而言的。查封是人民法院实施诉讼保全与强制执行的重要手段，是人民法院在案件受理前后或执行过程中依申请或依职权对被告或被执行人的财产或有争议标的物实施封存、禁止买卖、转让、抵押、变更登记等行为的强制措施。预查封作为一项制度是有其现实意义的。如在债权人申请执行债务人财产的案件中，该债务人购买了商品房但尚未办理产权登记，仅仅履行了网签备案手续，按物权法规定所有权还不能归属于买受人，申请执行人还不能要求查封拍卖该套房产，但如不对该套房产采取措施，一旦买受人办理了产权登记，随即进行转移登记，申请执行人的债权必将落空。在此情况下，是否有必要设定一项制度，既不妨害商品房开发商的权利，同时也能达到阻止买受人在办理产权证后转让房产逃避债务的目的，预查封制度因此应运而生。

---

* 王昌来，法学硕士，江苏衡圣律师事务所主任。

现行立法对预查封尚无明确规定,最早的法律文件应为最高人民法院、国土资源部、建设部2004年2月10日联合发布的《关于依法规范人民法院执行和国土资源房地产管理部门协助执行若干问题的通知》(以下简称《通知》)(法发〔2004〕5号)。《通知》第15条规定,下列房屋虽未进行房屋所有权登记,人民法院也可以进行预查封:(1)作为被执行人的房地产开发企业,已办理了商品房预售许可证且尚未出售的房屋;(2)被执行人购买的已由房地产开发企业办理了房屋权属初始登记的房屋;(3)被执行人购买的办理了商品房预售合同登记备案手续或者商品房预告登记的房屋。据此,我们可以对预查封作出一个初步的概括和定性,所谓预查封,是指对尚未在登记机构进行物权登记但又履行了一定的批准或者备案等预登记手续、被执行人享有未公示或者物权期待权的房地产所采取的控制性措施,即由法院制发预查封裁定书和协助执行通知书,由国土资源、房地产管理部门办理预查封登记手续。

关于预查封的效力,主要分为对公权力与对私权利的效力。对公权力的效力主要表现在:一是已查封的财产不得重复查封;二是已查封的财产在解封之前其他法院不得再进行司法处分;三是已查封的财产在解封之前行政执法机关及其他司法机关不得再强制处分,如罚没等。对私权利的效力主要表现在:一是所有权人不得再自行处分,如擅自设定新的有悖查封目的的负担等;〔1〕二是相关权利人权利的行使或义务的履行应合乎查封的目的,例如查封后租金交付给法院,抵押权的行使应经查封法院的同意等;三是查封后的财产转让行为无效,第三人善意无过失的除外。〔2〕查封的效力保证执行工作能顺利进行。《通知》第18条规定:预查封的效力等同于正式查封的效力,因此预查封也应有此等效力。

可以肯定,该项制度的设立对于保障生效法律文书的有效执行、维护债权人合法权益起到了重要作用。但是该项制度仍然存在必然的内在矛盾:从法理上说,查封的财产必须是被执行人的财产,这是强制执行合法性的大前提,但《通知》第15条规定“被执行人购买的办理了商品房预售合同登记备案手续或者商品房预告登记的房屋,人民法院也可以进行预查封”,也就是说预查封制度允许查封的恰恰包括尚未登记到被执行人名下的财产也就是案外人的财产。从开发商的角度出发,被执行人并非是预售商品房的所有权人,商品房仍然初始登记在开发商名下,开发商还可通过诉讼方式解除合同,以排除预购人对房屋的权利,因此执行法院预查封其名下的财产的合理性和正当性仍然受到质疑。

鉴于该项制度是为保障债权人利益而设,且其规定过于原则,在涉及三方关系(开发商、买受人、债权人)的处理中很多具体问题无章可循,导致司法实践中出现诸多同案不同判的乱象。在商品房预售中,房屋被预查封,后因买受人的原因,出卖人主张解除合同,此时商品房买卖合同能否解除?如果不能解除,开发商的利益如何保护?

---

〔1〕《最高人民法院关于人民法院民事执行中查封、扣押、冻结财产的规定》第26条:“被执行人就已经查封的财产所作的移转、设定权利负担或者其他有碍执行的行为,不得对抗申请执行人。”

〔2〕参见田玉玺、刘文涛:《不动产查封公示问题研究》,载《政法论坛》2001年第1期。

如果能够解除,解除后的相关问题如何处理?这些都是预查封状态下商品房买卖合同解除需要解决的问题。

二、预查封对商品房买卖合同解除的影响

(一)合同解除的界定

合同解除是指在合同成立以后,当解除的条件具备时,因当事人一方或双方的意思表示,使合同关系自始或仅向将来消灭的行为,合同解除也是一种法律制度。[3] 通常认为合同解除应以有效成立的合同为标的,但未生效的合同是不是都不能作为解除的对象?具体分析之,如法律规定有些合同未经主管部门批准、未办相关手续,则该合同因不具备条件而归于无效,此种情况下不存在解除的问题;如合同约定了开始履行的期限,但一方当事人履行了主要义务,对方认可,应理解为合同已变更,此时可以作为解除的对象;再如有些未生效合同因约定的解除条件成就而彻底失去效力;还有有些合同既非无效,又未变更为有效,继续处于尚未生效的状态。因此未生效合同是否可以作为解除的对象应分不同情形对待。我国现行立法并未明文规定被解除的合同仅限于已经生效的合同,没有禁止解除已经成立但未生效的合同。笔者为简化问题的研究,避免歧义,本文探讨预查封对商品房买卖合同解除的影响仅限于合同有效成立的情形。

(二)商品房买卖合同解除的类型

根据我国现行立法和审判实践,有效成立的商品房买卖合同的解除大致可以分为以下三种情形:

1. 约定解除,简言之即符合合同约定条件的解除

在商品房买卖合同中,双方当事人可以书面约定合同解除的条件,在具备约定解除条件时,守约方可以依据合同约定和法律规定行使解除权。[4] 如果买受人存在按揭贷款,则涉及开发商、买受人、按揭银行三方之间的关系,银行为了确保资金安全通常会要求开发商承担阶段性担保责任,即在他项权证办理完毕之前由开发商对买受人未及时足额还本付息向银行承担连带保证责任,此时律师可能会建议开发商在与买受人签订商品房买卖合同时增加“如因买受人未按时足额归还银行贷款导致开发商承担连带偿还责任时开发商有权解除商品房买卖合同”的条款。在此情况下,一旦约定的情形发生,开发商大多会选择解除商品房买卖合同收回房屋以维护自身合法权益。如“宜兴市江南水乡度假村有限公司与毛文光、孙有英等执行异议案”,[5]2009年12月29日开发商江苏省宜兴市江南水乡度假有限公司(以下简称江南公司)与孙有英夫妇签订预售商品房买卖合同,首付款108万元,余款400万元由孙有英夫妇、江南公

---

[3] 参见崔建远:《合同法总论》(中卷),中国人民大学出版社2016年第2版,第592页。

[4] 《合同法》第93条第2款规定:“当事人可以约定一方解除合同的条件。解除合同的条件成就时,解除权人可以解除合同。”

[5] 见江苏省宜兴市人民法院(2013)宜执异字第0021号,来源于中国裁判文书网。

司与交通银行宜兴支行签订了房产抵押贷款合同,因孙有英夫妇未按约还款,交通银行诉至宜兴法院,宜兴法院判决孙有英夫妇还本付息,江南公司承担连带清偿责任。与此同时,毛文光与孙有英等民间借贷纠纷案,宜兴法院预查封了孙有英购买的西渚镇云海间11号别墅,判决孙有英夫妇对偿还毛文光1000万元承担连带清偿责任,执行过程中江南公司又提出执行异议,要求中止执行措施。2013年9月17日宜兴法院就江南公司诉孙有英夫妇商品房买卖合同纠纷案作出调解,解除双方所欠商品房买卖合同。这里涉及3个案件、3份合同(商品房买卖合同、抵押贷款合同、民间借贷合同),案情错综复杂,涉及开发商、买受人、贷款银行、买受人的债权人三方当事人之间的关系,案件焦点在于法院对预售商品房预查封后,合同当事人能否行使约定解除权。就本案来看答案是肯定的。

2. 法定解除,简言之即符合法律规定条件的解除

《合同法》第94条对此有明确规定。[6] 该条第1项规定的是因不可抗力产生合同解除权的情形,第2项到第4项列举因违约行为产生合同解除权的三种情形,第5项是法律规定的其他情形,主要是合同分则对有名合同的特别规定,如租赁合同的解除等。笔者认为,其中第4项规定值得研究,即一方当事人迟延履行债务或者其他违约行为致使不能实现合同目的的,当事人可以解除合同。这里的其他违约行为如何理解?举法院判例来看,"王玉彬、山东黄金地产旅游集团有限公司淄博分公司等案外人执行异议之诉案"中[7],王玉彬所交纳的房屋首付款项被依法认定为赃款,并被予以追缴,也未按照约定偿还银行贷款,致使黄金公司出卖房屋后却不能取得完全对价,致使其签订涉案《商品房买卖合同》的合同目的不能实现,符合合同的法定解除情形。黄金公司向李丙双发出《解除合同通知书》,依法行使合同解除权,李丙双收到该《解除合同通知书》后未持有异议,故判决涉案《商品房买卖合同》自上述《解除合同通知书》到达李丙双时解除。此种情况可以简单地概括为买受人拖欠购房首付款和银行贷款,法院即可判决解除。

在本所律师代理的另一起案件中,[8]江苏创世纪置业有限公司与唐腾飞、李春兰商品房买卖合同纠纷一案,唐腾飞、李春兰购买该公司开发的商品房2套,双方签订商品房买卖合同后唐腾飞、李春兰以银行按揭贷款支付部分付款,并办理了网签备案登记手续,但尚未办理产权转移登记。后因唐腾飞、李春兰拖欠银行按揭贷款,银行诉至法院,要求该公司承担连带清偿责任,依据是其为唐腾飞、李春兰提供了阶段性担保,法院认为承担担保责任与给付房款两者法律基础不同,造成的法律后果也不同,故不

---

[6] 《合同法》第94条有下列情形之一的,当事人可以解除合同:(一)因不可抗力致使不能实现合同目的;(二)在履行期限届满之前,当事人一方明确表示或者以自己的行为表明不履行主要债务;(三)当事人一方迟延履行主要债务,经催告后在合理期限内仍未履行;(四)当事人一方迟延履行债务或者有其他违约行为致使不能实现合同目的;(五)法律规定的其他情形。

[7] 见山东省高级人民法院(2014)鲁民一终字第479号民事判决书,来源于中国裁判文书网。

[8] 见江苏省盐城市中级人民法院(2017)苏09民终3684号民事判决书,来源于中国裁判文书网。

能将两者混同，不能因该公司承担担保责任便当然地享有合同法定解除权，该公司承担连带清偿责任后，有权依据法律规定向主债务人唐腾飞、李春兰追偿，因此认定该公司主张其在对唐腾飞、李春兰承担担保责任后对所涉买卖合同享有法定解除权缺乏法律依据。

此两案结果完全不同，根本原因在于对《合同法》第94条第4项规定的"当事人一方有其他违约行为致使不能实现合同目的"的理解不同，什么是其他违约行为，法律没有界定。

笔者认为，根据合同相对性原则，法院在审理按揭银行要求开发商承担阶段性连带保证责任的诉讼请求时无须考虑商品房买卖合同的履行情况，但在法院已经判决开发商承担阶段性连带担保责任之后，在审理开发商诉买受人拖欠付款的商品房买卖合同纠纷一案中，应当全面审查买受人履行付款义务的事实情况，也就是审查买受人是否"全部履行""全面履行"，是否存在履行瑕疵，以及买受人未"全部履行""全面履行"或存在履行瑕疵是否造成"申请人的合同目的不能实现"的后果。后一案件中，正是因为买受人对贷款银行存在违约行为，导致开发商对贷款银行承担保证责任，致使开发商已收取的房款被强制扣划以抵偿买受人对银行的负债，显然开发商作为出卖人收取房款的权利因买受人对银行的违约遭受损害，其合同目的当然未能实现。在此情况下，申请人当然享有合同法定解除权。至于开发商承担连带责任后的追偿权问题，笔者认为这是开发商的选择权，即开发商既可以依法向买受人追偿，也可以根据《合同法》第94条第4项规定行使法定解除权。限于篇幅此问题不再深究。

3. 协议解除

根据私法自治原则，合同法允许当事人在合同签订后经协商一致将原合同予以解除。[9] 协议解除与约定解除极为相似，但通常认为约定解除是行使解除权的结果，而协议解除则是以解除原合同的合意产生新的合同从而代替原合同，因此并非行使解除权的结果。协议解除的前提是不得损害第三方利益和社会公共利益。2005年1月1日起施行的《最高人民法院关于人民法院民事执行中查封、扣押、冻结财产的规定》第26条规定，被执行人就已经查封、扣押、冻结的财产所作的移转、设定权利负担或者其他有碍执行的行为，不得对抗申请执行人。通常认为，对于协议解除而言，解除合同意味着当事人丧失了查封的财产权益，是对查封的财产所做的转移行为，属于通过协议解除的方式妨碍了执行行为，不应当被允许，因为这不利于债权人权益的保护，主观上非出于善意，此种情况笔者认为主要是指协议解除发生在预查封之后，实践中协议解除可能发生在预查封之前，此种情况应慎重对待。

(三)预查封对商品房买卖合同的解除的影响

预查封状态下商品房买卖合同能否解除，情况复杂，司法实践中做法不一。

第一种意见是法院的预查封是防止被执行人对被执行房产作出随意转移或处分

---

〔9〕《合同法》第93条第1款规定："当事人协商一致，可以解除合同。"

的一种限制性措施,但这些限制性措施并不影响预售商品房合同当事人依据合同的约定行使合同解除权。[10] 第二种意见,有法院在判决中认为,因目前该房屋被法院作为预购房屋权利人的财产采取财产保全措施(预查封),且在执行拍卖中,本案对解除合同的诉讼请求不予处理。[11] 第三种意见,有地方高级法院认为,预查封的对象是被执行人基于一个有效的房屋买卖合同所享有的债权,即房屋交付请求权和所有权转移登记请求权,预查封的目的就是使被查封人保有该债权,以便将来实现该债权,取得房屋的所有权,从而预查封转为正式查封,得以执行,因此,一旦该项请求权被查封,合同的当事人均应维持该合同的效力并积极地履行,不得通过合同约定的解除权或通过协商一致、达成解除协议的方式解除合同,债权人也不得为放弃、转让该项请求权等处分行为——因为这都将导致其丧失该项已经被预查封了的请求权。[12] 第一种意见否定了预查封对约定解除的影响。第二种意见规避矛盾不予处理的做法显然不妥,剥夺了解除合同当事人的诉权,放弃了审判机关法定审判职权,对此无须赘述。第三种意见笔者更不能赞同。

下文分别就法定解除、协议解除、约定解除各种情形进行具体分析:

1. 可以肯定,商品房买卖合同的法定解除不受预查封的影响,这在审判实践和司法判例中基本上是没有争议的

2. 对于协议解除,需视不同情形而定

(1)如预查封在先,协议解除在后,此时允许合同解除必然损害申请执行人的权利,违背预查封的目的和宗旨,必须禁止。即使协议双方能够证明其对预查封不知情也不能支持,因预查封作为一种公权本身具有公定力、执行力。江苏省高级人民法院(2014)苏民终字第 203 号案件的事实是预查封在先,仲裁调解协议在后,仲裁调解书和一审判决支持了协议的解除是错误的。江苏省高级人民法院判决予以撤销,从结果上说是正确的,但在说理中提出的观点并没有区分协议解除与预查封的先后顺序且一概否定也是有失偏颇的。

(2)如协议解除在先,预查封在后,此时允许合同解除,不侵害任何人的利益。即便预查封申请人对买受人所享有的债权发生在协议解除的时间之前,但只要预查封裁定书的时间在协议解除之后,因我们不能证明合同解除当事人主观上出于恶意,因此仍然应当认定协议解除有效。

3. 约定解除是否受到预查封的影响,答案是否定的

(1)从预查封制度的价值、目的和宗旨来看,预查封作为一项法律制度,其目的和宗旨是保证被执行人将来一旦取得产权或因不能取得产权而获得返还的款项,申请执行人得以通过法院执行该部分财产从而实现其债权,所以从可能性来说并非必然使被执行人保有该债权,预查封也不应赋予其具有该项功能,预查封考虑的是最终结果而

[10] 见江苏省宜兴市人民法院(2013)宜执异字第 0021 号裁定书,来源于中国裁判文书网。

[11] 见江苏省昆山市人民法院(2013)昆民初字第 0489 号判决书,来源于中国裁判文书网。

[12] 见江苏省高级人民法院(2014)苏民终字第 203 号民事判决书,来源于中国裁判文书网。

不是保证这一结果。

(2)从合同法的基本原则来看,合同相对性原则是处理民商事领域相关当事人之间法律关系的准绳。预查封状态下解除商品房买卖合同涉及四方当事人(买受人、开发商、贷款银行、预查封申请人)、四种法律关系(商品房买卖合同关系、银行借贷关系、担保合同关系、预查封申请人与买受人之间的债权债务关系),开发商和买受人之间的商品房买卖合同关系是否解除应在在合同当事人之间解决,审查是否符合合同约定的条件,与申请执行人、贷款银行无涉。同样,预查封申请人与被执行人(买受人)之间的债权债务关系能否执行到位取决于被执行人是否有可供执行的财产。两者之间的关系不能混淆,相比较,预查封申请人的权利并不优于商品房出卖人。

(3)从预查封申请人的权益来看,预查封状态下允许约定解除并不损害债权人即申请执行人的合法权益。虽然合同解除使得预查封申请人失去对该套商品房拍卖受偿的权利,但该行为并未造成商品房所有权在预查封前后不一致的结果,即预查封前后商品房本身的物权始终处于开发商名下,也没有在该物权上设立新的权利负担。可见,预查封前后并未造成被执行人的合同利益受到无法预期的减损,条件成就时解除合同是买受人在签订合同时即能预料到的风险,并没有因合同解除额外增加减损的可能。预查封的实际对象是被执行人在履行合同过程中取得的可供执行的财产权益。如开发商基于合同约定解除商品房买卖合同收回房屋,也不损害预查封申请人利益,买受人已付房款仍然可以作为执行的对象。有观点认为,是否允许当事人在预查封后按照合同约定行使合同解除权要看对被执行人的合同利益是否受到无法预期的减损。[13] 笔者认为,大可不必。

(4)从预查封状态下合同的效力来看,预查封针对的是被执行人享有的未公示或享有预期物权的房产,预查封的存在不影响合同的效力。既然合同仍然有效,合同中约定的解除合同的条件必然有效。商品房能否交付及物权能否变更登记均不影响合同的效力。也就是说,合同中约定开发商代买受人承担银行贷款的保证责任后未能受偿的解除权条款自成立时即是有效的。一旦解除条件成就,合同被解除是当事人在合同成立之初就能够也应当预料到的风险,也是该商品房被预查封时申请执行人应当预料到的风险。

综上所述,笔者认为,预查封的对象是被执行人基于一个有效的商品房买卖合同所享有的债权,即商品房交付请求权和所有权转移登记请求权,旨在被执行人一旦取得房屋所有权,预查封转化为正式查封,保证申请执行人实现债权。相反,如果被执行人因故不能取得房屋所有权,预查封即没有存在的价值。因此,预查封的效力等同于正式查封,但预查封不能等同于正式查封。合同能否解除完全取决于合同本身的约定和法律的规定,包括发生在预查封之前的协议解除在内,均不应受到预查封的影响。

---

〔13〕 参见范莉、马云:《预查封期间合同约定解除权行使及法律后果》,载《人民法院报》2014年12月18日,第6版。

《最高人民法院关于人民法院民事执行中查封、扣押、冻结财产的规定》第18条第2款规定,第三人依法解除合同的,人民法院应当准许,已经采取的查封、扣押、冻结措施应当解除,但人民法院可以依据申请执行人的申请,执行被执行人因支付价款而形成的对该第三人的债权。按照最高人民法院的意见,查封的状态下可以解除合同,预查封当然没有否定的理由。

三、预查封状态下商品房买卖合同解除后的若干问题

我国《合同法》对合同解除后的法律后果有明文规定,[14]但是商品房买卖合同的解除涉及的问题较多,尤其是买受人办理了银行按揭贷款又遭遇预查封的情形。

(1)商品房买卖合同被解除后随即出现的问题是法院如何解除对商品房的预查封?商品房买卖合同被解除后,开发商对预查封行为提出异议并请求法院解除对商品房的查封,而预查封申请人会以解除商品房的预查封会损害其权益,不同意解除预查封。此时的矛盾如何处理?开发商请求法院解除对商品房的预查封,实质上是对商品房主张所有权,从根本上排除法院的强制执行,此时执行法院和开发商的做法只能依据《民事诉讼法》第227条规定的案外人异议程序解决。[15] 此外,涉及解除预查封的办理程序问题《通知》没有规定,《通知》仅对如何实施预查封作出了规定,[16]该问题需要立法上进一步明确。根据《通知》第12条的规定,人民法院在案件执行完毕后,对未处理的土地使用权、房屋需要解除查封的,应当及时作出裁定解除查封,并将解除查封裁定书和协助执行通知书送达国土资源、房地产管理部门。在《通知》没有对解除预查封的办理程序作出规定的情况下,眼前似乎只能参照该条处理。

(2)在商品房买卖中,若买受人申请银行按揭贷款支付部分购房款,在商品房买卖合同已经解除的情形下,贷款合同如何解除?按照最高人民法院关于商品房买卖合同纠纷案件的司法解释,[17]如买受人要求解除商品房担保贷款合同似乎不难,但对于开发商而言问题就产生了。依合同相对性原则,开发商并非贷款合同的当事人,不享

---

[14] 《合同法》第97条规定:"合同解除后,尚未履行的,终止履行;已经履行的,根据履行情况和合同性质,当事人可以要求恢复原状、采取其他补救措施,并有权要求赔偿损失。"

[15] 《民事诉讼法》第227条规定:"执行过程中,案外人对执行标的提出书面异议的,人民法院应当自收到书面异议之日起十五日内审查,理由成立的,裁定中止对该标的的执行;理由不成立的,裁定驳回。案外人、当事人对裁定不服,认为原判决、裁定错误的,依照审判监督程序办理;与原判决、裁定无关的,可以自裁定送达之日起十五日内向人民法院提起诉讼。"

[16] 《关于依法规范人民法院执行和国土资源房地产管理部门协助执行若干问题的通知》第2条、第3条、第17条规定,人民法院办理预查封登记手续时应当出具预查封裁定书和协助执行通知书,国土资源、房地产管理部门应当及时办理登记,如认为预查封的土地、房屋权属错误的,可以向人民法院提出审查建议,但不应当停止办理协助执行事项,预查封的期限为二年,期限届满可以续封一次,续封时应当重新制作预查封裁定书和协助执行通知书。

[17] 《最高人民法院关于审理商品房买卖合同纠纷案件适用法律若干问题的解释》第24条规定:"因商品房买卖合同被确认无效或者被撤销、解除,致使商品房担保贷款合同的目的无法实现,当事人请求解除商品房担保贷款合同的,应予支持。"

有解除贷款合同的权利,因此导致的后果是商品房买卖合同解除,但贷款合同仍未解除,所涉商品房被设定了预告抵押,影响二次销售。有观点认为,[18]商品房买卖合同与贷款担保合同具有紧密结合且相互独立的关系,存在合同联立的关系,适用该条时应运用扩张解释的民法解释方法,适当扩大合同相对性的适用范围,解释为包括具有连带关系的合同当事人。按照该观点,该司法解释第24条规定的有权解除商品房担保贷款合同的当事人应当包括开发商。笔者不同意此观点,对于法律和司法解释的解释不能过于随意,扩大解释是没有依据的。此问题的解决涉及合同相对性原则,最高人民法院在建设工程领域出台的司法解释[19]突破了合同相对性原则,较好地解决了该领域中的问题,笔者认为该做法可以参考。

(3)商品房买卖合同解除后,开发商收取的全部房款应当向谁返还?根据最高人民法院关于商品房买卖合同纠纷案件的司法解释,[20]商品房买卖合同解除后,商品房担保贷款合同也被解除的,出卖人应当将收受的购房贷款和购房款的本金及利息分别返还担保权人和买受人。该条规定适用至今解决了大量涉及银行按揭贷款的商品房买卖合同纠纷案件,但实践中仍然会发生大量的矛盾和纠纷,如买受人除银行按揭贷款之外,对外还负有其他金钱债务,其他债权人对买受人可能就其债权已诉至法院且已采取查封或预查封措施,此时的矛盾更加尖锐。购房款全部返还,银行和该债权人的权利孰先孰后?按照该司法解释,银行获得了优先受偿,但这种优先受偿权的依据在哪里?我们知道实务操作中银行在发放贷款时开发商是承担阶段性担保的,银行的权益是有担保保障的,过多考虑银行安全是没有意义的。此外,该款项归还银行还存在理论缺陷,根据合同相对性原则,各方当事人之间存在不同的法律关系,开发商按照买受人指令收取银行贷款作为房款,双方之间没有任何交易关系。该司法解释就此问题的处理也违背了合同法的基本规定。按照《合同法》第97条的规定,出卖人应当向买受人返还所收取的购房款和购房贷款而非银行。

(4)在预查封情况下,商品房买卖合同解除之诉中买受人应承担的违约金或利息、诉讼成本等损失与预查封债权孰先孰后的问题。有人认为,就预查封标的物而言,预查封债权较普通债权享受优先受偿权,开发商因解除合同而产生的违约金或损失在预查封措施之后产生,属于在后债权。笔者认为,预查封债权享受较普通债权优先受偿权缺乏依据。商品房买卖合同解除之诉是一个独立的完整的诉,相互返还和赔偿损失是双方法定的义务,合同解除之诉处理完毕之后买受人的剩余财产(购房款扣除买

[18] 侯国跃主编:《最高人民法院商品房买卖合同司法解释精释精解》,中国法制出版社2016年版,第331页。

[19] 《最高人民法院关于审理建设工程施工合同纠纷案件适用法律问题的解释》第26条规定:“实际施工人以转包人、违法分包人为被告起诉的,人民法院应当依法受理。实际施工人以发包人为被告主张权利的,人民法院可以追加转包人或者违法分包人为本案当事人。发包人只在欠付工程价款范围内对实际施工人承担责任。”

[20] 《最高人民法院关于审理商品房买卖合同纠纷案件适用法律若干问题的解释》第25条第2款规定:“商品房买卖合同被确认无效或者被撤销、解除后,商品房担保贷款合同也被解除的,出卖人应当将收受的购房贷款和购房款的本金及利息分别返还担保权人和买受人。”

受人应承担的违约金或利息、诉讼成本等损失）可以作为预查封债权人申请执行的标的物。

四、结语

预查封制度设立至今已达十数年之久，实践中出现的问题已经比较显著，这与预查封理论研究匮乏和立法不完善有关。加深预查封理论研究，完善现行立法成了当务之急。理论上对预查封的概念、功能、定位进一步予以明确，立法上尽快完善我国预查封制度，通过立法形式明确预查封制度的法律地位，形成一套独立、完整的规则体系。同时处理好预查封与商品房买卖合同解除的关系，完善商品房买卖合同解除后解除预查封的法律程序，正确处理商品房买卖合同解除后购房款返还与预查封债权的关系。

译文撷英

管辖：语言规制法律*

[美]贾斯汀·B.里奇兰** 著

王伟臣*** 郝 运**** 译

内容摘要："管辖"这一概念，常用于划定法律适用的地域以及国家主权的界限。而在本文中，意指一种有关法律语言的理论及其与法律的社会效力之间的关系。由于这一概念的词源本来指有关法律的言语，因此一些研究管辖的新学说认为，法律的制定与颁布同时依赖于精彩、高亢的（比如法庭辩论或者宪法的序言部分）与单调、平和的（比如法律援助、官方记录）两种不同的语言运用方式。这一概念也展现了法律的效力以及在其之上预设出的国家主权的产生过程。在法律实际履行时，这一过程从其使用的话语和文本的细节上看，似乎无懈可击。本文回顾了近几十年来有关法律语言的一些研究成果，并且论证认为，语言总是以"法律—言语"的形式作用于法律和主权。

关键词：管辖 法律语言 叙事 话语 法律 语言人类学

文字不像水晶那样，透明且一成不变；它是动态思维的外衣，会随着不同的场合和时间在感情色彩以及内容上发生巨大的变化。

——美国最高法院汤尼诉艾斯纳（Towne v. Eisner）一案中

小奥利弗·温德尔·霍姆斯代表多数法官做出的意见[1]

---

* 本文得到了美国国家科学基金会法律与社会科学项目（基金编号：1061063）和芝加哥大学人类学系利希施滕基金（Lichtstern Fund）的资助。本文的部分内容曾提交于美国律师基金会2012年10月17日举办的研讨会以及芝加哥大学2012年12月14日举办的跨学科研讨会。在以上活动中，包括萨默森·卡尔（Summerson Carr）、休·盖尔（Sue Gal）、伊萨·侯赛因（Iza Hussein）、马修·赫尔（Matthew Hull）、伊丽莎白·莫尔茨（Elizabeth Mertz）、科斯塔斯·纳卡西斯（Costas Nakassis）、乔西·拉贾（Jothie Raja）、苏珊·夏皮罗（Susan Shapiro）、迈克尔·希尔弗斯坦（Michael Silverstein）以及考什克·桑德尔—拉詹（Kaushik Sunder - Rajan）在内的同事们提出了不少宝贵的批评和建议，对此我由衷地表示感谢。同时，我还要感谢安娜·魏克瑟布（Anna Weichselbraun），她的助理研究工作为本文作出了重要贡献。还有一位匿名审稿人也为本文提供了宝贵的帮助。最后，文章的一切问题由我本人承担。

** 贾斯汀·B.里奇兰（Justin B Richland）美国人类学家，芝加哥大学教授。本文原载于《人类学年鉴》2013年第42卷，第209～226页。J. B. Richland, "*Jurisdiction: Grounding Law in Language*", *Annu. Rev. Anthropol.*, 2013, 42: 209 - 226.

*** 王伟臣，法学博士，上海外国语大学法学院副教授，硕士生导师，主要研究方向为法律人类学、比较法律文化。

**** 郝运，上海外国语大学2016级法律硕士研究生。

〔1〕 Towne v. Eisner, 245 U. S. 418, 1918.

引言

正如霍姆斯大法官的另一句名言“法律的生命不在于逻辑,而在于经验”。上面的这句引文同样例证了其深邃的法学思想。[2] 霍姆斯大法官很早就提倡法律研究应当超越法律文本以及判决意见,去关注法律如何形成,如何同社会的大环境相互作用,相互影响。因此,霍姆斯被公认为美国法律现实主义——20世纪最重要的英美法学流派的伟大先驱之一。同时也几乎被所有的当代法律与社会研究领域,以及其他诸如批判法学、女性主义法学、种族批判法学等反形式主义者尊为鼻祖。[3]

这段引文同样也被普遍视为霍姆斯大法官对法律语言的观点。他认为法学专家们在考察法律文本的意义时,必须根据产生和运用该文本的社会环境来做出判断。然而,有一点可能不为人们所熟知,霍姆斯大法官的这段言论本来是为了解决一个案件的管辖问题。该案为一名普通公民汤尼(Towne)和联邦政府征税人员艾斯纳(Eisner)之间的征税纠纷。联邦政府提出异议辩称,最高法院对于该问题没有管辖权,从而引发了一个问题:如果要对1913年《所得税法》(*Income Tax Law*)中“收入”一词进行合理解释,那么是否也需要解释宪法“第十六修正案”中的相同概念呢?(“第十六修正案”授予了国会征收所得税的权力,因此1913年《所得税法》才会获得通过)。具体来说,就是政府主张其在1913年《所得税法》的实施过程中,仅仅是在依据法定条款来进行征税,并且认为尽管该法案基于“第十六修正案”对国会的授权而通过,但其实施过程中并不存在对修正案或者“收入”一词进行宪法解释的问题。倘若宪法解释的问题并不存在,那么这个纠纷就与最高法院的职权范围,或者说管辖无关了。因此,联邦政府进而认为最高法院无权对该案进行审理、调查或者裁决。

这就牵涉了一个复杂的问题:在一份法律文本或者话语当中,一个词语在某种情形下的使用,是否需要互文性地(intertextually)援引、指向或者联系其他时期产生的法律文本、话语中的相关词语呢?尽管连圈外人士都知道司法管辖关涉地域问题,但是这并非管辖的全部:比如,当某一时刻的法律语言被认为与其最初运用的情形具有一定联系、或者没有联系时,分别产生出了怎样的社会时空关系?正如在1918年汤尼诉艾斯纳一案中那样,当案件的争议摆在各种法律制度和机构(哪怕是在同一政府框架之下)面前时,对上述问题的回答既关乎着它们是否具有相应的合法性和权威性来对争议进行裁判,也决定着它们在拥有这种合法性和权威性时,应当如何加以运用。

霍姆斯大法官最终做出裁定:在该案中,由于1913年《所得税法》中“收入”一词援引自“第十六修正案”中的用语,因此产生出的宪法问题只能由最高法院进行裁

〔2〕 O. W. Holmes, Jr, *The Common Law*, Little, Brown, 1881, p. 1.

〔3〕 K. Calavita, *Invitation to Law and Society*, Univ. Chicago Press, 2010.

判。所以,联邦最高法院对该案确有管辖权。但还有一个同样重要的问题。这个问题从未在该案中引起过争议,并且也未见诸其他任何存在管辖问题的案件当中。这个问题既不在联邦政府向最高法院提出的质疑当中,也不在霍姆斯大法官关于法律语言的阐释中。尽管从未有人关注过这个问题,但其意义却更加重大:比如,作为法律适用机关,最高法院拥有怎样的权威性?为什么它能够宣称代表合众国主权的合法性?抑或者,合众国主权本身又具有怎样的合法性与权威性呢?当然这些问题连能否向最高法院提出都并不确定。但一般来说,一旦该案诉讼当事人向法庭提出要求确定管辖权时,其实就已经接受了这一点:法律对于争议的解决具有权威性。无论霍姆斯的意见是否肯定了最高法院有权管辖该案,主权都会以一种"默认的方式"持续存在。

而我认为,该案不仅很好地阐释了霍姆斯的法学思想,同时也更典型地展现出了法律语言的形式与力量,因为这里提到的问题也是近20年来法律语言研究领域的热点问题。而上文提出的这个问题仅是该领域的冰山一角而已。这些问题同时也属于一种新型的法学理论:一种关于管辖的新学说。按照这种学说,法律语言可以用来规制法律的强制力及由其产生的主权,并且通常在立法活动中以详尽的规定、列举的方式将其强化。[4]

为了方便行文,我将首先对"管辖"的概念进行介绍,因为这样可以帮助我们认识到,语言本身以及对语言的运用是如何通过程序合法性形成了法律强制力的。这种法律强制力有着经验论和解释学两个方面的内涵。这一点不仅体现于本文对以往研究的回顾当中,同时也具有普遍意义。在引言之后,正文将分为两个部分——(1)法律的网络结构,言语行为和沉默现象,(2)法律的永续性:法律语言中的叙事空间。最后,我在结论部分认为,法律语言研究所例证的解释学意义上的经验论以及我在本文中使用的管辖概念,从微观的语言学细节和宏观的社会学效果的角度为法学研究提供了一种思路。这种思路既有观察上的严谨性,又有视野上的广泛性。社会与法律研究正在日渐分化,要么倒向了经验论,要么倒向了解释学,而上述的研究思路则通过将法律视为语言本身,跨越物质和意识的鸿沟,进而有助于对相关的学术成果进行整合。

然而,在进入正题之前,我需要就全文的一般问题以及学术目的加以说明。相比于诸如法律语言人类学、法律符号学、法律与文学以及法医语言学等领域的学者而言,我对法律语言学的理解可能既宽泛又狭窄。在我看来,法律语言研究像其他任何或所有的法律和社会分析一样,通过结合经验论和解释学的方法并加以运用、论证或解释说明,致力于理解法律的文本和话语层面及其通过对法律效力所产生的

---

〔4〕 N. Goodman, Introduction: making space for juris-dictions, Engl. Lang. Notes (Spec. Issue: Juris-Dictions), 2010, 48 (2): 1 – 8; S. McVeigh, ed., Jurisprudence of Jurisdiction, Routledge-Cavendish, 2007; J. B. Richland, Hopi tradition as jurisdiction, On the potentializing limits of Hopi sovereignty, Law Soc. Inq., 2011, 36 (1): 201 – 234; S. Dorsett, S. McVeigh, Jurisdiction, Routledge, 2012.

影响。但我必须承认,本文也许并不能对最广泛意义上的法律与语言研究进行一个综合回顾。在众多无可置疑的法律语言研究领域中,除了上述我所提到的以外,还有两个方面也尤为引起我的关注。首先,关于法律的中介性和物质性(mediation and materiality)出现了不少重要的研究成果,它们关注的是文件、记录、档案和其他类型材料的官方用语中所表现出的法律结构及其结构上的效力。[5] 其次,在美国之外,法律符号学也呈现出稳步发展的趋势,在法学研究领域的影响力越来越大,值得研究法律与语言的学者予以更大的关注。[6]

法律—言语(juris-diction)[7]:法律言语(legal speech)如何表述法律

通常来说,"管辖"所被赋予的传统含义蕴涵着以下问题:与其他隶属于同一体系内的法律机构和制度相比,某个法律机构的权力范围是怎样的?不同国家的法律体系之间的效力范围又是怎样的情形?就常见的用法而言,现代欧美法中管辖的法律概念和地理空间、疆域相关。民族国家(或某些国家层面之下的、类似国家的实体)的法律对其疆域内的人、地、事具有效力。然而在现代英美法中,管辖还有另一

---

〔5〕 比如B. Messick, The Calligraphic State: *Textual Domination and History in a Muslim Society*, Univ. Calif. Press, 1993; B. Messick, Written identities: legal subjects in an Islamic state, Hist. Relig, 1998, 38(1): 25–51; R. Shuy, *Bureaucratic Language in Government and Business*, Georgetown Univ. Press, 1998; P. Tiersma, Textualizing the law, Forensic Linguist, 2001, 8(2): 73–92; P. Tiersma, The textualization of precedent, Notre Dame Law Rev., 2007, 82: 1187; P. Tiersma, *Parchment Paper Pixels: Law and the Technologies of Communication*, Univ. Chicago Press, 2010; *A. Riles*, *The Network Inside Out*, Univ. Mich. Press, 2000; A. Riles, ed., Documents: Artifacts of Modern Knowledge, Univ. Mich. Press, 2006; A. Riles, Documenting ethics, papering consent: the new bureaucracies of virtue, PoLAR: Pol. Legal Anthropol. Rev., 2008, 30: 3–22; C. Vismann, Files: Law and Media Technology, Stanford Univ., 2008; K. Burns, Into the Archive: Writing and Power in Colonial Peru. Durham, Duke Univ. Press, 2010; A. L. Stoler, *Along the Archival Grain*, *Epistemic Anxieties and Colonial Common Sense*, Princeton Univ. Press, 2010; S. Trinch, Forging violence against women: documents reveal regimes of family in intimate-partner abuse, Law Cult, Humanit., 2011, 7(3): 393–411; M. Hull, Documents and bureaucracy, Annu. Rev. Anthropol., 2012, 41: 251–267; M. Hull, *Government of Paper: The Materiality of Bureaucracy in Urban Pakistan*, Univ. Calif. Press, 2012; R. Mawani, Law's archive. Annu. Rev. Law Soc. Sci., 2012, 8: 337–365. 还有L. Solan, *The Language of Statutes: Laws and their Interpretation*, Univ. Chicago Press, 2010。同样是一部从语言学的角度研究英美法领域成文法解释的力作。

〔6〕 比如R. Kevelson, Peirce and Law: Issues in Pragmatism, Legal Realism and Semiotics, Peter Lang Group, 1991; B. Jackson, Making Sense in Jurisprudence, Deborah Charles Publ, 1996; S. Cacciaguidi-Fahy, A. Mooney eds., The promise of legal semiotics, Int. J. Semiot. Law, 2009, 22(4): 381–386; A. Wagner, J. M. Broekman, eds., Prospects of Legal Semiotics, Springer, 2010; 同时,我希望读者能将本文与E. Mertz, Legal language: pragmatics, poetics and social power, Annu. Rev. Anthropol., 1994, 23: 435–455. 以及她的一篇即将刊载于《法律与社会科学年鉴》(*Annual Review of Law and Social Science*)的法律语言研究的文章结合起来,一起进行阅读。

〔7〕 "jurisdiction"与"juris-diction"是本文的一对核心概念。笔者第一次使用连字符分开写时,解释说只是为了强调其词源学上的内在含义,但是与原词的含义相比已经发生了较大的改变。由于译者难以做到这种即保留形式又体现新内涵的的转化,因此在本文中,统一把"jurisdiction"与"juris-diction"分别翻译为"管辖"和"法律—言语"。——译者注

种含义:那就是法律可以介入并解决哪些类型的问题。至少这种意义上管辖就存在于美国这样的国家,毕竟其联邦政府只是一个有限政府,建立在各州联合之上,而各州又都有自己的法律体系。这种概念同样也存在于历史更加悠久的英国普通法当中。早在16世纪,英国境内就存在着众多法定机构,英国人可以选择向其中一种机构递交他们的诉请。普通法法院只是其中之一。这些机构包括教会法院(适用罗马天主教的教会法),衡平法院(适用衡平法原则而不是普通法),海事法院(适用以海洋法为基础的大陆法)以及商人法庭。[8] 以上每种法院据说都有对某类问题的专属管辖权,同时都有权决定某个纠纷是否适用普通法、教会法、衡平法或者其他法源。它们不仅可以决定审理哪些案件,还能为当事人提供多种可供选择的救济方式。同时,原告有时也可以通过请求其他法院专属管辖权的保护,借此来"摆脱"原先某类法院对同一纠纷做出的判决。比如,当一个英国国民向教会法院宣称,他正面临着被王室法庭或普通法院依照不公正的法律进行惩罚的危险,这时他就可以借此寻求教会法的庇护。[9]

到今天,这些相互独立的管辖体系早已被英美国家的普通法体系所吸收(比如美国的衡平法)。通常来说,现代模型化的民族国家凭借领土主权以及统一的法律体系,基本上早已将曾经零散拼凑起来的法律管辖时空进行了重新整合。[10] 然而这种管辖上相互博弈的现象今天仍有残余。至少在一定程度上,表现为法院对纠纷中的主要争议内容所能行使的管辖权限。在诉讼代理人向法庭提出管辖问题要求确定其权限范围时,我们就以可从中感受到,其各种充满修辞技巧的语言策略之下暗含着管辖竞争上的紧张关系。[11]

也许让人感到有些意外的是,近来法学家们从法律的日常运作和表达的细节出发,将管辖的概念视为一种反思性的研究对象,来探求法律的意义和效力。[12] 这些

---

〔8〕 E. Coke, The Fourth Part of the Institutes of the Laws of England: Concerning the Jurisdiction of Courts, E. & R. Brooke, 1644; M. Hale, The History of the Common Law of England, and an Analysis of the Civil Part of Law, Univ. Chicago Press, 1971.

〔9〕 Ibid.

〔10〕 S. Dorsett, S. McVeigh, Jurisdiction, Routledge, 2012.

〔11〕 S. McVeigh, ed., Jurisprudence of Jurisdiction, Routledge-Cavendish, 2007.

〔12〕 R. T. Ford, Law's territory (a history of jurisdiction), *Mich. Law Rev.*, 1999, 97: 843–930; B. Cormack, A Power to do Justice: Jurisdiction, English Literature, and the Rise of Common Law, 1509–1625, Univ. Chicago Press, 2007; C. Douzinas, The metaphysics of jurisdiction. See S. McVeigh, ed., Jurisprudence of Jurisdiction, Routledge-Cavendish, 2007, pp. 21–32; M. Constable, Speaking the language of law: a jurisdictional primer, Engl. Lang. Notes, 2010, 48(2): 9–15; N. Goodman, Introduction: making space for juris-dictions, Engl. Lang. Notes (Spec. Issue: Juris-Dictions), 2010, 48(2): 1–8; S. Dorsett, S. McVeigh, Jurisdiction, Routledge, 2012; B. Maurer, Jurisdictions in dialect: sovereignty games in the British Virgin Islands, In European Integration and Postcolonial Sovereignty Games, The EU Overseas Countries and Territories, ed., R. Adler-Nissen, U Pram Gad, 2013, pp. 130–144; also see R. M. Cover, The folktales of justice: tales of jurisdiction, See M. Minow, M. Ryan, A. Sarat, eds., Narrative, Violence and the Law: The Essays of Robert M. Cover, Univ. Mich. Press, 1993, pp. 173–202.

新的管辖理论为我们分享了这样一种观念：在法律实践的细节上，政府机构在行使其法律制定、应用、实施的过程中也对其自身的权威性进行了探索，进而产生了深远的影响。在我看来，这些新学说不仅回应了上文中霍姆斯大法官在1918年汤尼诉艾斯纳一案中对管辖问题的反思，同时也将语言的运用视为一种实用的、建构意义的活动中所使用的模型。正是在这种模型之上，法律获得了经验论和解释学的基础，并就此形成了其宏观社会学意义上的效力和权力。〔13〕

社会语言学家埃米尔·本维尼斯特（Emile Benveniste）对"管辖"（jurisdiction）一词的词源进行了研究，认为其由两个拉丁语词根"法律"（juris）和"言语"（dictio）组合而成。〔14〕这种组合侧重强调法律言语的表述性特征，同时也涉及法律言语所具有的概念内容。对当代学者来说，"管辖"一词的双重含义表现出了反身的、元语言的特点。法律（及其社会效力）不仅以基本的法律言语行为（legal speech acts）的形式存在——比如宪法序言——而且更多地出现在更为普通的场合，比如，当事人向法院提出的要求确认法院是否有权审理某个案件的申诉，立法活动中的开场陈述，监管意见以及使用格式用语的行政命令。在这些场合中，法律的范围和效力，通过语言转化为一种表述性权威（也许可以称为"法律—言语"，以展现出法律语言在使用过程中是如何形成概念的），同时也意味着它具有某种普遍性权力，并且探索着这种权力在个案中的具体适用范围。〔15〕

近年来，吉奥乔·阿甘本（Gorgio Agamben）和卡尔·施密特（Carl Schmitt）从政治神学的角度对主权的讨论引起了学界的极大关注。〔16〕但是，无论如何，这都是一种关于法律和法律权力的宏观社会学或是某种抽象理论的狭隘的研究模型。而像"法律—言语"这样的法律语言理论却能够扩展它的适用范围。在某种程度上，我们可以说，法官确定某个案件可以纳入其审理范围之时，正是法律的权威性得以彰显之日。这里的"之时""之日"其实就是管辖的意义。按照施密特的神学理论，所谓主权，就是有权"决定什么是合法的，以及什么是非法的"。〔17〕因而我们可以发现，管辖和主权就有了异曲同工之妙。但是除了这些用来解决主权问题的政治神学方法及其关注主权权力本质的本体论问题之外，他们又转而去关注"宪法时刻"〔18〕与

〔13〕J. Conley, W. M. O'Barr, Just Words: Law, Language and Power, Univ. Chicago Press, 1998; W. Conklin, The Phenomenology of Modern Legal Discourse, Aldershot, 1998; P. Goodrich, Law and language: an historical and critical introduction, J. Law Soc., 1984, 11 (2): 173 - 206; P. Goodrich, Europe in America: grammatology, legal studies, and the politics of transmission, Columbia Law Rev., 2001, 101(8): 2033 - 2084.

〔14〕E. Benveniste, Indo-European Language and Society, Miami Linguist, Ser., Univ. Miami Press, 1973, No. 12.

〔15〕B. Cormack, A Power to do Justice: Jurisdiction, English Literature, and the Rise of Common Law, 1509 - 1625, Univ. Chicago Press, 2007.

〔16〕G. Agamben, Homo Sacer: Sovereign Power and Bare Life, Stanford Univ. Press, 1998; G. Agamben, State of Exception, Transl. Kevin Atell., Univ. Chicago Press, 2005; C. Schmitt, Political Theology, Four Chapters on the Concept of Sovereignty, Univ. Chicago Press, 2006.

〔17〕C. Schmitt, Political Theology, Four Chapters on the Concept of Sovereignty, Univ. Chicago Press, 2006, p. 5.

〔18〕"constitutional moments"，宪法时刻，指宪法历史发展过程中的关键性事件。——译者注

法律语言日常实践的区别,即瓦尔特·本雅明(Walter Benjamin)所称"立法的暴力"(lawmaking violence)与"护法的暴力"(law-preserving violence)之间的关系。[19] 这是两种完全不同的根本性的法律权力。在阿甘本和施密特试图描述的那种主权逻辑中,我们可以发现这两种法律权力。在法律主体使用细致的法律语言话语和文本去参与、运用法律的过程中也能识别出这两种法律权力。甚至,主权在实际运行过程中也依赖于这两种法律权力,尽管主权在表面上并不承认这一点。而"法律—言语"的理论能够揭示出这两种法律权力的差异。

法律与文学研究者布莱迪·科马克(Bradin Cormack)通过对现代普通法起源时期英语文学作品的梳理,有力地证明了"由于没得商量……所以主权比看上去要稳定的多"。[20] 在他看来,"当时有股势不可挡的潮流,要把主权缩窄于政治神学的意义之内,但是管辖却通过一种更加世俗化的行政配置和管理流程,反而让主权更加容易辨认"。[21]

因此我认为,通过关注管辖问题,读者应该可以发现,方兴未艾的当代语用学已经把主权建构或重构为一项富有活力且具有生产力的研究领域。进一步讲,当我们把管辖理解为"法律—言语"时,[22] 就会发现:语言实践作为一种经验论和解释学意义上的现象,乃法律行为之关键;同时也是管辖所预设出的主权权力的核心问题。

这主要是基于以下两点:

首先,当法官在某个具体案件中考虑其自身权威的范围和内容时,法律和法律权力就通过"法律—言语"(juris-diction)对这一刻以及一切可能发生的情况产生了影响。如果我们回到传统意义上的"管辖"(jurisdiction)时,就会发现那实际上意味着此种法律权威其实一直和其他法律权威并列在一起,处于彼此对抗的状态。因此,作为一种法律语言的"法律—言语"(juris-diction)其实就是在界定这个法律权威的"管辖"(jurisdiction)范围,我们就可以据此勾勒出主权的效力范围和强度。

其次,由于管辖其实将"法律权力的实质"这一本体论问题转换成为了"法律机构的权力能否合法地延及适用于在审案件"的实务性问题,因此,"法律—言语"的学说展现了法律语言通过将法律权威的根本来源(如其主权基础)转化为日常法律文本、话语以及实践,进而形成法律的过程。正如科马克所写道,借助于管辖,"法律将自己的权威来源固化成为一种持久的、纯技术性的(不容置疑)的固定观念,进而发挥作用"。[23]

---

〔19〕 W. Benjamin, Critique of violence, in Walter Benjamin: Selected Writings, Vol. 1, 1913 – 1926, ed., M. Bullock, M. Jennings, Belknap, 1996, pp. 277 – 300.

〔20〕 B. Cormack, A Power to do Justice: Jurisdiction, English Literature, and the Rise of Common Law, 1509 – 1625, Univ. Chicago Press, 2007, p. 9.

〔21〕 Ibid.

〔22〕 M. Constable, Speaking the language of law: a jurisdictional primer, Engl. Lang. Notes, 2010, 48(2): 9 – 15.

〔23〕 B. Cormack, A Power to do Justice: Jurisdiction, English Literature, and the Rise of Common Law, 1509 – 1625, Univ. Chicago Press, 2007, p. 7.

更进一步来说,法律机构不仅能决定自己是否有权管辖某个争议或者政策事务,甚至也能决定自己无权涉足。而当法官确定其所属的法律机构无权涉足时,实际上这个法律机构的效力、权威和合法性其实正在发挥作用。至于诉讼参与人运用法律语言进行唇枪舌剑的争辩时,实际上总是在将法律的社会效力转化为现实的状态,同时预设出了法律权力的基本来源,并对其进行了批判性的评价。所以"法律—言语"的理论确实揭示出了这样一个事实:法律的社会效力以及合法性(无论是从立法还是护法职责的角度来看)正是依赖于法律主体所使用的语言。科斯塔斯·杜兹纳(Costas Douzinas)在他的文章中也对这个问题表达了同样的看法:"管辖的作用在于……为主权赋予了生命以及话语权,然后……通过法律活动抹去了主权富有创造力的,表述性的外表,从而又将其遮掩起来。"〔24〕因此,借助于"法律—言语"理论,我希望读者们将近年来法律语言领域的研究成果视为一种模式和方法。通过这种模式和方法,法律主体将法律及其效力言说成了现实。但是他们却在自己创造出的话语和文本中将这一点巧妙地隐藏于法律日常实务的细节之中。

法律的网络结构,言语行为和沉默现象

伊丽莎白·莫尔茨在一篇关于法律语言研究的综述中指出,本领域早期的重要作品只关注于面对面互动式的法庭场景,包括法官与当事人或其律师之间你来我往的交锋,对证人的直接询问或交叉询问,以及如辩诉交易这样的审前程序。〔25〕

尽管按理来说,庭审研究正走向衰落,〔26〕但其毕竟是欧美法律传统中对抗制诉讼的中心环节,因此,不少研究依然能够从法庭现场的互动中受到启发。事实上,对庭审中包括法庭陈述,〔27〕询问证人,〔28〕事实调查,〔29〕质证,〔30〕提交言词证据,〔31〕甚

---

〔24〕 C. Douzinas, The metaphysics of jurisdiction, 2007, See S. McVeigh ed., Jurisprudence of Jurisdiction, Routledge-Cavendish, 2007, p. 26.

〔25〕 E. Mertz, Legal language: pragmatics, poetics and social power, Annu. Rev. Anthropol., 1994, 23: 435-455.

〔26〕 See R. P. Burns, A Theory of the Trial, Princeton Univ. Press, 1999; R. P. Burns, The Death of the American Trial, Univ. Chicago Press, 2009.

〔27〕 J. Conley, W. M. O'Barr, Ideological dissonance in the American legal system, In Disorderly Discourse: Narrative, Conflict and Inequality, ed., C. Briggs, Oxford Univ. Press, 1996, pp. 114-134; S. U. Philips, Ideology in the Language of Judges, Oxford Univ. Press, 1998.

〔28〕 G. Matoesian, Law and the Language of Identity: Discourse in the William Kennedy Smith Rape Trial, Univ. Chicago Press, 2001; G. Matoesian, Nailing down an answer: participations of power in trial talk, Discourse Stud., 2005, 7(6): 733-759.

〔29〕 J. Sidnell, "There's risks in everything": extreme case formulations and accountability in inquiry testimony, Discourse Soc., 2004, 15(6): 745-766; S. Ehrlich, J. Sidnell, I think that's not an assumption you ought to make: challenging presuppositions in inquiry testimony, Lang. Soc., 2006, 35(5): 655-676.

〔30〕 M. Jacquemet, Credibility in Court, Communicative Practices in the Camorra Trials, Cambridge Univ. Press, 1996; S. Ehrlich, Representing Rape: Language and Sexual Consent, Routledge, 2001.

〔31〕 L. Solan, P. Tiersma, Speaking of Crime, The Language of Criminal Justice, Univ. Chicago Press, 2005; S. Berk-Seligson, Coerced Confessions: The Discourse of Bilingual Police Interrogations, Mouton de Gruyter, 2009.

至陪审团评议,[32]等各个元素的研究进行全面的综述并非难事。

从20世纪80年代初期开始,由语言产生的显而易见的法律权力的问题就已经成为了这门学科所关注的主题,而近来的一些研究更从文化差异以及殖民主义历史遗留等如何影响法律实务的角度出发,探索出了更多细微的研究方向。[33] 包括,本土化问题,[34]移民问题[35]以及庭审中由语言实践产生的构建和争辩法律权力的方式。[36] 同样值得重视的还有对前殖民地和(或)内部殖民地(internal colonies)法院的研究,包括香港的普通法法院,[37]美洲原住民法院,[38]汤加法院,[39]巴布亚新几内亚的胡利人(Huli)法庭,[40]世界各地伊斯兰法院等。[41] 在这些法院中,在法律效力的演变过程中,语言同样扮演着重要角色。

然而,近来还有其他一些研究则跨出了法庭语境,转而关注法律语言是如何使

---

〔32〕 R. Conley, J. Conley, Stories from the jury room: how jurors use narrative to process evidence, Stud. Law Policy Soc., 2009, 49: 25 – 56.

〔33〕 C. N. Brown-Blake, P. Chambers, The Jamaican Creole speaker in the UK justice system, Int. J. Speech Lang. Law, 2007, 14(2): 264 – 294; D. Eades, Courtroom Talk and Neocolonial Control, Mouton de Gruyter, 2008.

〔34〕 D. Eades, Beyond difference and domination? Intercultural communication in legal contexts, In Inter-cultural Discourse and Communication: Essential Readings, ed., C. Paulston, S. Kiesling, Blackwell, 2004, pp. 304 – 316; D. Eades, Understanding aboriginal English in the legal system: a critical sociolinguistics approach, Appl. Linguist., 2004, 25(4): 491 – 512.

〔35〕 J. Haviland, Ideologies of language, Some reflections on language and U. S. law, Am. Anthropol., 2003, 105 (4): 764 – 774; D. Eades, J. Arends, Using language in the determination of national origin of asylum seekers: anintroduction, Spec. Issue Forensic Linguist., 2004, 11(2): 179 – 199; A. Wennerstrom, Immigrant voices in the courts, Int. J. Speech Lang. Law, 2008, 15(1): 23 – 49; M. Jacquemet, Transcribing refugees: the entextualization of asylum seekers' hearings in a transidiomatic environment, Text Talk, 2009, 29(5): 525 – 546.

〔36〕 崔奇的相关文章[S. Trinch, Acquiring authority through the acquisition of genre: Latinas, intertextuality and violence, 2005, 12(1): 19 – 48; S. Trinch, Bilingualism and representation: locating Spanish-English contact in legal institutional memory, Lang. Soc., 2006, 35(4): 559 – 593; S. Trinch, Forging violence against women: documents reveal regimes of family in intimate-partner abuse, Law Cult. Humanit., 2011, 7(3): 393 – 411.]分析了语言差异与法官视角下拉丁裔性别暴力之间的交叉问题。

〔37〕 K. Ng, The Common Law in Two Choices, Language, Law and the Postcolonial Dilemma in Hong Kong, Stanford Univ. Press, 2009.

〔38〕 L. Nesper, Negotiating jurisprudence in tribal courts and the emergence of a tribal state: the Ojibwe in Wisconsin, Curr. Anthropol., 2007, 48(5): 675 – 699; J. B. Richland, Arguing with Tradition, The Language of Law in Hopi Tribal Court, Univ. Chicago Press, 2008; J. B. Richland, Sovereign time, storied moments: the temporalities of law, tradition and ethnography in Hopi tribal court, PoLAR: Pol. Legal Anthropol. Rev., 2008, 31(1): 56 – 75.

〔39〕 S. U. Philips, Constructing a Tongan nation-state through language ideology in the courtroom, In Regimes of Language, ed., P. V. Kroskrity, Sch. Adv. Res. Press, 2000, pp. 229 – 258.

〔40〕 L. Goldman, The Culture of Coincidence: Accident and Absolute Liability in Huli, Clarendon, 1993.

〔41〕 B. Messick, The Calligraphic State: Textual Domination and History in a Muslim Society, Univ. Calif. Press, 1993; B. Messick, Indexing the self: intent and expression in Islamic legal acts, Islamic Law Soc., 2001, 8(2): 151 – 178; S. F, Hirsch, Pronouncing and Persevering: Gender and the Discourse of Disputing in an African Islamic Court, Univ. Chicago Press, 1998; K. Hoffman, Berber law by French means: customary courts in the Moroccan hinterlands, 1930 – 1956, Comp. Stud. Soc. Hist., 2010, 52(4): 851 – 880.

用一种隐蔽但却强有力的方式来建构或重构这个世界的。这些作品受到了新兴的金融人类学、监管治理以及自然科学领域的启发，试图打破人物与事件之间的前置区别，转而借助话语、文本以及互动过程在“网络和集合”（networks and assemblages）内来探讨人与事之间的相互渗透和影响，进而重塑了社会结构和社会实践的相互关系。比如，在布鲁诺·拉图尔（Bruno Latour）和玛丽莲·斯特拉斯夫人（Dame Marilyn Strathern）看来，过去的二元划分理论只能够揭示出社会结构体系（比如科学，经济，亲属关系或者法律等）的文化和（或）政治维度，他们要做的则是探索旨在规划和创造现实世界的网络和集合的表述性特征。[42]

举例说明。拉图尔最近的一篇民族志研究了法国最高行政法院。[43] 这个机构负责审理下级法院的上诉案件。拉图尔认为，正是凭借着实实在在的卷宗以及法院内部的流转过程，这个审判机构才具有了时空上的意义。这种时空上的意义在很大程度上表现为互文的限制。因为官方话语主要是通过语言以及卷宗来相互传递的。而语言和卷宗才是他们从事法律职业所需要处理的对象。这种观点无疑使我们想起他从网络和集合的角度关于当代科学实践的研究。就此我们可以发现，法律不仅受制于自身结构所设定的目标——这种自身结构是指法律语言和法律文本——而且还受制于法律主体不同的运用方式。他认为，“法律将时空中独立存在的个体联结成了一个连续的统一体”，以法律文本及其相关话语的经验主义解释学为基础，展现出制度的社会性以及其核心权力的运行状态。[44]

这种研究的一项重要贡献在于，它揭示出，在这种网络和集合模式中，那些蕴含于制度结构和运行实践中的深层次的社会现象，相互之间难以发生进一步的关联。法律语言研究在诸多前沿领域都进行了相似的探索，有些研究仍然牢牢地坚持这种网络理论，还有一些研究似乎沿着同样的思路，但实际上已经另辟蹊径了。萨利·梅丽（Sally Merry）就是后者的代表。她研究了“人权话语”（human rights discourses）的本土化——为了使人权话语深入人心并产生作用而在当地（尤其是南半球国家）语境中被建构或重构的过程。她从社会影响的角度对合法性进行了研究。她发现，那些投身于争取权利话语、发展运动的人（激进分子、社会工作者、女权主义者）其实处于一个复杂的网络和集合当中。他们动态地彼此构成了彼此。只有了解了他们过去彼此纠缠的历史，才能从社会功能的角度彻底辨析或理解权利、权利运动的推

〔42〕 B. Latour, We Have Never Been Modern, Harvard Univ. Press, 1993; B. Latour, Politics of Nature: How to Bring the Sciences in Democracy, Harvard Univ. Press, 2004; B. Latour, The Making of Law: An Ethnography of the Conseil d'Etat, Polity, 2010; M. Strathern, Cutting the network, J. R. Anthropol. Inst., 1996, 2(3): 517–535; M. Strather, Property, Substance and Effect, Anthropological Essays on Persons and Things, Athlone, 1999; M. Strathern, Kinship, Law and the Unexpected, Relatives Are Always a Surprise, Cambridge Univ. Press, 2005.

〔43〕 B. Latour, The Making of Law: An Ethnography of the Conseil d'Etat, Polity, 2010, p. 277.

〔44〕 B. Latour, The Making of Law: An Ethnography of the Conseil d'Etat, Polity, 2010.

动者以及权利话语的主体。[45]

同样的,万安黎(Annelise Riles)更加直接地受到"行动者网络"(actor-network theory)理论的启发。她发现,的确存在着一种网络集合模式塑造了当代日本的金融市场以及规制模式。万安黎在她的民族志中这样描述道,日本的衍生品交易员通过他们的话语和文本,甚至电脑程序,将所有的交易员和其他的市场参与者(监管者、专家、散户投资者和法律专业人员)以及他们的事务综合起来,用复杂而多变的方式建立起了一个层层叠叠的组合。因此她总结认为,正如对交易达成、合同签订还有相关的监管措施的理解一样,只有搞清楚这种组合独有的建立过程以及具体技术官员与衍生品交易员之间所存在的联系、知识、信息,才能全面地理解无休止地进行检索法律的意义,因为只有这样才能严格地区分公私领域,才能在此基础之上筛选金融监管的对象(即是否在监管的管辖范围之内)。对这一切而言,尤其是当上述网络和连接建立或破裂时,探究法律语言的问题就显得至关重要:究竟是哪些人哪些组织,在怎样的情况下被授予了何种权力,最终导致了这些情况的发生呢?就在这一刻,法律权力的形象开始明晰起来。[46]

网络理论研究并非没有受到批评。至少朱迪斯·巴特勒(Judith Butler)认为,相关学者们忽略了他们所仰仗的表演理论(performance theories)中的核心问题。[47] 比如,她指出,按照J. L. 奥斯汀(J. L. Austin)的言语行为理论,言语行为的"规约述行性"(conventional performativity)与实际效果之间存在巨大的差异。在奥斯汀看来,前者是"言外维度"(illocutionary dimension),后者则是"言后维度"(perlocutionary dimension),即真正的社会时空环境下言语行为具体实例。[48] 巴特勒认为,一些信奉"行动者网络理论"的学者过于武断地将言语的述行性维度视为一种规约形式(或言外效力),而不是去联系特定的社会后果(或言后效果)。因此她认为,这种研究进路虽然口口声声地要破解这一结构性困境,但其实仍然在原地打转(尽管它们看上去更加复杂更加强调语境)。[49] 巴特勒之所以会向"行动者网络"理论发难,是因为的确有不少研究作品根本没有反映出处于真实时空中的话语网络,所以就此而言,从总体上看,法律语言学并没有令人感到满意。

有趣的是,在另一条完全不同的道路上,言语行为理论又为法律语言研究者开

---

〔45〕 P. Levitt, S. E. Merry, Vernacularization on the ground: local uses of global women's rights in Peru, China, India and the United States, Glob. Netw., 2009, 9(4): 441 – 461; S. E. Merry, Human Rights & Gender Violence, Translating International Law into Local Justice, Univ. Chicago Press, 2006.

〔46〕 A. Riles, Collateral expertise: legal knowledge in the global financial markets, Curr. Anthropol., 2010, 51(6): 795 – 818; A. Riles, Collateral Knowledge, Legal Reasoning in Global Financial Markets, Univ. Chicago Press, 2011.

〔47〕 J. Butler, Performative agency, J. Cult. Econ., 2010, 3(2): 147 – 161.

〔48〕 J. L. Austin, How To Do Things With Words, Oxford Univ. Press, 1971.

〔49〕 J. Butler, Performative agency, J. Cult. Econ., 2010, 3(2): 147 – 161.

辟了一片沃土:在法律权力的范围之外探讨法律的效力,并且更加关注其自身的意义。[50] 比如,玛丽安·康斯特布尔(Marianne Constable)就通过言语行为理论对美国最高法院确立米兰达警告的那份判决意见进行了解读。她认为这一保护嫌疑人免于自证其罪的规则(比如“你有权保持沉默……”)为我们提供了一个观察法律后果及其影响的绝佳视角——不仅包括法律说了什么,还包括法律没说什么。康斯特布尔分析道,有种观点认为,所谓法律效力的运作方式,亦即,允许某一方发言来赋予其权力,使其产生肯定性的话语,或者使另一方保持沉默,从而剥夺其权力。而要反驳这种观点,法律语言研究者不仅要理解法律言语在常规情况下产生的作用,同时也要格外留意某些特定时刻。在这些特定时刻中,法律言语只能通过沉默来发挥效力(比如在米兰达规则中,不说话反而成了一种受保护的有效行为)。[51] 因此,她号召研究者们除了考虑法律规范、结构和惯例以外,更要基于公平正义的理念来关注法律的言后维度,并且对那些仍然坚持实证经验论的社会与法律领域的学者们提出建议:即使在法律模糊不清的情况下,仍然应当去考察法律对于社会生活产生意义的可能性。这意味着,哪怕法律及其话语什么都没“说”,我们也要努力探求它们的意涵。只有这样,才能将法律语言的解释分析发挥到极致。[52]

此外,康斯特布尔最近还指出,法律语言的“法律—言语”理论似乎已经实现了这一目标。[53] 因为,社会参与者总是通过言说才能感受到法律的现实存在,但与此同时,他们又忽视了隐藏在法律语用学日常实践背后的本体述行性(ontological performativity)。一旦我们明白了这一点,就会发现,即使当法庭确定对某个在审案件具有管辖权时,法律的言后效果仍然只能通过沉默的授权行为才能发挥作用。这种沉默的授权行为就是所谓的程序主义,因为它是主权普适效力的载体,体现了主权所蕴含的合法性。正是在这个意义上,法律的沉默——其实它本不必要言说,因为它在言说某物之前,某物就已经被它言说过了——产生了一种连续不断的言外意义和言后效果(整个法律言语行为),借此,“法律—言语”也就将法律的权威凝结成了一种现实的存在。

---

[50] J. Yovel, What is contract law "about"? Speech act theory and a critique of "skeletal promises." Northwest, Univ. Law Rev., 2000, 94: 947 - 962; M. Constable, Just Silences: The Limits and Possibilities of Modern Law, Princeton Univ. Press, 2005.

[51] M. Constable, Just Silences: The Limits and Possibilities of Modern Law, Princeton Univ. Press, 2005.

[52] M. Constable, Just Silences: The Limits and Possibilities of Modern Law, Princeton Univ. Press, 2005; also see M. Constable, The Law of the Other: The Mixed Jury and Changing Conceptions of Citizenship, Law and Knowledge, Univ. Chicago Press, 1994; M. Constable, Reflections on law as a profession of words, In Justice and Power in Sociolegal Research, ed., B. Garth, A. Sarat, Northwest. Univ. Press, 1998, pp. 19 - 35; M. Constable, Our word is our bond, In A. Sarat, ed., Speech and Silence in American Law, Cambridge Univ. Press, 2010, pp. 18 - 38.

[53] M. Constable, Speaking the language of law: A jurisdictional primer, Engl. Lang. Notes, 2010, 48(2): 9 - 15.

法律的永续性(perpetuity):法律语言中的叙事时空

在1994年伊丽莎白·莫尔茨关于法律语言的文章发表之前,法律的叙事性问题就已经引起了种族批判法学、法律与文学两个法学边缘学科的注意。[54] 这篇文章发表以后,该领域又有了长足的进步。

实际上,早在20世纪90年代中期,就已经有不少关于法律语言的分析研究聚焦于法律叙事和故事讲述。[55] 本文的回顾可能并不全面,但是只要进行简单的梳理就可以看到法律叙事研究在研究方法和对象上的多元性特征:从"庭审叙事分析"[56]到"司法意见书写结构的叙事",[57]从"作为一种意义塑造体系的法律的基础叙事特征"[58]到"作为维持社会等级秩序手段的法律的概念化叙事"。[59]

对于那些想要探究叙事与法律关系的人来说,可能会觉得这个领域已经乏善可陈了;也许他们是对的。但是,却很少有人关注这一点:这些看上去千差万别的法律叙事研究(尽管他们的确抱着不同的法律及其语言的分析视角)同法律语言学其他

---

〔54〕 E. Mertz, Legal language: pragmatics, poetics and social power, Annu. Rev. Anthropol., 1994, 23: 435 - 455.

〔55〕 比如P. Brooks, P. D. Gewirtz eds., Law's Stories: Narrative and Rhetoric in the Law, Yale Univ. Press, 1998; J. B. Baron, Law, literature, and the problems of interdisciplinarity, Yale Law J., 1999, 108: 1059 - 1085; P. Brooks, Narrative transactions—Does the law need a narratology? Yale J. Law Humanit., 2006, 18: 1 - 28.

〔56〕 A. R. Ferguson, Story and transcript in the trial of John Brown, Yale J. Law Humanit., 1994, 6: 37 - 73; S. A. Bandes, Empathy, narrative, and victim impact statements, Univ. Chicago Law Rev., 1996, 63(2): 361 - 379; J. Conley, W. M. O'Barr, Ideological dissonance in the American legal system, In Disorderly Discourse: Narrative, Conflict and Inequality, ed., C. Briggs, Oxford Univ. Press, 1996, pp. 114 - 134; E. Mertz, J. Yovel, Courtroom narrative, In Routledge Encyclopedia of Narrative Theory, ed., D. Herman, M. Jahn, M. Ryan, Routledge, 2005, pp. 86 - 88.

〔57〕 D. R. Papke, K. H. McManus, Narrative and the appellate opinion, Legal Stud Forum, 1999, 23: 449 - 466; A. G. Amsterdam, J. Bruner, Minding the Law, How Courts Rely on Storytelling, and How Their Stories Change the Ways We Understand the Law—and Ourselves, Harvard Univ. Press, 2000.

〔58〕 R. Weisberg, Poethics, and other Strategies of Law and Literature, Columbia Univ. Press, 1992; R. West, Narrative, Authority & Law, Univ. Mich. Press, 1993; J. B. White, Acts of Hope, Creating Authority in Literature, Law and Politics, Univ. Chicago Press, 1994; J. B. White, The word and the law, Ga. Law Rev., 2007, 41(3): 923 - 943; J. B. White, Establishing relations between law and other forms of thought and language, Erasmus Law Rev., 2008, 1(3): 3 - 22; J. B. White, The "legal imagination" and the beginning of modern law and literature, In Teaching Law Through the Looking Glass of Literature, ed., B. Pozzo, Stampfli, 2010, pp. 9 - 24; J. B. Baron, Law, literature, and the problems of interdisciplinarity, Yale Law J., 1999, 108: 1059 - 1085; R. Sherwin, When Law Goes Pop, Univ. Chicago Press, 2000; E. Mertz, The Language of Law School: Learning to "Think Like a Lawyer." Oxford Univ. Press, 2007.

〔59〕 比如W. E. Eskridge, Jr., Gaylegal narratives, Stanford Law Rev. 46: 607 - 646, 1994; D. Bell, Who's afraid of critical race theory? Univ. Ill. Law Rev., 1995, 1995(4): 898 - 999; P. Ewick, S. Silbey, The Common Place of Law: Stories from Everyday Life, Univ. Chicago Press, 1998; P. Brooks, P. D. Gewirtz, eds., Law's Stories: Narrative and Rhetoric in the Law, Yale Univ. Press, 1998; 而法博与雪莉(D. A. Farber, S. Sherry, Telling stories out of school: an essay on legal narratives, Stanford Law Rev., 1993, 45: 807 - 855.)对这种概念化进行了批评,同时德尔加多与艾斯克里奇(R. Delgado, On telling stories in school: a reply to Farber and Sherry, Vanderbilt Law Rev., 1993, 46: 665; W. E. Eskridge, Jr. 1994. Gaylegal narratives, Stanford Law Rev., 1994, 46: 607 - 646.)也对这种批评分别予以了回应。

领域的学者所进行的法律话语的——叙事性的或非叙事性的——实践分析之间究竟有着怎样的关联？比如，罗伯特·科弗（Robert Cover）有句名言："当规范效力作用某个事件的某个状态时，无论这种作用是真实存在的还是只存在于想象当中的，都在产生叙事。"[60] 同理，从庭审中对证人的询问或法官出具的书面意见中，我们可以看到法律主体讲述故事的实践方式，那么这种存在于现实世界中的实践方式是怎样与英美法的抽象概念发生关联的？再如，因为亲子矛盾、夫妻纠纷或者因洗衣店老板弄脏了他们衬衫而诉诸小额法庭时，各方的叙事方式之间又有什么关系？

我认为，要理解法律叙事研究成果为何如此高产，其中一种办法就是不仅要考察如何通过叙事来产生法律权力，还要分析能够维系这种权力的法定权威机构的叙事方式。如果像康利和奥巴（Conley & O' Barr）所说的那样，"语言不仅仅是法律权力运行的载体，就许多重要方面而言，语言就是法律权力"。[61] 那么我们就不得不去追问，既然叙事所起到的关键作用使得法律权力成为了研究的重要对象，那么叙事本身又是怎样一种存在？

所以，我这里要特别介绍近年来语言人类学的一种研究倾向，即关注语言的时间特征。[62] 这种研究之所以对法律叙事学较有启发，是因为它把叙事当成一种语言实践，因而它能够在一个宽泛的社会意义的维度内囊括各种具体的社会行为。它可以在同一时间维度内建立各种社会行为的关联，也可以跨越时间，将现在和过去甚至是尚未实现的未来勾连起来。就像奥克斯和卡普斯（Ochs & Capps）所写的那样，"叙事是我们使用语言或其他符号系统的一种方式，它使生活事件具有了时间和逻辑上的顺序，从而能够被人们阐明，并且在过去、现在以及目前尚未获得的经验之间建立起了一致性"。[63]

通过认识作为叙事行为的法律语言所产生的时空性（spatiotemporalities），我们就能深入了解到，所谓法律—言语，不仅仅只是一个法律话语和法律文本中的微观语言学意义上的细节问题，它还以社会权威、权力的行使以及意义建构的方式直接影响了宏观社会学意义上的法的效力。

尤尔根·哈贝马斯（Jurgen Habermas）在论述当代民主活动中的法律商谈理论

---

〔60〕 R. M. Cover, Nomos and narrative, 1993, In M. Minow, M. Ryan, A. Sarat, eds., Narrative, Violence and the Law: The Essays of Robert M. Cover, Univ. Mich. Press 1993, pp. 95-172.

〔61〕 J. Conley, W. M. O' Barr, Just Words: Law, Language and Power, Univ. Chicago Press, 1998. 原文即如此强调。

〔62〕 C. Mattingly, Healing Dramas and Clinical Plots: The Narrative Structure of Experience, Cambridge Univ. Press, 1998; E. Ochs, L. Capps, Living Narrative: Creating Lives in Everyday Storytelling, Harvard Univ. Press, 2001; S. Wortham, Narratives in Action, A Strategy for Research and Analysis, Teach. Coll., 2001; 附见 J. B. Richland, Sovereign time, storied moments: the temporalities of law, tradition and ethnography in Hopi tribal court, PoLAR: Pol. Legal Anthropol. Rev., 2008, 31 (1): 56-75. 以及 H. N. Deeb, Constructing restructuring: legal narrative, language ideology, and the financial rehabilitation of Iraq, Law Contemp. Probl., 2010, 73: 109-128。后一篇文章主要在法律语言方面相关。

〔63〕 E, Ochs, L, Capps, Living Narrative: Creating Lives in Everyday Storytelling, Harvard Univ. Press, 2001, p. 2.

及其作用时认为,交往的效力(communicative force)能否发挥作用,取决于其在调和"事实的时间性"、代议制政治的未来走向、有关时间性规范的话语、因袭的习惯这些因素的过程中能否获得合法性并加以运用。[64]尽管哈贝马斯的理论仍然是一种抽象式的法律话语的分析,但是它却点出了法律话语日常实践的核心问题,这也是更加坚持经验解释导向的法律语言学家们所关心的问题。实际上,正如莫尔茨所说,法律职业群体想要社会化,其关键在于,他们在操持法律语言时必须时刻注意"类型—标记"(type-token)的综合运用。其中,"类型"指法律原则,而"标记"指由个案事实所反映出的一个社会疑难案件的具体情况。[65] 按照这种模式,在交通事故中,当事双方就会分别成为原告和被告,双方受到的损害将会构成各自的主张和抗辩,以及(或者)构成过失侵权的反诉。不过,莫尔茨还解释认为,尽管"类型"与"标记"的关联使叙事成为可能,但是它却遮蔽了其他因素:它变成了一种翻译,"通过一种表面上不带感情的法律语言表达着它所想象出来的客观性",从而"消解了日常社会场景的……[人性]的冲突"。[66]

如果说在法律利用语言进行日常运作的过程中,事实性同规范性的结合是非常重要的,那么,法律作为一种广义的社会秩序,在构建和形成宏大叙事的过程中,同样需要事实性同规范性的结合。无论是过去已经言说的法律语言,还是未来试图言说的法律语言,其中都包含着大量的事件,只有在这些事件中建立一种互文性的联系,法律才可以随意地消解或扩大社会时空,这一点对于法律语言在实践中所发挥的媒介作用而言是至关重要的。[67] 这种互文联系就产生了类似于米哈伊尔·巴赫金(Mikhail Bakhtin)所谓的"时空观"(chronotope),即在一个封闭的叙事时空之内来叙述事件,而事件就像再次发生了一样。[68] 巴赫金在分析现代文学小说时认为,时空观是一种"正式的规范性分类体系……通过展现如何将时间、空间上的标志融合进一个周密考虑的实在整体的过程,定义了文学体裁以及体裁间的区别"。[69]

法律主体虽然身处于一个特定的社会事件的发展过程之内,但是在法律的语境中,他们却可以使用语言来建立理智与情感的关联,从而调和了规范与实现的矛盾。

---

〔64〕 J. Habermas, Between Facts and Norms, Contributions to a Discourse Theory of Law and Politics, MIT Press, 1996.

〔65〕 E. Mertz, Linguistic ideology and praxis in U. S. law school classrooms, In Language Ideologie: Practice and Theory, ed., B. Schieffelin, K. A. Woolard, P. V. Kroskrity, Oxford Univ. Press, 1998, pp. 149 – 162; E. Mertz, The Language of Law School: Learning to "Think Like a Lawyer." Oxford Univ. Press, 2007.

〔66〕 E. Mertz, Linguistic ideology and praxis in U. S. law school classrooms, In Language Ideologies: Practice and Theory, ed., B. Schieffelin, K. A. Woolard, P. V. Kroskrity, Oxford Univ. Press, 1998. p. 158.

〔67〕 C. Briggs, R. Bauman, Genre, intertextuality, and social power, J. Linguist, Anthropol., 1992, 2(2): 131 – 172; A. Agha, S. E. F. Wortham eds., Discourse across speech events: intertextuality and interdiscursivity insocial life, Spec. Issue J. Linguist, Anthropol., 2005, 15: 1 – 150.

〔68〕 M. Bakhtin, The Dialogic Imagination: Four Essays, transl., M. Holquist, ed., M. Holquist, C. Emerson, Univ. Tex. Press, 1981.

〔69〕 Ibid., p. 84.

比如，法官就是这种做法的典型代表，因为在法庭中，法官正是按照官方的法律范畴才将当事人分为原告、被告或者证人，并据此形成了他们的言说次序。而操持文本的官员想要做到这一点，就要借助于文本中具体的修辞技巧，比如在文本格式中限制原告所回答的问题的种类。而在所有这些问题当中最为人所知的，应该是那种法律对话意义上通过文本和话语方式所进行的流利表达：比如一位律师在口头辩论中援引了若干法条，或者指出了确定某些法律原则的司法判例。由于这种文本和话语上的相互关照发生在当下的法律语言实践当中，所以它不仅指向了法律的过往，而且也可以对那些尚未发生的社会事件以及其中的事实与规范提前做出预判。因为无论是什么类型的社会事件，当事人可以选择法律语言无非就那么几种，那么法律在未来能发挥出什么样的调控功能也就不难预测了。

因此我认为，法律的效力正是来自于法律主体的语言实践，因为这种实践形成了一种特殊的叙事时空，可以称之为"法律的永续"。无论法律主体把他们当前所使用的法律语言互文性地引向何处，他们都仍然处于一个不断循环的法律公式当中，只不过他们是这个法律公式的最新版本而已。而且在这一过程中，事实与规范自动地连接起来，并且超越了事实与规范的简单结合。所以说，法律语言形成了永续。

为了论证法律的叙事时空具有永续性，我尝试着引入法学家保罗·卡恩（Paul Kahn）关于法律的社会效力的研究。在他看来，法律的社会效力无时无刻不在发挥作用，"值得我们不断地探索"。〔70〕同时，我还想参考查尔斯·皮尔斯（Charles Peirce）在形容法律及其调控功能时所经常使用的"第三范畴"（semiotic category of the Third）[或所谓的第三性（Thirdness）的概念]。按照皮尔斯的话说，"这种连续性意味着……大功告成"。〔71〕因此，法律的永续性揭示出这样的一个问题：法律语言在微观分析意义上的细节同宏观社会学意义上的法的效力密不可分。因为在构建法律永续性的过程中，法律主体能够通过语言来测算出法律效力的内在连贯性，进而能够推导出法律效力背后的主权权威。而同样地，通过语言的运用，主权权威总是能够进入并超越一般的司法活动。

与此同时，需要特别指出的是，在法律的语境中，"永续"的概念还有着另外一层含义。在英美财产法和继承法当中，"永续"这个概念意指一份遗嘱试图规定，哪怕遗产继承的时间"超越了法定期限……但是却不得被宣布为无效"直到遗嘱得到执行为止。〔72〕在这里，通过一份法律文件（遗嘱）而确定了"永续"，并就此突破了有关继承期限的法律规定。但问题在于，这种永续由于违反了法律规定的时间限制，因此被法律宣布为无效。换言之，继承问题中的永续之所以"为法律所不允许"（超越

---

〔70〕 P. W. Kahn, The Cultural Study of Law: Reconstructing Legal Scholarship, Chicago Press, 1999, p. 45. also see B. Latour, The Making of Law: An Ethnography of the Conseil d'Etat, Polity, 2010.

〔71〕 Charles Peirce's paper 1. 337 (c. 1875), In R. J. Parmentier, Signs in Society: Studies in Semiotic Anthropology, Advances in Semiotics, Indiana Univ. Press, 1994, p. 34.

〔72〕 H. C. Black, A Law Dictionary, West Publ, Co. 2nd ed, 1910, p. 894.

了法律),正是因为其突破了法律的叙事时空,并且不尊重法律自身的永续性所产生的社会效力。而法律的永续性正是产生于法律主体日复一日的法律语言的使用过程。以上所说的法律永续性的种种含义,从法律叙事性研究的角度来看,反复说明了一点:法律能够跨越叙事时空地将不同时代不同地区的事实、规范串联起来,从而建立起事实与规范的关联,反过来,法律也可以使用同样的方式破坏或排除事实与规范的关联。的确,至少正是由于这一点,一些法律语言研究者转而从叙事性出发,来解释和驳斥法律权力的霸主地位。像贝尔(Bell)、德尔加多(Delgado)、威廉姆斯(Williams)以及其他许多种族批判法学家所采用的"局外人的法学"(outsider jurisprudence)研究模式,在表达观点时采用了许多非学术的、故事叙述(比如虚构人物的日常活动、自传故事,甚至还包括口述式的叙事性表演)的方法。[73] 这种研究模式能够将过去以及未来社会中难以归属于法律的事实和规范串联起来,从而制造了一个自洽的能够产生意义的叙事时空,与之相比,法律自身的叙事时空——永续——显现出了某种局限性。这种对比恰好体现了科弗所谓的"叙事暴力"(narrative violence)——法律故事(及其所建构的意义)将那些法律之外的、亲历者自己的故事(以及亲历者已经完成的意义建构)排除在外。[74]

法律的永续及其叙事暴力同样可以见于索娜·崔奇(Shonna Trinch)关于拉丁裔妇女的研究。[75] 这些妇女为了免于继续遭受丈夫的虐待,向有关部门申请了保护令。但是在如何叙述上却出现了矛盾:一方面,法律要求她们如实反映自身的遭遇;另一方面,法律又要求她们把案情叙述成为一个条理清晰的案件(比如,容易被归入某种法定的纠纷类型)。[76] 我们应当明白,对于这两种不同叙事之间的矛盾而言,问题的关键不仅仅在于特定个人的命运如何(无论实际上究竟多么悲惨),而在于法律权力如何形成或再现。法律能够在每一个司法裁判中不断地重申其合法性,而它的永续性更是无处不在。如果诉求没有按照法定的语言形式进行诉说,那么法官就无权对其进行裁判。哪怕在这种场合中,法律的永续性也在发挥作用。因此,从法律叙事关于面对面互动的微观细节的描述中,我们可以窥见更具广泛性的宏观问题,即作为一种社会效力的法律是如何建构意义的。

---

[73] D. Bell, Who's afraid of critical race theory? Univ. Ill. Law Rev, 1995, 1995(4): 898 - 899; R. Delgado, On telling stories in school: a reply to Farber and Sherry, Vanderbilt Law Rev., 1993, 46: 665; R. Delgado, Rodrigo's final chronicle: cultural power, the law reviews, and the attack on narrative jurisprudence, South. Calif. Law Rev., 1995, 68: 545; P. J. Williams, The Alchemy of Race and Rights: Diary of a Law Professor, Harvard Univ. Press, 1991.

[74] R. M. Cover, Nomos and narrative, 1993, see M. Minow, M, Ryan, A. Sarat, eds., Narrative, Violence and the Law: The Essays of Robert M. Cover, Univ. Mich. Press, 1993, pp. 95 - 172; also see P. Ewick, S. Silbey, The Common Place of Law: Stories from Everyday Life, Univ. Chicago Press, 1998.

[75] S. Trinch, Acquiring authority through the acquisition of genre: Latinas, intertextuality and violence, 2005, 12(1): 19 - 48; S. Trinch, Forging violence against women: documents reveal regimes of family in intimate-partner abuse, Law Cult. Humanit, 2011, 7(3): 393 - 411.

[76] Ibid.

如果按照这种方式理解,那么作为一种叙事时空的法律的永续性就会一直处于建构阶段,并也因此一直面临着消失的危险。这时,我们就又回到了司法管辖的问题上来了。这正是科马克(Cormack)和麦克维(McVeigh)等的思路:从主权中的法律权力的本体论转为考察管辖中的语用学。[77] 这些学者认为,当法律权力宣示了它自身至高无上的权力时,就会在社会权力的某个领域内获得主权概念本身所暗含的"自主""独一"的特性。这时,法院的管辖就开辟出了自己的一片社会天地,和其他与之相互竞争的权威机构(无论是政府的其他分支,还是某些非国家权威或其他国家的权威)"平起平坐"了。在科马克看来,法律叙事的永续性,只是法律—言语运行的一种方式。在这种方式中,法律—言语即"法律权力,因为当司法权认为其无法涉足某类案件时,它已把自己当成了主权"。[78]

关于法律—言语的一些争议:法律语言研究是否正走向分裂?

在结论部分,我想再次回到奥利弗·温德尔·霍姆斯大法官的那句名言上来。霍姆斯被普遍认为是美国法律现实主义的先驱之一。在求学哈佛期间,他还是19世纪70年代成立的所谓"形上学社"(Metaphysical Club)的核心成员。这个俱乐部还包括其同窗查尔斯·桑德斯·皮尔斯(Charles Sanders Peirce)与威廉·詹姆斯(William James)。许多人将这个俱乐部的各种例会和讨论视为美国实用主义哲学的摇篮。这些例会和讨论持有一种经验论的观点:似乎是抽象的观念对世界产生了实际的影响,那么反过来,这种影响又怎样塑造了我们对这些看起来抽象(换言之即形而上学)概念的理解呢?[79]

尽管文本形式主义和抽象唯心主义号称关注实践和经验的问题,但对语言的运用、解释以及意义建构等方面所进行的分析仍然在早期美国实用主义哲学的研究模式中起着关键作用,当然这其中就包括了霍姆斯的法学思想。强调形式主义并不意味着倒向了唯物主义或/和反对解释主义。实际情况刚好与之相反。

当代社会与法律研究得了某种"健忘症",所以它们认为这一研究领域起源于法律现实主义。这一点也说明了,在人文学科不同分支领域的影响下,以经验为导向的社会与法律研究正在日益地走向分裂。尽管尚未彻底决裂——《法律与社会评论》(*Law and Society Review*)和《法律与社会探究》(*Law and Social Inquiry*)这两本顶级期刊还是不加区分地一篇接一篇地发表着双方的论文——但是双方的差异还是越来越明显,比如越来越多的期刊开始进行了区分,或是以特定的经验主义为主,或者专门关注解释学的问题,很少有研究能够超越经验论和解释学的分立。

---

〔77〕 B. Cormack, A Power to do Justice: Jurisdiction, English Literature, and the Rise of Common Law, 1509 - 1625, Univ. Chicago Press, 2007; S. McVeigh, ed., Jurisprudence of Jurisdiction, Routledge-Cavendish, 2007.

〔78〕 B. Cormack, A Power to do Justice: Jurisdiction, English Literature, and the Rise of Common Law, 1509 - 1625, Univ. Chicago Press, 2007, p. 9.

〔79〕 L. Menand, The Metaphysical Club: A Study of Ideas in America, Farrar, Straus & Giroux, 2002.

我们尚不完全清楚究竟是什么导致了两者分道扬镳。也许有一部分原因与罗斯科·庞德(Roscoe Pound)有关。在法律现实主义的全盛时期,跨学科的社会与法律研究被庞德形容为对“行动中的法”的研究,以区别于主流法学界对“书本中的法”的研究。[80] 确实,直到今天,一些顶尖教材仍将社会与法律研究的主题视为“研究鸿沟”,试图以此来区分出法律的两种存在方式:一方面,法律的社会效果只能通过经验才能辨别;另一方面,从法律文本和判决意见中就可以归纳出法律学说。[81]

这种将社会与法律研究分化为经验论与解释学两种倾向的趋势,暂且无论其源头从何而来,至少给我们带来了一个大麻烦:如果真的能够对法律诉讼和法律文本进行区分辨别,那上述提到的许多法律语言研究都将陷入这条“鸿沟”当中。

也就是说,如果任由这种分化继续存在下去,那么法律语言将永远不可能与法律行为画上等号。而要研究语言(无论是话语还是文本的形式)在法律中如何运用,就必然意味着将其同时视为经验论和解释学意义上的现象。这样一来,想要理解宏观层面法律的社会效力,就必须回归法律本身的含义。按照这种研究思路,我们才可能具有对日常生活故事进行解释的可能性,而且也有助于对日常社会生活的细节进行观察、记录和分析。

本文对法律语言研究重要性的回顾和论述,就是为了让这种可能性继续存在下去,并且通过“法律—言语”理论所展现出的法律语言运用的多种方式——如法律文件中的网络循环,包括沉默现象在内的各种言语行为,还有法律的永续性所展现出的叙事时空——为整个研究带来一些转机。我在本文中回顾的研究成果为我们提供了一条研究法律的新思路——那就是将法律视为同时运行的多种分析模型——无论是诉讼中的文本,还是经验论与解释学的综合,总能在语言、话语和文本中发现法律主体之间的互动关系。

在某种意义上,我所做的和霍姆斯大法官在1918年汤尼诉艾斯纳一案中给出的判决意见并无二致,只是后者更加简练而雄辩罢了。无论是霍姆斯,还是笔者,都试图综合经验论和解释学各自的优点来研究法律语言。也希望不管是拥有社会科学还是人文科学背景的法律学者们,都能够因为这一观点而聚首于同一片研究领域,并且共同摘得硕果。

---

〔80〕 R. Pound, Law in action and law in books, Am. Law Rev., 1910, 44: 12 – 36.

〔81〕 K. Calavita, Invitation to Law and Society, Univ. Chicago Press, 2010.

孟德斯鸠*

[美]霍姆斯　著
姚　远**　译

"太阳底下无新事。"此乃老成之人的论断;从他的立场来看,该论断无可厚非。他看到在一国发生的事情也出现在另一国,这使他自始就有点儿见怪不怪。但从科学或哲学的立场来看,前述论断大错特错。从伯里克利时代至今,在人类思想史上的这段辉煌岁月中,某世纪的科学或哲学总是有别于前一世纪,并在某种意义上继续推进。不难推知,我们面临着一条悖论,即那些历久弥新的著作,那些如今仍像在其冷静的初诞时期那样警醒世人的思想,都是老成之人的著作和思想。《传道书》(Ecclesiastes)、贺拉斯(Horace)和拉罗什富科[1](La Rochefoucauld)令我们享受的欢愉,可与它们各自带给希伯来人、罗马人或路易十四治下臣民的欢愉相媲美。从这个意义上讲,衍生的影响经久不衰。但这类源自理解力的最伟大著作,不久便只剩下它们的史料意义。下一代人的科学驳斥了上一代人的科学,或者使其相形见绌;某世纪的哲学被后来世纪的哲学所扬弃;因此,柏拉图、圣奥古斯丁和笛卡尔,甚至也包括康德和黑格尔,如今都像希波克拉底(Hippocrates)、居维叶(Cuvier)[2]或者比沙(Bichat)[3]那样鲜有人问津。

孟德斯鸠既是学问家,也是老成之人。身为学问家的他撰写了一部划时代的著作。而正有鉴于他的书曾是划时代的饱学之作,就此而言,他的书也跟古典作品一样成为明日黄花。毕竟该书所奋力开启的后续探讨,已经取其精华、去其糟粕;这些探讨不必诉诸论争,只消通过采光通风,便杀灭了因异想天开和知识不足而萌发的许多弱芽。若一位初学者在阅读孟德斯鸠时,期待着从中发现他对于社会存在物法则的理解,这就好比 18 岁时阅读柏拉图而竟指望从中找到生活之谜——这些谜题开始给年轻的心带来困扰和惆怅——的解答一样天真。他从莱基(Lecky)[4]那里可以学到的东西要多得多。孟德斯鸠在无限风光之后归于寂灭(套用他本人在另一

---

* 此系霍姆斯为孟德斯鸠《论法的精神》1900 年重印本撰写的《导言》,译自 Oliver Wendell Holmes, *Collected Legal Papers*, Harcourt, Brace and Howe, 1920, pp. 250–265。本译文是国家社科基金一般项目"马克思法律思想的法国渊源研究"(17BFX161)的阶段性成果。感谢吴良、张尚为译文提出的宝贵修改意见。

** 姚远,南京师范大学法学院副教授,中国法治现代化研究院研究员,西南政法大学法哲学编译研究中心特邀研究员。

[1] 拉罗什富科(François de La Rochefoucauld, 1613–1680),法国文学家,其代表作《道德箴言录》已出多种中译本。——译者注

[2] 居维叶(Georges Cuvier, 1769–1832),法国科学家,解剖学和古生物学的创始人。——译者注

[3] 比沙(Marie François Xavier Bichat, 1771–1802),法国医学家,组织学之父。——译者注

[4] 莱基(William Edward Hartpole Lecky, 1838–1903),爱尔兰散文家、历史学家。——译者注

场合说过的话）。

但孟德斯鸠同样是老成之人和机敏（esprit）之人。那种把握日常生活并且三言两语就提出犀利的解决思路的机敏，是一种危险的禀赋。在那种机敏和伟大艺术之间很难两全，福楼拜（Flaubert）执笔谴责那种机敏的时候也不是无缘无故的。那种机敏同样殃及伟大的思想，亦即入木三分的持久洞察力，这种洞察力不信任两难推理，将之仅仅视为一种逻辑工具，并且领悟到事情未必非此即彼，兴许别有洞天，或者说得更平实些，即真理未必局限于给定的思维平面，而可能跃升到更高层面。孟德斯鸠曾说伏尔泰太过机敏而无从理解他。但是，当年梅因（Maine）、斯蒂芬（Stephen）〔5〕或维纳布尔斯（Venables）〔6〕为《星期六评论》（*Saturday Review*）〔7〕撰写的稿子里，可没少说道孟德斯鸠的机敏，而且机敏之人孟德斯鸠的作品如今读来依旧清新怡人。如果有谁浏览了《波斯人信札》（*Lettres Persanes*），他会为自己平素竟然心安理得说出的那么多东西——这些东西在两百年前已蔚然成风——而感到不可思议和无地自容，这感觉跟读完斯威夫特（Swift）的《优雅的谈吐》（*Polite Conversation*）之后如出一辙。〔8〕他置身于老生常谈却也历久弥新的领域，即那些自远古社会流传下来的中观经验公理，它们在现实生活中一再得到印证，从而给每代人带来新鲜的愉悦。书中所言远不止于此，因为孟德斯鸠绝不仅是阅历丰富，他的书还使我们得以摆脱醍醐灌顶的枯燥套路。

我们在阅览《论法的精神》时也有同感，你们不妨就开开心心地把这本书当成文学作品来读。你们也可以将它视为打算日后加以推进的系列研究的第一步。但若想按照应有的方式来阅读此书，若想领略作者的体大思精及其在顶尖思想家权威序列中的位置，你们就必须等到见多识广、身心成熟的时候再回头阅读此书。品读过去的伟大著作而能一窥堂奥，这是学问生涯的最终成就之一。但在继续评论这本书之前，我们先来说说作者的生平。

夏尔·德·色贡达（Charles de Secondat），拉布雷德男爵，1689年1月18日生于波尔多附近的拉布雷德堡（Château de la Brède）。他的家族无论在军政方面还是在法律上都已变得显赫。他的父亲是一位地方官，并期望他也成为地方官。他的母亲有着虔诚的宗教信仰，显然期望他也如此。二老的心愿都没能完全实现。

---

〔5〕斯蒂芬（Sir James Fitzjames Stephen，1829－1894），英国法学家、作家。其著作《自由·平等·博爱：一位法学家对约翰·密尔的批判》已由冯克利、杨日鹏译出，参见广西师范大学出版社2007年版。——译者注

〔6〕维纳布尔斯（George Stovin Venables，1810－1888），英国新闻评论家、律师。——译者注

〔7〕《星期六评论》全称《关于政治、文学、科学和艺术的星期六评论》，是1855年由霍普（A. J. B. Beresford Hope）在伦敦创办的一家周报。除了霍姆斯提到的之外，其著名撰稿人还有公法学家沃尔特·白芝浩，以及文学家萧伯纳、赫伯特·乔治·威尔斯、奥斯卡·王尔德等。——译者注

〔8〕该书的完整标题是"*A Complete Collection of genteel and ingenious Conversation，according to the most polite mode and method now used at Court，and in the best Companies of England*"，通常简称为《典雅精致的谈吐大全》（*A Complete Collection of Genteel and Ingenious Conversation*），或者像文中那样进一步简称为《优雅的谈吐》。斯威夫特在该书中以传授优雅谈吐技巧的形式，讽刺英国上流社会交往中彰显的迂腐气。斯威夫特的公认代表作是《格列佛游记》。——译者注

在孟德斯鸠出生的时候,一个乞丐造访拉布雷德堡,遂被雇为这位少爷的教父,于是终其一生提醒他善待穷人。他由一些农民照料,生活中一直接触加斯科(Gascon)方言,并且据法国人说,他的文风也始终带有点夸夸其谈的(Gascon)味道。少年孟德斯鸠求学于一些教士,但在20岁那年他撰写了一篇文章,证明异教徒不该遭受永恒的诅咒,由此表明他的心志。这篇文章没有保存下来,但我们或可在《波斯人信札》第35封信中找到他当年思路的痕迹:书中不无争议地被视为孟德斯鸠化身的郁斯贝克(Usbek),向"高尚的苦行僧"仁希德(Gemchid)问道,他是否认为真主会因基督徒不信奉他们从未听闻过的所谓唯一真实的宗教(即伊斯兰教)而受惩罚。

孟德斯鸠曾修习法律。他说:"当我离开学院的时候,他们把法律典籍放到我的手中。我尝试着探求其中的精义(J' en cherchais l' esprit)。"《论法的精神》是他法律研究的成果,但这成果不是即刻取得的。即刻达到的效果倒是他在1714年2月24日(他25岁那年)获准以顾问身份入职波尔多高等法院(Parlement de Bordeaux)。1716年7月13日,他继承伯父的职务(庭长)和财产,条件是承袭孟德斯鸠之名。与此同时,他喜结连理,当年即得一子,后来又添两个女儿。身为法官的孟德斯鸠似乎颇有威望。在1722年,他被委任针对酒类征税问题拟就一份启奏国王的抗议书,并获得一时的成功。身为丈夫的他也是端庄得体。然而,无论官职还是婚姻,似乎都没有填满他的生活。

他当年——我猜差不多就是从1715年开始的——有过适度的恋爱经历。无论他有没有说过同女人交往使我们变得"狡黠和虚伪",反正他的确说过同女人交往会败坏我们的道德并塑造我们的品味。我还疑心正是同女人的交往使他的笔调平添一抹辛辣,他在讨论男女之事时显然挥洒自如而且饶有兴致。他在情欲方面拿得起放得下。他声称,一旦他不再相信一个女人还在爱着他,他就会立刻一刀两断;他还在其他地方更笼统地告诉我们,没有什么悲伤惆怅是一小时的阅读所不能排遣的。有的时候他似乎过于专注了,因为曾有一位女士责备他在约会的时候还在写自己的书。这或许是懦弱的表现,他说过,懦弱祸害了他的一生。关于他在家庭内外与女性的交往,到此告一段落。就官职而言,他在1726年辞去庭长之职。他发现自己很难精通法律程序,而且如果眼睁睁看着那些他有理由小瞧之人在他十分看重的事情上混得风生水起,他会感觉分外厌恶。

差不多就在他继承伯父职务和财产的时候,孟德斯鸠加入了波尔多的一家学会,并在一段时间内献身于科学事业。他做了一些实验,写了一些科学议事录,筹划着钻研地球自然史,还在1719年发放了一些调查传单,但所幸这些工作都一无所获。此番挫折,加上他孱弱的对外交往能力和丰富的内在洞察力,共同促成他一门心思致力于其天职。他有"攒书的毛病",于是早在1721年他就发表了《波斯人信札》。借一位睿智的外国人之口鞭挞时事,以及大肆渲染东方风情,这类手法如今似乎是业已消逝的薄物细故。但这类手法仅仅是为书中讨论社会问题和关乎社会利益之事——上至天主,下至时尚——的一系列文章提供了框架或由头,这些文章跟差不多同时代的《观察家》所刊载的异曲同工。[9]

书中几乎每一封信里都有些段子广为称引,复述似有多此一举之嫌。比如,他就自杀问题发表的一些高见颇有说服力,而且有其现实关怀(如果我们考虑到当时法律的暴虐状况)。再如,他在离婚问题上同样直言不讳,不无道理地指出:(禁止离婚的)法律本欲收紧婚姻的纽带,实际却使其变得松弛,本欲令夫妻心心相依,实际却使两颗心势同冰炭。在亚当·斯密之前,他就品评了各异议教派的活动,并以非正统的坦诚态度指出,这些教派有助于改善既成信仰的滥用状况。

他借郁斯贝克之口说道:"一切事物都使我兴致盎然,一切事物都吊起我的好奇心。我就像个孩子,连最微不足道的东西都会强烈刺激着我那稚嫩的感官。"孟德斯鸠的《波斯人信札》本身就是明证。除了前述那些严肃的讨论,他还描绘了一些至今仍不失其意义的人物肖像或原型:那位身为暴发户(parvenu)的包税商,那位倾听他人告解的神父,那位"因为我们"(颇为合理地)"相信一个人若在而立之年尚不具备将军的素质,以后也决不会具备此类素质"而无望获得提拔的老兵,那位头发浓密、笨手笨脚、傲慢无礼的时运亨通之人(homme à bonnes fortunes),还有露出一脸怪相、谈吐异于他人、宁愿挨揍也容不得别人一丝批评的诗人(孟德斯鸠轻视诗人,至少轻视他所见到的那帮诗人),那位装模作样的大爵爷,"他吸鼻烟时神情那样傲慢,擤鼻子时那样冷峻,吐痰时那样旁若无人,抚摩他的爱犬时简直像故意侮辱他人,使我不由得侧目",以及那位裁定者(décisionnaire),"他在一刻钟之内裁定了三个道德问题、四个历史难题和五个物理学疑点……大家抛开科学话题,转而讨论时事,[他也就跟着评判时事]……我想我可以刁难刁难他,就聊起波斯。但我刚开口说了四个词就遭到他两回反驳……我暗自感慨起来:啊!我的天呀!此公是何等样的人啊?用不了多久他就会比我更熟悉伊斯法罕(Ispahan)的街区。"

那封关于时尚的信札值得全文援引。当他在下一封信里提到,法国人总觉得凡是域外的东西皆属荒谬,他显然不过是在告知普遍规律的一则实例,但他令我们意识到小派德灵顿镇(Little Pedlington)无处不在,而且如今没有比锦衣玉食的巴黎文人更明显的小帕德灵顿镇居民式的人物(Little Pedlingtonian)。诚然,此处孟德斯鸠的行文流于琐碎。他说,如果你们恭维法国人在穿着上更讲究,那么他们会欣然承认其他民族更聪慧。他关于西班牙人的段子也很妙。他说,那些未受火刑的西班牙人似乎极其青睐宗教裁判所,谁若是加以剥夺简直算是居心不良。但在那封信的末尾,他安排了西班牙人的报复。[10] 他设想一位置身巴黎的西班牙人如是说:法国人在巴黎有间房子关着一些疯子,以此说服世人相信其余的人都没发疯。诸如此类的事情谈过之后,我们往下再翻两页便会读到:最完美的统治是以最小代价达成种种

---

〔9〕《观察家》(*The Spectator*)应该是指1711年约瑟夫·艾迪生(Joseph Addison)和理查德·斯蒂尔(Richard Steele)在英国创办的日报,每篇都是短文,旨在"以机智活跃道德,以道德锤炼机智"。——译者注

〔10〕这封信里首先抄录了一位游历西班牙的法国人的来信,对西班牙人极尽讽刺,而最后则设想一位游历法国的西班牙人会怎样挖苦法国人,是为"报复"。——译者注

目标的统治,故而,以最契合国民性情的方式引领国民乃是上上之选。此后的 200 年为这项原理增补了什么内容呢?关于统治优劣与否的最贴切准绳,若不是契合共同体中实际的力量平衡,亦即与统治势力的意愿保持一致,还能是什么呢?这样的一致性当然可能走向穷途末路,因而让统治势力明辨是非就成为值得追求的事情。但无论统治势力是否明智,善政的最贴切准绳乃是让统治势力放手行事。

孟德斯鸠还谈到殖民地,谈到人口,谈到君主制,并惊人地预言新教国家将更加富裕强盛而天主教国家将走向衰落。总之,他零零碎碎地批判了社会秩序中的几乎一切事物。他虽以怀疑的目光彻底审视一切,但始终秉持温和理性的态度。书中可以找到他日后著述的种种端倪,还点缀着诸多适宜人性消受的平实箴言,其中一些广为传颂,例如"有时确有必要变革某些法律,但这种情况比较罕见;倘若这种情况真的出现,人们也应小心翼翼、慎之又慎",再如"自然总是缓慢地、可以说是有节制地发生作用;自然的运行从不激烈"。后面这句话被索雷尔(Sorel)称为《论法的精神》的全部哲理之所在,甚至意味着一套更为气象万千的哲学,但这套哲学在当时无疑还或多或少令人捉摸不定,不久之后便在林奈(Linnaeus)的"自然从不跳跃"(*Natura non facit saltus*)之中得到表达,我们如今将这套哲学的更发达形态称为进化论。

《波斯人信札》系刚过而立之年的孟德斯鸠匿名发表,名义上在阿姆斯特丹印行,第一年就出了 4 版。作者的真名不胫而走,远近皆知。他前往巴黎,时常出入名士名媛的社交圈子。对当下的美国人来说,那些名流的名字不过沧海一粟、早已湮灭,但他们都是当年出类拔萃的人物。孟德斯鸠置身其间,为取悦于女士们或某位女士,而在 1725 年撰写了《尼多斯的神殿》(*La Temple de Gnide*)[11] 和《塞菲兹与情爱》(*Céphise et l' Amour*)。我们不必在这两本书上费心。他说只有耗神打理卷发和涂脂抹粉的人方能领会其中的奥秘。1728 年年初,孟德斯鸠当选法兰西学院院士。跟别的法国人一样,他曾取笑法兰西学院,但渴望有朝一日跻身其列。他之前也曾得到推选,但遭到国王的否决。这一回他时来运转。伏尔泰(Voltaire)和达朗贝尔(D' Alembert)叙述了此事的曲折原委。入选法兰西学院院士的场合,容易成为一方或另一方亮明恶意的契机;当时的欢迎辞恭维他说,公众肯定会将各种妙趣横生的匿名作品归功于他,这言下之意就在调侃他缺乏公认的著作来证明自己有资格当选。除此之外还有些其他事由,终究导致他不怎么出入于法兰西学院,并且很快开启欧洲之旅。他前往维也纳,在那里觐见了欧根亲王(Prince Eugene)。他申请担任外交官,结果(对世界来说值得庆幸的是)再次失利。他造访匈牙利,又奔赴威尼斯,

〔11〕 See Carole Dornier, "Le Temple de Gnide", in *A Montesquieu Dictionary*, http://dictionnaire-montesquieu.ens-lyon.fr/en/article/1376475968/en/.

在那里见到大名鼎鼎的约翰·劳(John Law),[12]并结交了切斯特菲尔德勋爵(Lord Chesterfield);随后他又取道莱茵河,游历了瑞士和荷兰。他从荷兰出发,跟随切斯特菲尔德勋爵到达英格兰,在那里驻留近两年时光,并于1731年8月回归拉布雷德:他的家庭和他的笔墨事业。

1734年,孟德斯鸠发表《罗马盛衰原因论》(*Considérations sur les causes de la grandeur des Romains et de leur décadence*)。他距离自己的集大成之作越来越近了;他从零散的梗概(aperçus)转向系统的阐述。常言道,人生巅峰介乎30岁和40岁之间,这委实颇有道理。或许该说法的意义超出它的实际所指,因为人们通常到而立之年锁定毕生的追求,并很可能在后续10年果真发现他们打算寻找的那些主要观念;余生不过是在细节上做文章。孟德斯鸠和康德要么是这条定则的例外,要么就例证了前面暗示的限定条件。当你回顾他们的早年生活,你会见到《纯粹理性批判》和《论法的精神》正在酝酿之中,但这成果要到他们临近花甲之年才大功告成。1734年,孟德斯鸠的人生已走过45个春秋了。

自孟德斯鸠时代以来,尼布尔(Niebuhr)及其后继者已经重述了罗马史。[13] 但孟德斯鸠在下面这段话里,向我们传达了理解其思维方式和全部精辟历史思考的法门:"在每个君主国中,都有些道德方面或自然方面的一般原因在发生作用,它们或者使国家崛起并得以维持,或者促成国家的垮台;没有无缘无故的偶然事件;如果一次偶然的战争(亦即一种特殊原因)导致某国灭亡,那么此前肯定存在着某种一般原因造成该国很容易因单单一次战争而倾覆。总之,主要潮流裹挟着形形色色的特殊偶然事件。"

作为女士心中男神的孟德斯鸠,作为科学研究者的孟德斯鸠,热爱实地旅行和天马行空的孟德斯鸠,具备渊博的古典学养并追慕那早已湮灭(因而同法国现实无甚关联)的古风古韵的孟德斯鸠:诚如法盖(Faguet)——我写到这里时,正读到他对孟德斯鸠的多角度精湛评论——恰当指出的那样,所有这些孟德斯鸠形象都凝聚于《论法的精神》。法盖说,这本书实际的标题是《论法的精神》,但本应干脆把它唤作《孟德斯鸠》的。之所以题为《论法的精神》,大概一定程度上是因为书的主题并未局限于某个专门领域。亚当·斯密的《国富论》同样有许多别出心裁且入木三分的论述,唉,可这些论述恐怕很难被允许出现在一部现代政治经济学著作里,即便作者明明足够机敏。无论如何,在发表他的罗马史研究之后,孟德斯鸠的余生事迹便可被概括为写成《论法的精神》一书。他在该书的序言里,称这是自己20年的心血。

---

[12] 约翰·劳(1671～1729)是苏格兰经济学家,曾在法国摄政王时期受命整顿路易十四死后留下的破败国民经济,通过创办法兰西通用银行和密西西比公司,以金融手段(比如大量发行法币)刺激经济复苏,后因经济泡沫破裂而失败,是为经济史上的重要教训。——译者注

[13] 尼布尔(Barthold Georg Niebuhr,1776－1831)是著名的丹麦裔德国历史学家和政治家,古代罗马史权威,现代历史编纂学的奠基人之一,曾发现长期失落的《盖尤斯法学阶梯》稿本(后由法学家萨维尼编订)以及西塞罗和李维的残篇。——译者注

该书出版于1748 年。在写作过程的后期,他须发皆白,双目几近失明。他说:“我觉得,留给我的光明似乎只有我撒手人寰那日的曙光。”后来他发表了《为〈论法的精神〉辩护》(1750 年)。料理自家庄园的酒类销售,因发现《论法的精神》出版之后家里的酿酒生意似乎在英格兰越做越大而欢欣愉悦。1755 年 2 月 10 日,孟德斯鸠在巴黎与世长辞,就算不像亚瑟王(Arthur)当年那样有一群王后嫔妃撒泪送别,至少也有艾吉永公爵夫人(Duchess d' Aiguillon)以及满屋子心仪和倾慕他的友人目送他离开。按照莫佩尔蒂(Maupertuis)的描述,孟德斯鸠身体匀称,穿戴随意,举止谦和,言谈率真,生活方式简约,在社交中博得众人欢心。勋章上的他,面容俊朗。

细细解析放在读者面前的这本《论法的精神》是不合宜的,恐怕要写一本更大部头的书才能涵盖该书的全部思想。探讨封建法的那几章跟全书其余部分不太吻合,因而曾有人认为孟德斯鸠不该把它们加进书里。现代研究者自然会参阅罗特(Roth)或可能取代罗特的后辈学者的著作。就该书的主体内容而言,有人可能会说它表达了一种关于现象界之连续性的理论,而现象界的事实对时人来说还在很大程度上是不可思议的(这倒不是孟德斯鸠的错)。孟德斯鸠还不能把历史视为进化过程,他在看待一切事件时就好像它们是同时发生的那样。他心目中的罗马,是未加批判就接受下来的寓言所呈现的罗马形象。他的人类学具有八卦奇谈的性质。他的民主概念意味着拉丁时代的市镇会议,而非美法两国的新发展。他让世人意识到气候和自然环境的影响——在我们这个时代,这一点给如今已被遗忘的巴克尔(Buckle)提供了颇有启发性的章节[14]——但因数据资料不足而仅仅停留于先驱的角色。

孟德斯鸠笔下的英格兰,即那个立法、行政、司法三权分立的英格兰,是他自己的杜撰,而这杜撰后来在布莱克斯通(Blackstone)和德洛尔姆(Delolme)那里以讹传讹。请听听白芝浩(Bagehot)在著作中的相关论述:“可以认为,英格兰宪制的生机秘诀在于行政权和立法权的紧密联结,亦即近乎完全的融合。”他还指出:“当年,美国宪制的建构立足于一套极为缜密的论证,而这套论证大致以为国王是英格兰宪制的唯一执行人,因此认为断然有必要以某个非世袭的角色(总统)取代国王。美国联邦宪制的敏锐创建者们由于身处大西洋彼岸,又被种种广为信受的学说所误导,即便全神贯注也没有察觉到,首相才是大英宪制的行政首脑而且主权者(国王)在该体制内居于次要地位。”

值得一提的是,孟德斯鸠尽管深刻认识到天行有常,却对立法权有着似乎过分的执念,并且同样坚信抽象正义的现实性。不过,我们没必要试图批判书中的细节。事实上,比批判更重要的是理解该书同先前成果的关联。这里甚至容不得我展述该书所播撒的不胜枚举的种子。我再重申一遍,孟德斯鸠是一位先驱,在许许多多的

〔14〕 这里应该是指英国史学家巴克尔(Henry Thomas Buckle,1821 - 1862)及其未竟之作《英格兰文明史》(*History of Civilization in England*)。——译者注

方面都是如此。他是政治经济学的先驱。在刑法方面，他是贝卡里亚（Beccaria）的先驱。他是柏克（Burke）的先驱，尽管柏克似乎比当时领先100年。法国人告诉我们，他是卢梭（Rousseau）的先驱。他还是《联邦论》（*The Federalist*）作者们的权威依据之一。他影响并在很大程度上开启了社会研究方面的科学理论，而且他对从俄罗斯到美利坚的各国立法实践都有相当的影响。《论法的精神》在当时一炮走红，从那以后很可能像18世纪的其他成果——须知18世纪焚毁了大片森林、耕种了大片田地——那样大大重塑了世界。

而且该书出自一位书斋中的孤独学者的手笔。就像笛卡尔和康德那样，他凭借自己的研究号令未来，其力度超过凭借君权的拿破仑。与此同时，他没有故作威仪，反倒让我们在一两处领略到他那种动人心弦的平易质朴的姿态：当这部饱经沧桑的著作尘埃落定，而作者在辞世前得偿夙愿之时，他惊呼"意大利！意大利！"（*Italiam! Italiam!*）；在该书第20章开篇，他有一段点到为止的祈祷；他豪情满怀地写下题词"无母而生的孩子"（*Prolem sine matre creatam*）；这方面居于首要地位的非该书序言莫属，它给其他孤寂的灵魂带去永恒的砥砺和宽慰。那篇序言是一位伟人在完成一项伟业之际的深深感慨。作者序言的结束语也应作为这篇导言的尾声。"这部著作如能获得成功，我主要将之归功于主题的恢宏。但我并不认为自己全无天资。当我看到法兰西、英格兰和德意志的诸多伟大人物在我之前写下的那些著作时，景仰之情激荡我胸怀，可我毫不气馁。我与科雷乔（Correggio）一样，也要说：'我也是画家。'"〔15〕

〔15〕 科雷乔（Antonio Allegri da Correggio，1494－1534）是意大利文艺复兴时期著名画家，曾在一睹拉斐尔名画之后产生与之一较高下的抱负，这句话即出自此情此景。——译者注

禁止性犯罪者接触社交网络的州立法违宪

——帕金汉姆诉北卡罗来纳州案

王　希*　姚钦洲**　译

内容摘要：日新月异的网络世界是最重要的观点交换场所之一，因此网络进入权需谨慎保护。关于第一修正案和社交网络的关系，美国联邦最高法院认为，对于有效的政府利益的主张，在任何情况下不得脱离宪法之保护。然而，北卡罗来纳州并没有有效证明这条尺度大张的法律对于实现让被定罪的性犯罪者远离脆弱的受害者的目的是必要的或是合理的。协同意见则指出，法院判决不应该把“街道和公园中的言论自由”等同于“社交网络中的言论自由”，相反，鉴于社交网络的复杂性，法院应当谨慎地将言论自由的先例适用到网络。

关键词：美国宪法第一修正案　性犯罪者　社交网络　违宪审查

美国联邦最高法院
就帕金汉姆诉北卡罗来纳州一案
发至北卡罗来纳州最高法院调卷复审令

No. 15 – 1194

2017 年 2 月 27 日法庭辩论 2017 年 6 月 19 日法庭判决

判 决 摘 要

一位记录在案的性犯罪者在“明知某商业社交网络允许未成年人成为其会员或允许其创建、维护个人网页的情况下，仍然使用该商业社交网络”，会被北卡罗来纳州立法视为触犯刑事重罪。[1] 据本院援引的原始资料，北卡罗来纳州已经以违反此条法律为由起诉 1000 多人，包括本案原告，因为其在自己的“脸书”个人资料中，发布了一条有关交通法庭积极体验的消息。北卡罗来纳州初审法院否决了原告以该立法违反第一修正案为由要求驳回起诉的动议。帕金汉姆被定罪并被宣告缓刑。在上诉审中，北卡罗来纳州上诉法院利用“第一修正案”否决第 14 编第 202.5 条，但

---

* 王希，南京林业大学外国语学院讲师，南京林业大学法律翻译研究中心研究人员。

** 姚钦洲，北京大学法学院硕士研究生。

2017 年江苏省教育厅高校哲学社会科学研究项目“立法文本翻译研究——以江苏省人大地方性法规为例”（项目编号：2017SJB0137）。本案的翻译受到江苏博事达律师事务所政府法律顾问业务部的支持，深表感谢。此外判例的标题、内容摘要、关键词系译者根据实际需要所加。

〔1〕 N. C. Gen. Stat. Ann. § § 14 – 202.5(a), (e)(2015).

是被州最高法院撤销。

判决:北卡罗来纳州立法在未被许可的情况下限制合法言论自由,违反了第一修正案。[2]

(1)第一修正案一个最根本的原则是所有人有权进入特定场所,从而能够倾听与表达,并在思考后进一步倾听与表达。今天,一个最重要的交换观点的地方是网络空间,尤其是社交媒体。它为用户投身于第一修正案所保护的任何数量的不同话题的一系列活动提供了"适用于各种交流的、相对无限的、低成本的空间"。[3] 网络的力量和趋势如此新潮,如此千变万化、如此影响广泛,以至于法院必须意识到,今天他们所说可能于明日被废弃。这里,作为最先出现的案件之一,法院在处理第一修正案和现代网络关系问题时,在得出"第一修正案不保护广阔网络的进入权"的结论前,必须非常谨慎。[4]

(2)这种背景为对争议规定进行分析提供了信息。即使假设该立法的内容中立,因而适用中度审查标准,该立法(对言论自由的限制)并非"严格符合某种特别重大的政府利益"。[5] 正如其他预示着人类进步的发明,网络和社交媒体将被犯罪心理所利用。性虐儿童是一种最严重的犯罪,并且这种行为与正直人的道德本能相矛盾,[6]这一点是很清楚的。立法机关也可以通过生效的法律来保护儿童和其他性侵受害者。[7] 但是对于有效的政府利益的主张,在任何情况下不得脱离宪法之保护。[8]

在解决本案的过程中存在两个假设。第一,虽然本院不需要裁决立法准确的适用范围,但是也足以假定该立法适用于常见的社交网络,例如脸书、领英和推特。第二,本院假设第一修正案允许州颁布具体的、严格界定的立法阻止性犯罪者实施预示着性犯罪的行为,例如联络未成年人或利用网站收集未成年人的信息。

即使存在这些假设,该立法颁布了一项该给第一修正案言论范围施加前所未有的负担的禁令。社交媒体允许用户取得信息和在任何人脑所能及的主题上相互交流。北卡罗来纳州禁止了对许多人来讲获知时事、检索就业广告、在现代公共广场上发言和倾听以及探索广阔人类思想和知识领域其他方面的主要来源。这是大范围的一击。排除进入全部社交媒体的权利,妨碍了用户合法行使第一修正案的权利。即使罪犯——并且在一些情况下尤其是罪犯,也可能通过进入思想世界获得正当利益。这些情况特别体现在当他们寻求改过自新和追求合法且有益的生活时。

(3)北卡罗来纳州并没有有效证明该条尺度大张的法律对于实现让被定罪的性

---

〔2〕 pp. 4 - 10.

〔3〕 *Reno v. American Civil Liberties Union*, 521 U. S. 844, 870.

〔4〕 pp. 4 - 6.

〔5〕 *McCullen v. Coakley*, 573 U. S. ___, ___.

〔6〕 *Ashcroft v. Free Speech Coalition*, 535 U. S. 234, 244.

〔7〕 Ibid., at 245.

〔8〕 *Stanley v. Georgia*, 394 U. S. 557, 563.

犯罪者远离脆弱的受害者的目的是必要的或是合理的。没有案件或者本院的裁决批准一个尺度大张的州法。北卡罗来纳州的依据是伯森诉弗里曼案,[9]但是这个案子深思熟虑地给出更有限的限定——投票所 100 英尺以内不得举行活动——目的是保护投票的基本权利。此外,法院注意到,一个更大的缓冲区在第一修正案下“成为了不被允许的负担”。[10] 一个更好的类似案例是洛杉矶市机场委员会董事会诉耶稣犹太人公司案。[11] 如果一项禁止在一个洛杉矶机场中从事“第一修正案活动”的条例能够被驳回是因为它包含各式各样的受保护的、非破坏性的行为,其中包括“谈话和阅读,或者佩戴竞选徽章和穿戴象征性服饰”,[12]那么就可以更有说服力地推断出,北卡罗来纳州不可以颁布这种全面禁令,从而禁止第一修正案下现代社会和文化不可或缺的网络权利。[13]

撤销案号为 368 N. C. 380 和 777 S. E. 2d 738 的判决并发回重审。

肯尼迪大法官发表法院意见,金斯伯格大法官、布雷尔大法官、索托马约尔大法官、卡根大法官加入此意见。阿利托大法官提交协同意见,罗伯茨首席大法官、托马斯大法官加入此意见。戈萨齐大法官没有参与该案的审理和判决。

法 院 判 决

肯尼迪大法官发表法院意见。

在 2008 年,北卡罗来纳州颁布了一项立法,规定记录在案的性犯罪者进入一定数量的网页构成刑事重罪,包括脸书、推特在内的社交网站。争议问题是系争立法是否为第一修正案的言论自由条款所允许,因为言论自由条款通过第十四修正案的正当程序条款适用于州。

一

(一)

一位记录在案的性犯罪者在“明知某商业社交网络允许未成年人成为其会员或允许其创建、维护个人网页的情况下,仍然使用该商业社交网络”,会被北卡罗来纳州视为触犯刑事重罪。[14] “商业社交网络网站”是指符合四种标准的网站。第一,“该网站的运营人从会员费、广告费和其他与网站运营有关的其他来源获取利润”。[15] 第二,“该网站促进两个人或更多人以友谊、会见他人或者信息交换为目的

---

〔9〕 *Burson v. Freeman*,504 U. S. 191.

〔10〕 Ibid. , at 210.

〔11〕 *Board of Airport Comm' rs of Los Angeles v. Jews for Jesus,Inc.* ,482 U. S. 569.

〔12〕 Ibid. , at 571,575.

〔13〕 pp. 9 - 10.

〔14〕 N. C. Gen. Stat. Ann. § § 14 - 202.5(a),(e)(2015).

〔15〕 § 14 - 202.5(b).

的社交介绍”。[16] 第三,“该网站允许用户创建包含诸如用户的真名与昵称、被用户置于个人网页的照片、用户的其他个人信息以及可能被网站的其他用户或来访者接触的通向用户朋友和同伴的个人社交网页的链接”。[17] 第四,该网站“给用户和来访者提供和其他用户互动的机制,例如留言板、聊天室、电子邮件、即时通信”。[18]

该立法包含两个明示例外。此项法定禁令不得扩张到“提供下列具体服务(交换照片、电子邮件、即时通信或聊天室或留言板平台)中仅仅一项”的网站。[19] 该条法律的适用范围也不包括基本目的是促进会员和来访者之间商品和服务贸易的网站。[20]

据本院引用的原始材料,第 14 编第 202.5 条适用于大约 20000 北卡罗来纳州人,并且北卡罗来纳州已经以违反该立法为由起诉了 1000 余人。[21]

(二)

在 2002 年,一个 21 岁的大学生莱斯特·杰勒得·帕金汉姆(Lester Gerard Packingham)和一个 13 岁的女孩发生了性关系。他承认猥亵了一名儿童。因为这种犯罪构成了“对未成年人犯罪”,原告被要求登记为性犯罪者——这种地位可持续 30 年或更久。[22] 作为一名性犯罪者,根据第 14 章第 26 条 14-202.5,原告被禁止接触商业社交网络。

在 2010 年,一个州法院免除了原告的交通违法通知单。作为对此事的回应,帕金汉姆登录脸书并且在他的个人档案中发布以下内容:

“男神很愉快!我获得这么多好处,他们甚至在开庭之前就免除了罚单,怎么样?没有罚款、没有诉讼费用、没有任何费用……感谢上帝,哇!感谢耶稣!”

就在这时,杜兰区警察局的一名警官正在调查记录在案的被认为违反第 14 章第 26 条 14-202.5 的性犯罪者。这名警官注意到“J. R. Gerrard”发布了上文所引的那段状态。[23] 这名警官查阅了法庭记录,发现大约在原告发帖的时间,有一份交通传票。通过搜查证得到的证据证实了警官的怀疑,即原告就是 J. R. Gerrard。

大陪审团控告原告违反了第 14 章第 26 条 14-202.5。初审法院驳回了他以该控告违背第一修正案为由要求解除控告的动议。原告最终被定罪并被宣告缓刑。在审理和宣判过程中,北卡罗来纳州全程都未宣称原告在网络中与一名未成年人有联系——或者实施任何其他非法行为。

原告上诉至北卡罗来纳州上诉法院。该法院以第一修正案为基础否决了第 14

[16] Ibid.

[17] Ibid.

[18] Ibid.

[19] §14-202.5(c)(1).

[20] §14-202.5(c)(2).

[21] Brief for Petitioner 6-8.

[22] See §14-208.6A; see §14-208.7(a).

[23] 368 N. C. 380,381,777 S. E. 2d 738,742(2015).

章第26条14－202.5,其认为该立法在保护未成年人免受性虐待方面并非严格符合北卡罗来纳州的正当利益。[24] 并且,该立法通过禁止与它意图无关的广泛的交流和表达活动给所有记录在案的性犯罪者任意加重负担。[25] 北卡罗来纳州最高法院撤销了(北卡罗来纳州上诉法院的判决),认为该立法"无论如何都是合宪的"。[26] 除了其他事项外,该法院认为该立法谨慎地将适用范围限定在……禁止记录在案的性犯罪者进入给予他们收集未成年人信息机会的网站。[27] 该法院还认为,该立法保留了足够的可选通信手段,因为该立法允许原告进入该法院相信拥有与社交媒体同样或类似功能的网站,例如宝拉迪恩网络和当地国家广播公司电视台。[28] 两位法官持反对意见。他们认为该立法在不被允许的情况下创设了幅度惊人的刑事禁令,且远远超出北卡罗来纳州试图对抗的恶行。[29]

本法院发布调卷令,[30] 且现在撤销原判决。

二

第一修正案一个最根本的原则是所有人有权进入特定场所,从而能够倾听与表达,并在思考后进一步倾听与表达。本院寻求保护这种情境下的发言权。例如,一项基本规则是街道和公园是行使第一修正案权利的典型的公共讨论场所。[31] 即使在现代,这些场所依然是通过集会声明观点、抗议他人或了解获取信息的重要地点。

虽然过去识别最重要的交换想法的场所(在空间意义上)可能有困难,但是现在答案是明确的。通常,网络空间,尤其是社交媒体是"庞大的互联网民主论坛"。[32] 7/10的美国人使用至少一种互联网社交网络服务。[33] 这些最流行的网站其中之一就是脸书,也是本案中原告被定罪所使用的网站。本案中根据提交到本院的材料,脸书已经拥有17.9亿活跃用户。[34] 这是北美人口数的3倍。

社交媒体"为各种形式的交流提供相对无限的、低成本的空间"。[35] 例如,在脸书上,用户可以和他们的朋友和邻居讨论宗教和政治,或者分享度假照片。在领英上,用户可以找工作、发布招聘广告或者评论创业的小窍门。在推特上,用户可以向他们选出的民意代表请愿以及直接与他们接触。事实上,全部50个州的州长以及

---

〔24〕 229 N. C. App. 293,304,748 S. E. 2d 146,154(2013).

〔25〕 Ibid.

〔26〕 368 N. C. ,at 381,777 S. E. 2d,at 741.

〔27〕 Ibid. ,at 389,777 S. E. 2d,at 747.

〔28〕 Ibid. ,at 390,777 S. E. 2d,at747.

〔29〕 Ibid. ,at 401,777 S. E. 2d,at 754.(哈德逊法官的意见)(修改、引证和内部引证记号省略)。

〔30〕 580 U. S. ___(2016).

〔31〕 See *Ward v. Rock AgainstRacism*,491 U. S. 781,796(1989).

〔32〕 *Reno v. American Civil Liberties Union*,521 U. S. 870(1997).

〔33〕 Brief for Electronic FrontierFoundation et al. as *Amici Curiae* 5－6.

〔34〕 Ibid. ,at 6.

〔35〕 *Reno*,*supra*,at 870.

几乎所有的国会成员都为此创建了账户。[36] 简言之,社交媒体用户使用这些网站从事的广泛的受第一修正案保护的活动。这些活动的主题"如人类思维般各不相同"[37] 思想革命的本质可能是,在它的早期阶段,甚至它的参与者可能都未意识到革命本身。当他们意识到时,也可能不能够了解或者预见革命会带来什么样的变化。[38] 这里也是同样的道理。虽然我们现在可能逐渐认识到网络时代是有历史性意义的革命,但是我们并不能领会它的全部维度以及它改变我们如何想、如何表达自我、如何定义我们想成为的模样所拥有的无边的潜力。网络的力量和趋势如此新潮,如此千变万化,如此深远,以至于法院必须意识到他们今天所说可能于明日被废弃。

本案是本院处理第一修正案和现代互联网关系问题的最先出现的案件之一。所以,法院在得出"第一修正案不保护广阔网络的进入权"的结论前,必须非常谨慎。

三

这种背景为对北卡罗来纳州立法进行分析提供了信息。即使假设该立法内容中立且适用于中度审查,该立法也站不住脚。一条法律必须"严格符合某种特别重大的政府利益"才能通过中度审查。[39] 换言之,法律不允许"针对言论在实质上施加超出促进政府正当利益必要的负担"。[40]

几个世纪以来,预示着人类文明进步的发明会被犯罪心理利用。新技术总是过快成为严重犯罪的工具。铁路就是一个例子,[41] 电话是另一个。[42] 网络和社交媒体也将成为犯罪的工具。

本院已经承认"性虐儿童是最严重的犯罪且是与正直人的道德本能相矛盾的",这一点也是没有疑虑的。[43] 并且立法机关"可以通过有效的法律来保护儿童"和其他性侵受害者"免受虐待"。[44] 当然,政府需要的并非是袖手旁观和纵容犯罪发生。但是对于有效的政府利益的主张,在任何情况下不得脱离宪法之保护。[45]

解决这个案件需要做出两个假设。第一,鉴于北卡罗来纳州立法宽泛的用词,它很可能不仅禁止了常见社交媒体网站的进入权,还禁止了各式各样的网站,例如

---

〔36〕 See Brief for Electronic Frontier Foundation 15 – 16.

〔37〕 *Reno*, *supra*, at 870.(内部引证记号省略)。

〔38〕 Cf. D. Hawke, Benjamin Rush: Revolutionary Gadfly 341(1971)(引用拉什的观察:"越南战争已经结束,但是美国革命并没有结束。相反,只是伟大剧目的第一幕刚结束。")

〔39〕 *McCullen v. Coakley*, 573 U. S. ___, ___(2014)(判决简报第 18 页)(内部引证记号省略)。

〔40〕 Ibid., at ___(判决简报第 19 页)(内部引证记号省略)。

〔41〕 See M. Crichton, The Great Train Robbery, p. xv(1975).

〔42〕 See 18 U. S. C. §1343.

〔43〕 *Ashcroft v. Free Speech Coalition*, 535 U. S. 234, 244(2002).

〔44〕 See *id.*, at 245; accord, *New York v. Ferber*, 458 U. S. 747, 757(1982).

〔45〕 *Stanley v. Georgia*, 394 U. S. 557, 563(1969).

Amazon. com, *Washingtonpost. com* 和 *Webmd. com*。[46] 法庭不必判断该立法的准确适用范围。我们已经足够去假设该立法适用于(正如该州承认)“通常理解的”社交网络网站——也就是说,类似脸书、领英和推特等网站。[47]

第二,本意见不应该被解释为阻止州制定比系争立法更为具体的立法。即便犯罪人的犯罪手段体现为言论(而言论需要审慎限制),具体犯罪行为也不是受保护的言论。[48] 虽然这个话题并非本案审查的内容,但可以假设,第一修正案允许州颁布具体的、严格界定的阻止性犯罪者实施预示着性犯罪的行为,例如联络未成年人或利用网站收集未成年人的信息。[49] 这种具体的法律一定是州防止性犯罪造成的严重伤害的优先方式。(重要的是,该立法给这些已经服完刑且不再处于刑事司法系统监管下的人设置严苛的限制。这个令人不安的事实也不是本案的争议点。)

即使有这些关于该立法适用范围和州利益的假设,该立法的禁令给第一修正案言论范围施加了前所未有的负担。社交媒体允许用户取得信息和在任何人脑所能及的主题上相互交流。[50] 北卡罗来纳州禁止了对许多人来讲获知时事、检索就业广告、在现代公共广场上发言和倾听以及探索人类思想和知识广阔领域其他方面的主要来源。这是大范围的一击。这些网站可以提供可能是最有力的机制使社会能听到普通人的声音。它们允许一个拥有网络连接的人“成为拥有一种声音的城镇公告员,而这种声音相对于任何街头演说可在更远处得到共鸣”。[51]

总之,排除全部社交媒体的使用权妨碍了用户合法行使第一修正案下的权利。哪怕是服完刑的人也只能使用有限的一组网站,这是令人不安的。即使罪犯——并且在一些情况下尤其是罪犯,也可能通过进入思想世界获得正当利益。这些情况尤其出现在当他们寻求改过自新和追求合法且有益的生活时。

四

北卡罗来纳州的主要回应是该法律一定要如此宽泛,才能有利于使性犯罪者远离脆弱受害者这一预防性目的实现。但是北卡罗来纳州并没有完成其举证责任证明该条尺度大张的法律对于服务其意图是必要的或合理的。[52]

本院没有案件或判决批准一个适用范围如此广泛的立法。北卡罗来纳州引证的最接近(本案)的类似案例是伯森诉弗里德曼案。[53] 那个案例中,本院认为,投票

---

〔46〕 See *post*, at 6 – 9; see also Brief for ElectronicFrontier Foundation 24 – 27; Brief for Cato Institute et al. as *Amici Curiae* 10 – 12, and n. 6.

〔47〕 See Brief for Respondent 54; Tr. of Oral Arg. 27.

〔48〕 See *Brandenburg v. Ohio*, 395 U. S. 444, 447 – 449 (1969) (*per curiam*).

〔49〕 Cf. Brief for Respondent 42 – 43.

〔50〕 *Supra*, at 5.

〔51〕 *Reno*, 521 U. S., at 870.

〔52〕 See *McCullen*, 573 U. S., at ___ (slip op., at 28).

〔53〕 *Burson v. Freeman*, 504 U. S. 191 (1992).

所100英尺以内禁止任何活动。那个案例几乎没有或根本没有给予州支持。但是伯森案的规则在符合宪政传统的背景下给出更有限的限定,目的是保护另一项基本权利——投票权。本案中北卡罗来纳州试图施加的负担远远大于伯森案中的限制。伯森案中的规则表明在选民进入投票所的最后几秒钟是“属于他们自己的,尽可能不被干扰”。[54] 此外,本院注意到,一个大于100英尺的缓冲区在第一修正案下“可能实际上成为不被允许的负担”。[55]

一个更好的类似案例是洛杉矶市机场委员会董事会诉耶稣犹太人公司案。[56] 一项禁止在一个洛杉矶机场中的“第一修正案活动”的条例能够被驳回是因为它包含各式各样的受保护的、非破坏性的行为,其中包括“谈话和阅读,或者佩戴竞选徽章和穿戴象征性服饰”。[57] 如果一条禁止在一座机场“所有受保护表达”的法律违宪,[58]那么就可以更有说服力地推断出,北卡罗来纳州不可以颁布这种全面禁令,从而禁止第一修正案下现代社会和文化不可或缺的网络权利。

众所周知,作为一项一般规则,政府“不可以通过抑制合法言论来镇压非法言论”。[59] 但北卡罗来纳州已经做了这样的事情。该州的(相关)立法必须被认定为无效。

撤销北卡罗来纳州最高法院的判决,并发回重审,后续审理不得抵触本判决的意见。

判决如上。

戈萨齐大法官未参与本案的审理与裁判。

阿利托法官、首席大法官和托马斯大法官加入协同意见。

本案争议中的北卡罗来纳州立法服务于一项“极具重要性”[60]的利益——但是这项立法做出了惊人的扩张。记录在案的性犯罪者仅仅访问大量的网页即被该立法认为触犯重罪,而其中包括许多似乎未给诱发性虐儿童的社交提供现实机会的网页。因为该立法离奇宽泛,我同意本院认为该立法违反了第一修正案言论自由条款。

但是,我不能加入本院意见,因为其判决意见混乱。本院似乎不能自已地把整个互联网同公共街道和公园等同。[61] 这种用词必然被某些人解读为,各州很大程度上无权限制甚至最危险的性爱狂魔访问网站,例如包括青少年交友网站和一些旨在

---

〔54〕 Ibid., at 210.

〔55〕 Ibid.

〔56〕 *Board of Airport Comm'rs of Los Angeles v. Jews for Jesus, Inc.*, 482 U. S. 569(1987).

〔57〕 Ibid., at 571, 575.

〔58〕 Ibid., at 574(emphasis deleted).

〔59〕 *Ashcroft v. Free Speech Coalition*, 535 U. S., at 255.

〔60〕 *New York v. Ferber*, 458 U. S. 747, 757(1982).

〔61〕 *Ante*, at 4－5.

允许未成年人同他们的平辈讨论个人问题的网站。我对法院多余修辞中的暗示感到不安。

一

（一）

一位记录在案的性犯罪者在"明知某商业社交网络允许未成年人成为其会员或允许其创建、维护个人网页的情况下，仍然使用该商业社交网络"，会被本案争议的北卡罗来纳州法律视为触犯刑事重罪。[62] 正如我将指出的，"商业社交网络网站"的法律定义非常宽泛。

帕金汉姆与北卡罗来纳州就适用本案的分析框架进行辩论。北卡罗来纳州认为，争议中的法律是内容中立的并且仅仅规定了性犯罪者可能想要参与言论的场所（例如网络）。[63] 因此，根据北卡罗来纳州的说法，适用于"时间、场所或方式"限制的标准应该适用（本案）。[64] 帕金汉姆回应道，系争立法"并不像本院认为的任何一条时间、场所或方式限制的法律"，[65]并且他建议采取更严格的审查标准。[66]

和本院类似，我认为无必要解决这个争议，因为系争立法无法满足言论发生场所的内容中立性限制所适用的标准。

（二）

一项内容中立的"时间、场所或方式"的限制必须服务于一种"正当的"政府利益，[67]且该北卡罗来纳州立法无疑符合要求。正如我们经常注意到的，"防止性虐儿童构成一项极为重要的政府目标"。[68] "性犯罪者是一种严重威胁，"且"性侵的受害者很多时候是青少年。"[69]"保卫未成年人的身体健康和精神幸福是一种紧迫的利益，"[70]且"我们为保护年轻人的身体健康和精神幸福持续立法，即使这样的法律在宪法保护的权利敏感地带实施"。[71]

性犯罪惯犯对儿童有尤其严重的威胁。"当被定罪的性犯罪者重新进入社会，他们相比于任何其他类型的犯罪人更加有可能因为一次新的强奸行为或性侵行为

〔62〕 N. C. Gen. Stat. Ann. §§14-202.5(a),(e)(2015).

〔63〕 See Brief for Respondent 20-25.

〔64〕 *Ward v. Rock Against Racism*, 491 U. S. 781, 791(1989).

〔65〕 Brief for Petitioner 37.

〔66〕 Ibid., at 37-39.

〔67〕 *Ward*, *supra*, at 798.

〔68〕 *Ferber*, *supra*, at 757.

〔69〕 *McKune v. Lile*, 536 U. S. 24, 32(2002)(plurality opinion); See *Connecticut Dept. of Public Safety v. Doe*, 538 U. S. 1, 4(2003).

〔70〕 *Globe Newspaper Co. v. Superior Court*, *County of Norfolk*, 457 U. S. 596, 607(1982).

〔71〕 *Ferber*, *supra*, at 757.

被重新逮捕。"[72]

保护儿童免受性犯罪惯犯的侵犯的州利益显然适用于网络使用。多项因素使得网络成为想要性虐儿童者的一个有力工具。第一,儿童使用网络的方式经常让犯罪人很容易获得他们的个人信息——例如与陌生人聊天和允许网站透露他们的位置。[73] 第二,网站提供过去没有的方法与儿童交流、追踪儿童,最终性虐他们。一个实施性虐的人可以创建一个虚假的档案,谎报年龄和性别。此人可以引诱儿童参与性对话,发送露骨的照片,或者甚至当面会见。且一个实施性虐的人利用儿童的互联网定位判断他(她)的日常行为模式,甚至某个时候他(她)的位置。这种利用互联网的方式无论是在研究[74]中还是在判决记录中都已经是有据可查的。[75]

因为保护儿童免受性虐是一项紧迫的州利益,且性犯罪者可以(而且确实)利用网络从事这类性虐,所以各州试图防患于未然是正当和完全合理的。

(三)

1

但是,展示在我们面前的该条立法旨在服务于一项紧迫的州利益,这并不足以(证明其正当性)。该条立法一定不能"在实质上给予言论超出促进政府正当利益所必要的负担"。[76] 北卡罗来纳州立法没有满足这个要求。

---

〔72〕 *McKune*, *supra*, at 33 (plurality opinion); See *United Statesv. Kebodeaux*, 570 U. S. ___, ___ - ___ (2013) (slip op., at 8 - 9).

〔73〕 See Pew Research Center, Teens, Social Media, and Privacy 5 (May 21, 2013), http://www.pewinternet.org/files/2013/05/PIP_TeensSocialMediaandPrivacy_PDF.pdf (all internet materials as lastvisited June 16, 2017); J. Wolak, K. Mitchell, & D. Finkelhor, NationalCenter for Missing & Exploited Children, Online Victimization of Youth: Five Years Later 7 (2006) (prepared by Univ. of N. H., Crimes AgainstChildren Research Center), http://www.unh.edu/ccrc/pdf/CV138.pdf.

〔74〕 See id., at 2 - 3; Wolak, Finkhor, Mitchell, & Ybarra, Online "Predators" and Their Victims, 63 Am. Psychologist 111, 112 (Feb. - Mar. 2008).

〔75〕 例如,在 *State v. Gallo* 案中,275 Ore. App. 868, 869, 365 P. 3d1154, 1154 - 1155 (2015),一名 32 岁的被告,冒充 15 岁的男孩,使用社交网站与 16 岁的自闭症女孩联系并交往。"他安排会见受害者,把她带到公园,性虐她。"Ibid., 365 P. 3d, at 1155. 在 *UnitedStates v. Steele* 案中,664 Fed. Appx. 260, 261 (CA3 2016),被告"开始在同性恋社交网络手机应用程序'Jack'd'上与未成年人[受害者]进行互动。"他最终遇到了 14 岁的受害者,并且性虐他。Ibid. 令人悲痛的是,这些案子数量不少。See, *e. g.*, *Himko v. English*, 2016 WL 7645584, *1 (ND Fla., Dec. 5, 2016)(一名已定罪的强奸犯且记录在案的性犯罪者"使用......脸书联系了一名十六岁的女孩",然后与她交换清晰的短信和照片), report and recommendationadopted, 2017 WL 54246 (Jan. 4, 2017); *Roberts v. United States*, 2015WL 7424858, *2 - *3 (SD Ohio, Nov. 23, 2015)(被告"通过社交网站 vampirefreaks.com 在网上遇到一名 14 岁的孩童",然后诱使孩童到家,"强迫孩子对他进行口交"), report and recommendationadopted, 2016 WL 112647 (Jan. 8, 2016), certificate of appealabilitydenied, No. 16 - 3050 (CA6 June 15, 2016); *State v. Murphy*, 2016 - 0901, p. 3 (La. App. 1 Cir. 10/28/16), 206 So. 3d 219, 224(被告与他的 12 岁的受害者"在一个名为'Kik'的社交网络聊天网站"上"开始了对话",随后向受害者发送了自己的生殖器照,并收到了她的生殖器照)。

〔76〕 *Ward*, 491 U. S., at 798 - 799; see also *McCullen v. Coakley*, 573U. S. ___, ___ - ___ (2014) (slip op., at 18 - 19).

一种对《北卡罗来纳州总章评注》第 14 编第 202.5 条[77] 文本的直接解读强调，它禁止性犯罪者接触大量的网站。该条立法将"商业社交网络网站"定义为拥有四项特征的网站。

第一，"该网站的运营人从会员费、广告费和其他与网站运营有关的其他来源获取利润"。[78] 由于广告普遍在各种类型的网站上出现，因此这项要求对于限制立法扩张没有效果。

第二，"该网站促进两个人或更多人以友谊、会见他人或者信息交换为目的的社交介绍"。[79] "社交介绍"这个术语无疑包含任何随意性交流，且"信息交换"这个术语似乎适用于任何为来访者提供其他来访者可见的发帖和评论机会的网站。当今，许多网站都有这个特征。

第三，"该网站允许用户创建包含诸如用户的真名与昵称、被用户置于个人网页的照片、用户的其他个人信息以及可能被网站的其他用户或来访者接触的通向用户朋友和同伴的个人社交网页的链接"。[80] 这个定义包含了允许用户创建任何可被称作"个人档案"的事物的网站，也就是用户的简介。[81] 与北卡罗来纳州的论点相反，[82] "诸如"之后的一切都是一个隐藏的网站或个人档案可能（但不必要）包含的特征的说明。

第四，该网站"给用户和来访者提供和其他用户互动的机制，例如留言板、聊天室、电子邮件、即时通信"。[83] 这个条件似乎仅仅要求网站允许用户之间相互评论。由于评论功能无疑是"与其他用户交流的机制"，[84] 似乎可推断出，任何拥有这项功能的网站都满足该条件。

2

第 14 编第 202.5 条致命的问题是它宽泛的适用范围阻碍了大量几乎不可能诱发针对孩童的性犯罪的网站的使用。几个案例说明了这一点。

举例说明，受欢迎的零售网站 Amazon. com 允许未成年人使用其服务，[85] 且其符合 § 14 – 202.5 下商业社交网络网站的全部四项条件。第一，作为产品销售商，亚马逊无疑从网站运营中获得利润。第二，亚马逊网站促进了旨在信息交流的人之间的社交介绍。当有人在亚马逊上购买了一件产品，购买者可以评论产品和上传照

---

[77] N. C. Gen. Stat. Ann. § 14 – 202.5.

[78] § 14 – 202.5(b)(1).

[79] § 14 – 202.5(b)(2).

[80] § 14 – 202.5(b)(3)(emphasis added).

[81] See New Oxford American Dictionary 1394(3d ed. 2010); Webster's Third New International Dictionary 1811 (2002); 12 Oxford EnglishDictionary 576(2d ed. 1989).

[82] Brief for Respondent 26 – 27.

[83] § 14 – 202.5(b)(4)(emphasis added).

[84] Ibid.

[85] See Amazon, Conditions of Use(June 21, 2016), https://www. amazon. com / gp / help /customer/display. html/ref = help_search_1 – 2? ie = UTF8&nodeId = 201909000&qid = 1490898710&sr = 1 – 2.

片,其他购买者可以回应其评论。[86] 就亚马逊产品的信息交换无疑满足第 14 编第 202.5 条的定义。这和一辆公共汽车上的乘客就他们所购买的产品进行交流的情形是一样的。第三,亚马逊允许用户创建个人档案,并与该用户上传的产品评论相关联。这样一个档案可包含林林总总的信息,包括用户名、邮箱地址和图片。[87] 第四,由于其拥有相互评论的功能,亚马逊也符合最后一个法定条件。[88]

许多新闻网站也被这个定义覆盖。例如,华盛顿邮报网站给予未成年人使用权,[89] 且符合商业社交网络网站的四个要件。这个网站(1)从广告中获取利润,且(2)促进以信息交换为目的的社会介绍。网站用户可以评论文章,回应其他用户的评论和推荐另一用户的评论。[90] 用户也可以(3)创建包含真名、昵称和相片的个人档案。相片和名字将会出现在用户留在文章的每一条评论旁边。最后(4)互相评论部分是用户们自己相互交流的机制。这样,此网站属于第 14 编第 202.5 条中的情形,因此北卡罗来纳州记录在案的性犯罪者不能进入该网站。

或者考虑网络医生(WebMD)——一个包含与健康相关资源的网站,包括从帮助用户寻找医生的工具到预防保健和特定医学问题相关症状的信息。网络医生(WebMD)也允许儿童进入。[91] 且它显示出"商业社交网络"网站的四个印记。它从广告中获得利润。[92] 它促进信息交换——通过留言板,允许用户参与各类健康问题的讨论。[93] 它允许用户创建基本档案主页:用户可以上传一张图片和一些他们自己的基本信息,以及其他用户可以看见他们的全部评论和"喜欢的"(帖子)。[94] 网络医生

---

[86] See Amazon, About Customer Reviews, https://www.amazon.com/gp/help/customer/display.html/ref=hp_left_v4_sib?ie=UTF8&nodeId=201967050; Amazon, About Public Activity, https://www.amazon.com/gp/help/customer/display.html/ref=hp_left_v4_sib?ie=UTF8&nodeId=202076150.

[87] See Amazon, About Your Profile, https://www.amazon.com/gp/help/customer/display.html/ref=hp_left_v4_sib?ie=UTF8&nodeId=202076210; Amazon, About Public Information, https://www.amazon.com/gp/help/customer/display.html/ref=help_search_1-2?ie=UTF8&nodeId=202076170&qid=1490835739&sr=1-2.

[88] 亚马逊似乎并不属于法定豁免的网站,即"主要目的是促进涉及其成员或来访者之间商品或服务的商业交易"。§14-202.5(c)(2)。亚马逊的主要目的似乎是促进其用户与其自身之间的商业交易。

[89] See Washington Post, Terms of Service (July 1, 2014), https://www.washingtonpost.com/terms-of-service/2011/11/18/gIQAldiYiN_story.html?utm_term=.9be5851f95.

[90] See Washington Post, Ad choices (Nov. 21, 2011), https://www.washingtonpost.com/how-can-i-opt-out-of-online-advertising-cookies/2011/11/18/gIQABECbiN_story.html?utm_term=3da1f56d67e7; WashingtonPost, Privacy Policy (May 2, 2017), https://www.washingtonpost.com/privacy-policy/2011/11/18/gIQASIiaiN_story.html?utm_term=.8252a76f8df2.

[91] See WebMD, Terms and Conditions of Use (Nov. 2, 2016), https://www.webmd.com/about-webmd-policies/about-terms-and-conditions-of-use.

[92] WebMD, Advertising Policy (June 9, 2016), http://www.webmd.com/about-webmd-policies/about-advertising-policy.

[93] WebMD, Message Board Overview (Sept. 22, 2016), http://www.webmd.com/about-webmd-policies/about-community-overview.

[94] See WebMD, Change Your Profile Settings (Feb. 19, 2014), http://www.webmd.com/about-webmd-policies/profile.

（WebMD）也提供留言板，就是北卡罗来纳州立法中特意提到的“与其他用户交流的机制”。[95]

这些事例表明，北卡罗来纳州法律存在大范围的扩张并包括不适用于追踪和性虐儿童的网站。这些网站讨论的焦点——购物、新闻、健康——不会为诱发性虐提供方便的开头。另外，这些网站促进的社会交流发生在公开视野中，这减小了儿童被秘密引诱并性虐的可能性。这些网站也没有给予性犯罪者收集儿童个人信息的机会；档案中可以列出的信息是有限的且这些档案很简洁。更重要的是，这些网站中，没有一个使得判断一个儿童某时的确切位置更容易。例如，他们不允许照片群（至多，一个儿童可以上传一张头像），并且他们不提供即时定位服务。这些网站本质上不会向将会性虐儿童的人提供帮助。

直接禁止记录在案的性犯罪者进入这些网站妨碍了他们接受或参与第一修正案保护下的言论，并且明显不能促进保护儿童免受性犯罪惯犯侵扰的州目标。所以我强调的结论是，虽然我们面前的该条立法解决的是一个重要问题，但是它尺度大张，而不能满足言论自由条款的要求。[96]

二

虽然我同意本院的观点，本案争议的焦点是争议立法违反了第一修正案，但是我对法院不严谨的用词感到不安。在指出“街道或公园是行使第一修正案权利的重要场所”后，本院声明“网络空间”和“尤其是社交网络”现在是“交流思想最重要的场所（在空间意义上）”。[97] 本院拒绝解释这对言论自由法律意味着什么，并且本院仅仅认为，北卡罗来纳州立法没有通过内容中立的“时间、地点和方式”限制的检验。但是如果整个互联网或甚至仅仅“社交媒体”网站[98]是21世纪公共街道和公园，各州可能没有能力限制甚至最危险的性犯罪者访问网站。州可不可以阻止一名有猥亵儿童前科的成年人访问青少年约会网站？或者阻止其访问未成年人相互交流他们个人问题的网站？法院应该更加关注其用词的内涵，因为与法院的意思相反，网络空间同物理世界有重要的不同。

我将会提到一些与性犯罪者使用网络相关的内容。第一，对于父母来说监管他们孩子逗留的物理地点以及和孩子们当面对话的人，比监管孩子们的网络使用更容易。第二，如果性犯罪者被发现正接近儿童或者在儿童常去的地方闲荡，这种行为可以被父母、老师和其他人观察到。第三，网络提供一种前所未有的匿名度，而且无疑允许潜

---

〔95〕 N. C. Gen. Stat. Ann. §14-202.5(b)(4).

〔96〕 我对于一条没有扩张到上述讨论的网站的法律是否满足第一修正案的要求并未表达任何观点。除非这样的法律展示在我们面前，否则就是过早地讨论这个问题。

〔97〕 *Ante*, at 4-5.

〔98〕 正如这里的争议法律所示，给“社交媒体”网站下一个准确的定义并不容易，并且法院也并没有这么做。这样其判决意见的范围是模糊的。

在的性骚扰者谎报身份。

本院正确地认为我们应当谨慎地将言论自由的先例适用到网络。[99] 网络空间不同于物理世界,并且本院相信,“我们不能领会”“网络时代”的“全部维度和广阔潜力”。[100] 如果这是真的,我们应该慎重地前进,步步为营。很遗憾,本院没有留意到它自己的审慎箴言。

---

〔99〕 *Ante*, at 6.

〔100〕 Ibid.

图书在版编目(CIP)数据

金陵法律评论. 2017年. 秋季卷 / 南京师范大学法学院《金陵法律评论》编辑部编. -- 北京 : 法律出版社, 2019

ISBN 978 -7 -5197 -3085 -7

Ⅰ. ①金… Ⅱ. ①南… Ⅲ. ①法律-文集 Ⅳ. ①D9 -53

中国版本图书馆CIP数据核字(2019)第021199号

金陵法律评论·2017年秋季卷
JINLING FALÜ PINGLUN · 2017 NIAN QIUJIJUAN

南京师范大学法学院
《金陵法律评论》编辑部 编

策划编辑 王 扬
责任编辑 王 扬
装帧设计 李 瞻

出版 法律出版社
总发行 中国法律图书有限公司
经销 新华书店
印刷 北京虎彩文化传播有限公司
责任校对 郭艳萍
责任印制 张建伟

编辑统筹 独立项目策划部
开本 787毫米×1092毫米 1/16
印张 14.5
字数 216千
版本 2019年2月第1版
印次 2019年2月第1次印刷

法律出版社/北京市丰台区莲花池西里7号(100073)
网址/www. lawpress. com. cn
投稿邮箱/info@ lawpress. com. cn
举报维权邮箱/jbwq@ lawpress. com. cn
销售热线/010 -83938336
咨询电话/010 -63939796

中国法律图书有限公司/北京市丰台区莲花池西里7号(100073)
全国各地中法图分、子公司销售电话:
统一销售客服/400 -660 -6393
第一法律书店/010 -83938334/8335
西安分公司/029 -85330678
重庆分公司/023 -67453036
上海分公司/021 -62071639/1636
深圳分公司/0755 -83072995

书号: ISBN 978 -7 -5197 -3085 -7
定价: 52.00元